股市问道

——问鼎股市交易技术巅峰之道

张文义 杨 逸 著

图书在版编目（CIP）数据

股市问道：问鼎股市交易技术巅峰之道/张文义，杨逸著．
—北京：地震出版社，2013.5
ISBN 978-7-5028-3986-4

Ⅰ.①股… Ⅱ.①张…②杨… Ⅲ.①股票交易－基本知识
Ⅳ.①F830.91

中国版本图书馆CIP数据核字（2011）第279226号

地震版 XM2537

股市问道——问鼎股市交易技术巅峰之道

张文义 杨 逸 著

责任编辑：薛广盈
责任校对：孔景宽

出版发行：地震出版社
北京民族学院南路9号　　　　　　邮编：100081
　　发行部：68423031　68467993　　传真：88421706
　　门市部：68467991　　　　　　　传真：68467991
　　总编室：68462709　68423029　　传真：68455221
　　证券图书事业部：68426052　68470332
　　http：//www.dzpress.com.cn
　　E-mail：zqbj68426052@163.com

经销：全国各地新华书店
印刷：廊坊市华北石油华星印务有限公司

版（印）次：2013年5月第一版　2013年5月第一次印刷
开本：787×1092　1/16
字数：314千字
印张：17.5
书号：ISBN 978-7-5028-3986-4/F（4658）
定价：38.00元

版权所有　翻印必究
（图书出现印装问题，本社负责调换）

引　子

　　股市，是一个充满传奇色彩的围城，外面的人想进来，里面的人却出不去，这和婚姻围城有些不同。

　　外面的人进来，是因为股市的繁荣，沪指最繁荣的阶段当属上升6124点时，股市中的创富神话使人们充满了期待与冲动，大家蜂拥而上，梦想抓住这从天而降的财富。里面的人出不去，是因为唯恐损失已有的利润，唯恐错过了这从天而降的财富。当沪指跌向1664点时，犹豫、恐惧和企盼又完全控制了人们的思想。这两种心理状态往往又成为了趋势的助推力，无论这个趋势是上升还是下降。

　　股市变化与转折有无规律可循？有没有完全正确的方法来预测股市价格的变化与转折？其实，股市上下变化与日月星辰起落没有什么不同，交易的规律几千年前的古人就已有提示：未兆易谋。这应该是股票交易的核心吧！用专业的话来说，是"走在股市前面"，而投资市场上只有极少数人能够做到，他们便成了市场的赢家。

　　怎样做到未兆易谋？如果把这古话纳入道的范畴，即是交易者与股市的统一，亦为股票交易之道。道常无为，而无不为。知道自己该做什么，不去做什么就已经非常接近了道。如此来看，西方专家的投资理念，依然没有跳出道的范畴。中国古老的哲学，今天再次发出耀眼的光辉。

　　什么是道？笔者遍寻古籍不得其解，偶然之间听到耀一法师唱的一首歌曲，豁然开朗：

　　手把青秧插满田，
　　低头便见水中天，
　　内心清净方为道，
　　退步原来是向前。

看天不一定非要抬起头来，退一步有时也是为了更好地向前。多么富于哲理，明白简洁，一听便知是从生活中来。这不是正符合"道法自然"的古训吗？"内心清净方为道"，更是一语点醒梦中人：原来道就在自己内心。真是大道至简。此句"内心清净方为道"与谚语"公道自在人心"正相吻合，可见道又与公道有关。股票交易的公道，即客观看待市场。股票交易怎样做才能入道？我想先要清净，只有内心清净才是道。二要公道，你把自己的私心杂念强加给市场就是不公道了。自己内心都静不下来，又如何客观看待市场？又如何客观看待自己买的股票呢？当股价上蹿下跳时，有几人能够内心清净？而正在这时，道却离我们越来越远了。

离道一远，往往很多人都会忙于自问：我应该怎样做？其时不如先问自己需要什么，由向外寻找变为向自己的内心寻求，因为求人不如求己！我们由知道与不知道开始探索一下自己的内心需要。

知道自己是不知道，

知道自己哪些知道和哪些不知道，

知道自己全都知道，

不知道自己是不知道。

工欲善其事，必先利其器。我们先来想想自己凭借什么来做股票，先别求道，就技能而言，上述四种情况中自己属于哪一种，这得靠自己，温暖自知嘛。如果认为是第一种，则是问道阶段，就应该多学习。如果是第二种，则是解道阶段，需要求助提高。若是第三种的话，恭喜，你可为人师了，可向大道至简去探索。最后第四种，建议你最好远离股市。

道之有无的辨证是从老子开始，天下分合大势的辨证，是由《三国演义》开始，股票运动大势的辨证则由股价上下变化开始。

股票变化大势都有什么？这正是我们应当知道的。

涨久必跌，跌久必涨

涨跌不难理解，久是指时间。时间一久，股市如海水退潮，小岛与暗礁都会浮出水面。关键是，要多长时间算是久？

强久必弱，弱久必强

物壮则老，再强的趋势也有衰退的一天。君不见，6000多点时飞流直下三千尺。弱久则强，弱势像没娘管的孩子，过了一段时间，再见到他时，已长大成人了。

热久必冷，冷久必热

在过热的板块和股票受到过度追捧后，早已超越了其正常的价值。这时的冷静才是重要的，需知：勇于不取者则活。随之温度骤降，由赤道飞到北极，而交易者是措手不及。而许多默默无闻、少人问津的股票，当人们关注它们时，已经开始翻番了。

这几对关系未能道尽股市中的辨证，在这里只是抛砖引玉，启示交易者来多多思考。笔者没有给出预测的结果，但说明了一些有效的方法。这虽不是高招儿绝学，但通过它们可以增进对股市的深度理解。在这里，没有把交易者限制于买卖的迷惘之中，而是通过对股市的分析，帮助大家拓宽交易思路。因为，思路决定出路。

也许，再也没有比股市更难对付的事情，如果你没有足够的耐心和智慧，等待你的只有失败。

目　录

第一讲　治病良方 ·· (1)
　　一、搏股八论 ·· (4)
　　二、股票3个价值 ·· (5)
　　三、学习一定要有方法 ·· (8)
　　四、股市只有输家和赢家 ·· (9)

第二讲　成功交易的三大境界 ·· (12)
　　一、学会和股票市场沟通 ·· (12)
　　二、道、法、技是成功交易的三大境界 ······························ (13)
　　三、目标是努力的动力 ·· (16)
　　四、精神比物质更重要 ·· (17)
　　五、让我们从自己内心开始 ·· (18)

第三讲　图里有——技术分析的核心 ································ (20)
　　一、技术分析的三大前提 ·· (21)
　　二、技术分析和基本分析的优劣 ······································ (24)
　　三、技术分析的八大优势 ·· (25)
　　四、"图里有"是技术分析的核心 ···································· (26)

第四讲　道氏理论精解 ·· (28)
　　一、平均指数包容消化一切 ·· (29)
　　二、市场有三种趋势 ·· (29)
　　三、基本趋势的三个阶段 ·· (32)
　　四、各种平均价格必须相互验证 ······································ (36)
　　五、交易量必须验证趋势 ·· (38)

六、唯有发生了明确的反转信号后，才能断定既定趋势的结束…… (39)
　　七、只使用收盘价……………………………………………………… (40)

第五讲　趋势，趋势，还是趋势（上） ……………………… (41)
　　一、学习的三个步骤…………………………………………………… (41)
　　二、股票交易的第一大原则——顺势而为…………………………… (44)
　　三、趋势是怎样形成的………………………………………………… (44)
　　四、阻力和支撑………………………………………………………… (48)
　　五、物极必反、角色互换……………………………………………… (55)
　　六、广义的支撑、阻力………………………………………………… (57)

第六讲　趋势，趋势，还是趋势（下） ……………………… (60)
　　一、趋势线的定义及正确画法………………………………………… (61)
　　二、趋势线的正确使用方法…………………………………………… (65)
　　三、如何确定趋势线的重要性………………………………………… (67)
　　四、右侧原则…………………………………………………………… (68)
　　五、对趋势线进行调整………………………………………………… (72)
　　六、管道线……………………………………………………………… (73)
　　七、一把直尺定天下…………………………………………………… (76)

第七讲　市场强弱音符——交易量 …………………………… (79)
　　一、什么是交易量……………………………………………………… (80)
　　二、量价背离…………………………………………………………… (83)
　　三、量价关系及其八个阶段…………………………………………… (88)

第八讲　不变的特征——反转形态（上） …………………… (91)
　　一、特征不变…………………………………………………………… (92)
　　二、反转形态及趋势反转的八大共性………………………………… (93)
　　三、股市交易的第二大原则…………………………………………… (100)
　　四、最重要的反转形态——头肩顶…………………………………… (101)

第九讲 不变的特征——反转形态（中） ...... (110)

　　一、头肩底形态 ...... (111)

　　二、多重头肩形态 ...... (115)

　　三、双重顶和双重底 ...... (119)

　　四、三重顶和三重底 ...... (122)

第十讲 不变的特征——反转形态（下） ...... (125)

　　一、V形反转 ...... (125)

　　二、圆顶和圆底 ...... (127)

　　三、扩散三角形 ...... (129)

　　四、楔形形态 ...... (130)

　　五、碟形 ...... (132)

　　六、交易原则——买入凭耐心，卖出凭勇气 ...... (133)

　　七、休眠底部 ...... (135)

　　八、反转日 ...... (136)

第十一讲 市场暂时的平衡——持续形态 ...... (139)

　　一、三角形及其特征 ...... (141)

　　二、对称三角形 ...... (144)

　　三、上升三角形 ...... (147)

　　四、下降三角形 ...... (148)

　　五、矩形 ...... (151)

　　六、旗形 ...... (152)

　　七、跳空的方式与作用 ...... (156)

第十二讲 弯曲的趋势线——移动平均线 ...... (162)

　　一、移动平均线的定义 ...... (164)

　　二、移动平均线的应用 ...... (170)

　　三、移动平均线的优劣 ...... (178)

第十三讲 市场相对论——摆动指标（一）
相对强弱指标 RSI ……………………………… (180)
一、摆动指标及对交易的指导作用 ……………………………… (181)
二、相对强弱指标（RSI）及应用 ……………………………… (189)

第十四讲 市场相对论——摆动指标（二）
随机指标 KDJ ……………………………… (196)
一、随机指标简介及应用 ……………………………… (197)
二、指标的意义与作用 ……………………………… (203)

第十五讲 股市红灯停——顶部 K 线反转信号 ……………………………… (205)
一、顶部长阴线 ……………………………… (207)
二、上吊线 ……………………………… (209)
三、看跌吞没信号 ……………………………… (212)
四、乌云盖顶信号 ……………………………… (215)
五、看跌反击线 ……………………………… (217)
六、星线 ……………………………… (218)
七、黄昏星 ……………………………… (219)
八、十字黄昏星和岛形顶部 ……………………………… (221)
九、流星线与墓碑线 ……………………………… (222)
十、顶部十字线 ……………………………… (224)
十一、三星顶部 ……………………………… (226)
十二、孕线 ……………………………… (228)
十三、平头顶部 ……………………………… (229)
十四、两连阴或三连阴线 ……………………………… (230)

第十六讲 股市绿灯行——底部 K 线反转信号 ……………………………… (233)
一、底部长阳线 ……………………………… (234)
二、看涨吞没信号 ……………………………… (236)
三、刺透信号（斩回线） ……………………………… (238)
四、看涨反击线 ……………………………… (240)

五、锤子线 ··· (240)
　　六、倒锤子线 ··· (242)
　　七、启明星 ··· (244)
　　八、孕线（底部） ·· (246)
　　九、平头底部 ··· (247)

第十七讲　股市黄灯等——K线持续信号 ································ (249)
　　一、与跳空有关的持续信号 ·· (249)
　　二、上升三法 ··· (251)
　　三、下降三法 ··· (253)
　　四、三兵信号 ··· (254)
　　五、前方受阻、停顿信号 ··· (256)

第十八讲　学习的检验——测验和思考 ···································· (264)

第一讲　治病良方

　　赵平进入股市时，当逢股市鼎盛时期。沪指在 2007 年秋冲上了 5500 点，这就有足够的理由让他投入这个沸腾的市场。但刚高兴没几天，大盘突然急转直下，赚到的利润突然变成亏损，幸亏好友李刚及时建议全部卖出，不然将是损失惨重，真是心惊肉跳！赵平没想到刚做股票就玩了一次过山车。用李刚的话说，我们这只是初级水平，我的一个客户是个炒股高人，我也是跟他咨询的。

　　股市真的是哪儿涨起来的又回到哪儿。一年的工夫，一路就跌到了 1680 点。往下还有多深，是不是向着 1000 点去了？

　　可是，股市就像一个善于捉弄人的怪兽，当你越没底、越想远离时，它却频频展现出诱人的一面：很多股票纷纷活跃并开始翻倍，也就半年的工夫，大盘一下子涨到了 3400 点。

　　这天晚上，赵平闲来无事，打开电脑，忽见李刚有留言："老兄，最近股票做得怎么样？告诉你的股票赚钱了吧？我上次跟你说的股市高人王浩最近建了个博客，不错，推荐你看看。"赵平兴奋，马上打开电脑输入网址：

　　搏股诊脉《一》

　　搏股明易——先学习，后交易

　　股市近 20 年矣，起伏跌宕。信交易者均归二八门类，唯佼佼者胜出。真可谓：败者如云，胜者晨星。

　　品市之心理，无不蔑亏者而美胜者，故，常叹俗语之谛：人追阔的。然，亏者无辜，胜者有道。君等若以此业活，非下苦功不可！然，大多已近无奈，且需冷眼者点彻，方可振起。本人不才，且有诲人不倦之意，又从事此业数年。愿依此平台，共论长短，日月渐进。

　　今即明易，初开补方一剂，阳者自壮，虚者补强。方剂谦曰：先学习，后交易。

内含四类九味之药：

一类曰：基本分析。药含二味：1.《股市真规则》2.《经济学原理》。

二类曰：技术分析。药含三味：1.《股市趋势技术分析》2.《期货市场技术分析》3.《日本蜡烛图技术》。

三类曰：心理素质。药含二味：1.《成功的策略》2.《你的潜能》。

四类曰：思维能力。药含二味：1.《逻辑学》2.《横向思维》。

补方用毕，定有内力，假以时日，方见长进。为助君一臂之力，吾以此方类型，依次推出《搏股八论》：

一论曰《论门——股市入道》，二论曰《论心——股市思维》，三论曰《论身——股市修为》，四论曰《论真——股市功夫》，五论曰《论法——股市技艺》，六论曰《论道——股市规律》，七论曰《论金——股市收获》，八论曰《论恩——股市回报》。

赵平一看顿生佩服，短短几百字，写出炒股必需的知识，人家把书目都讲得清清楚楚，得省多少事。"先学习，后交易"，这是赵平第一次明确听到的这个观点，让他耳目一新，自己却是"没学习，就交易"的！我必须仔细品味一下。赶紧往下读：

股市搏弈近20年矣，起伏跌宕。信交易者均归二八门类，唯佼佼者胜出。真可谓：败者如云，胜者晨星。

看来真是如此，这二八定律什么行业也跑不掉，股市照样。确实是"败者如云，胜者晨星"，我刚上战场就败下阵来，赵平接着读到：

品市之心理，无不蔑亏者而羡胜者。故，常叹俗语真谛：人追阔的，狗咬破的。然亏者无辜，胜者有道。

赵平心想：当今谁不是羡慕有钱的，这股市里挺怪的，自己输了钱不说，还都羡慕那些挣钱的，说不定人家挣的就是你刚刚赔的。反正这钱不是进我的兜就是进别人兜，就看谁有本事了！"亏者无辜"，赔了钱还让人看不起，招惹谁了？一想到赔钱，赵平心里就憋气。不过这"胜者有道"说得确实有道理，没点本事想在这股市上挣钱，不亚于虎口拔牙。再往下看：

君等若依此业过活，非下苦功不可！

我不是要以此为业吗？正好说到我了。"非下苦功不可"，我是一点儿工夫也没下，就跑去做股票了。不，应该是跑去给人家送钱去了！给人家送钱，光知道钱没了，可庙门朝哪儿开自己都不知道。白给谁钱都会念我的好，可这股市上都不知道让谁挣了。想到这儿，气都不打一处来。往下看：

叹，多者已近无救，且需冷眼者点彻，方可振起。

股市上有几个人真正地学习过？我也看得出来如果这样的话真是没救了，我可别跟他们似的。"且需冷眼者点彻"，遇事则迷，股市是入市则迷，这冷眼者指的肯定是旁观者，旁观者清嘛！我不正是被李刚这个旁观者点彻一番吗？这里谁是旁观者？唉，这股民头脑一发狂，如神经病人，没人强迫制止肯定不行。快往下读。

本人不才，且有诲人不倦之意，又从事此业数年。愿依此平台，共论长短，日月渐进。

这王老师有教人之意，不知李刚明白没有。

治病良方

今即明易，初开补方一剂，阳者自壮，虚者补强。方剂谦曰：先学习，后交易。

读着读着赵平乐了，这王老师开药方的写作手法挺新颖，"阳者自壮，虚者补强"，挺有壮阳的味道。不过我真该大补大补了。"先学习，后交易"，这个提法太正确了！不学就做，找赔！这个提法可比"股市有风险，入市需谨慎"具体多了，不但提醒你要树立风险意识，还告诉你要怎么去做。先学习，我该学什么，又该怎么学？赵平疑问越想越多，快往下看：

方含四类九味之药：

一类曰：基本分析。药含二味：1.《股市真规则》2.《经济学原理》。

这《股市真规则》还没听说，《经济学原理》不过李刚确实说了，我也买了，学起来挺难的。王老师这里提到肯定对交易有帮助。基本分析就推荐这两本书，够用吗？

二类曰：技术分析。药含三味：1.《股市趋势技术分析》2.《期货市场技术分析》3.《日本蜡烛图技术》。

技术分析包括这三本书，书店有卖的吗？上次去书店没注意，书架上净是这招那法的，看着还以为是武打小说。这书店店员也不知把这三本藏哪儿去了？这几本也不知管用不管用，赵平自己一个人瞎琢磨。

三类曰：心理素质。药含二味：1.《成功的策略》2.《你的潜能》。

成功学的书听说过，但没看过。没准儿能有些帮助。过两天去趟书店，自从毕业后净忙挣钱了，书店是没工夫去了。

四类曰：思维能力。药含二味：1.《逻辑学》2.《横向思维》。

这里的《逻辑学》倒是学了，不过我学的是数理逻辑，不知有什么区别。《逻辑学》与炒股有多大关系？不过倒是讲了判断、推理，关键是怎么把它用在交易上，一时想不明白。这《横向思维》听都没听过。现在新书出得太多了，我都已经落伍了。

一、搏股八论

补方用毕，定有内力，假以时日，方见长进。为助君一臂之力，吾以此方类型，依次推出《搏股八论》：

八论，这老师有点东西，往下看。

一论曰《论门——股市入道》，二论曰《论心——股市思维》，三论曰《论身——股市修为》，四论曰《论真——股市功夫》，五论曰《论法——股市技艺》，六论曰《论道——股市规律》，七论曰《论金——股市收获》，八论曰《论恩——股市回报》。

看完开宗明义，赵平感到心中不再压抑，自己由没学到想学，可就是不知从哪里入手。既然有了书单，学会炒股就不再瞎撞了。还别说这王老师水平真不低，就这古文一篇已表明了。后面还有八论，先看一论，这回仔细读读：

《论门——股市入道》

搏股明易为开宗篇，意在告诉投资者：若想在股市上过活，非学习不可。学什么？从我十几年的经验来看，不得少于这10本书籍。我所开出的书单，皆为精华。学起来可省时间、省力气。我相信，即使自己陷入股海多年的人，也未必能将这10本书籍完全读过，未必能将这10本书籍完全读精、读透。因为，每个人阅历不同，读书重点不同，知识面不同，用功程度不同，自然感悟不同。

搏股论门，即为入门之意。既是搏股，必须努力。试想以博客形式解破股海天机，实不可能；试想以博客形式完成细致培训，也不容易。故本人只是借此平台，抛砖引玉，帮助大家调整学习心态，完善搏股知识体系，建立完整的搏股思路构架而已。

这段倒是实话，仅此几篇文章就能道尽股市真谛，恐怕世上还没有这种人。但王老师确实把客观告诉读者：建立完整的搏股思路构架而已。赵平自言自语，人还挺谦虚，不像在市场里见到的股评家。不过，前面的文章古文色彩重，这篇则是口语化，再往下读。

书归正传。纵观股史，大多数人，包括炒股多年之人，对此道依然是丈二和尚——摸不着头脑。亏损理由虽说千万，归根结底，主要是没有学习便盲目入市造成。大多数人在一无所知的情况下便输得一塌糊涂。我们犯错不可怕，可怕的是栽在了无知上；我们赔钱不可怕，可怕的是赔在了常识问题上。暂不举例，大家自忖。

我就是在一无所知的情况下便输得一塌糊涂，栽在了无知上，赔在了常识问题上。这不是正在说我吗？真是一针见血！

在接受股史教训后，我的搏股秘籍得以行成，第一条就是：先学习，后交易！

先学习，学什么？炒股是综合性很强的投资行为。任何单一技能、知识、思维都是片面的，都不能适合于这一行业的需要。投资者必须全面掌握，才有战胜市场的可能。无论你是哪个派系，无论你有什么依据非全面掌握不可，否则仍然会是赚赚赔赔，以失败而告终。

赵平心里默念：讲得有几分道理，不能偏食，知识是个系统，单一技能肯定吃亏。再说，股市千变万化，你也不知道什么时候需要哪些知识。自己是一窍不通，要学我就要学全了。

二、股票3个价值

首先，需要明白几个问题：

1. 股票有几个价值

答案：有3个。

（1）外在价值：外在价值是财务价值，是投资者能分析出来的价值。

（2）内在价值：内在价值是外在价值的折扣价。

（3）市场价值：二级市场中交易者认可的价值。它是外在价值和内在价值在市场上的体现，常以价格来表示。

这3个价值中，你只要抓住其中一个价值，便可获利。但是，购买一只股票前，这3个价值都要充分分析考虑，才能立于不败之地。这里是从实战角度给股票的价值划分出的3个价值，不做理论上的定义，估计会得到科班的异议。

原来我以为就一个价值，这儿楞是冒出3个。别说，人家这说法挺对的，只是分法更贴近市场。

2. 学习是否完善的检验标准

是否建立自己的投资哲学理念体系，是学习是否完善的检验标准。换言之，你的投资依据是什么？有没有？全不全？你的投资能力是否真正具备。

投资分析体系可分四大类：①基本分析；②技术分析；③心理素质；④思维方法。

思维方法正是投资哲学理念体系。通过自己所学的投资知识，逐渐形成自己的投资思维体系，经过大量实践，树立自己的投资哲学，这是发现股票价值的途径，也是我们在这个市场上获胜的前提。只有确立了自己的投资哲学，你才有可能避免投资者常犯的错误；只有确立了自己的投资哲学，才能表明你是成熟的投资者！

这离我远了点儿。也别说，过个三五年没准儿我真会有自己的投资理念体系。只有与众不同，才是最佳方法。

3. 投资者常犯的错误

①贪婪、恐惧；②随意性、草率；③虚高的目标；④这次与以往不同；⑤对所投资公司产品的偏爱；⑥忽视价值，注重价格；⑦仅依赖盈利数据做分析。

学习的目的最终是为了避免犯错，特别是犯相同的错误，正确的投资行为是取胜的法宝。

这几个错误只有第二点是我犯的，其他的还没来得及犯。草率，我太草率了！还得注意别犯其他错误。下面是正确投资的五个原则，看看都有哪些。

4. 正确投资的五个基本原则

（1）做好你的功课，包括：

①选股，依月、周、日时间来选。

②读报：最好订份证券报，相关资料都可找到，供你分析，也是投资依据之一。

③总结：最好写交易心得，这样进步快，提升快。

（2）寻找绩优竞争力强大的公司：这类公司具有较强的抗跌性，且业绩稳步上升。

（3）拥有安全边际：以折扣价买入，学会止损。

（4）适度持有：短期交易费用太高，对投资者极其不利。

（5）知道何时卖出：买入时就应知道何时卖出。

这五个原则一个我都没有。谁让咱刚刚进这一行的。这段先放这儿，往下读。

5. 股市交易中最应明确的六个要点

（1）买：何时买很重要，买不好被套，入市踏空。

（2）卖：何时卖很重要，卖不好，收益全没。

(3) 高：什么高价？何时为高价？

(4) 低：什么低价？何时为低价？

(5) 快：什么股票买完后能快涨，盈利空间大，盈利用时短。

(6) 慢：什么样的股票不能买，因为涨得速度慢，盈利空间小，盈利耗时长。

当你能把这六个字全弄懂，盈利时代就到来了。只有提出问题，才能解决问题，不管你信否，我已找到答案。

一个不懂，什么买卖、什么快慢、还什么高低，我不认识它们，它们也不认识我。再往下看。

6. 股票交易三大真谛

(1) 先学习，后交易。

(2) 提高自己的投资能力。

(3) 使投资利益最大化。

这三大真谛前两个好理解，这第三个还得向小刘求教，小刘是一个股友。读着文章，赵平发现在不知不觉中自己就把自己解剖了一遍：就炒股而言，自己不但没有优势，而且错误一大堆。这说明还不适合干这行，先学习再交易说得没错，自己投资能力是零，还谈什么提高？看来只有先当学生。马上与小刘沟通，小刘说："文章短小精悍，我特别喜欢第一篇，如大夫开药方，太有创意了！许多话都说到点儿上。总结精确，股市中的六个要点，这可是交易的关键，到今天我也没弄明白。我下点儿工夫，得把第一篇背下来！"赵平知道小刘是学中文的，背书的瘾又犯了。小刘说："王老师真有水平，就冲人家6000点让咱们卖，1800点让咱们买就非同一般，一定当面求教。"

第二天晚上，李刚打来电话，说约好了王老师，周六在圣淘沙茶楼见面，叫上小刘吧。

周六上午，赵平、李刚和小刘如约来到茶楼，见到王老师。寒暄之后，赵平向王老师请教："您在6000多点时怎么有把握大盘会大幅下跌呢？"

王老师笑着说："小刘应该询问1800多点又为什么会涨。"

小刘说："还有一个重要问题，我听您说的买了，可就是拿不住。"

"其实这是一个普遍性的问题。"王老师接着说，"在一个趋势之中，大多数股民是正确的，但只有在趋势的末端才会有极少数人能够清醒地认识到股票的运动超出了它的限度。"

赵平问道："您是怎样分析判断的？"

"任何一个趋势在即将结束时都会有反转特征，简单点儿说，这次大盘在

6000多点附近出现了双顶、量价背离等等,再微观点,K线也出现了不少反转信号。这是一个观察和思考的结果,也是综合知识和经验的应用。另外,还要摒弃对利润的过度追求。"

李刚说:"您让买股票时,他俩都不敢买!"

王老师说道:"1664点我也不敢买,但我知道这可是个好时机,因为很多股票都跌到了两三块钱,有的ST股甚至跌到了一块多钱,这是一个底部的征兆,而且入市的风险很小。后来大盘站稳1800点后我开始建仓,分批买入。你们对股市经历的少,没敢买,这也正常。"

小刘问道:"王老师您看大盘以后怎么走?"

王老师说:"2009年8月高点3478已构成较强阻力,暂时不会冲上去。后来的几次上冲都没冲过去,说明这个阻力还是很强。你们仨人现在暂时先别买为宜。"

三、学习一定要有方法

小刘问道:"王老师,您说学习炒股有没有好的方法?"

王老师说:"学习一定要有方法,你们为什么几年没挣到钱?主要是没有学到真正的方法。"

"股市里交易的人,什么情况都有。"王老师说,"第一种,先交易,后学习。这些人在股市中交易多年,钱也赚过,但更多的是赔。经过一段时间发现自己缺的太多,便开始用自己的方法探索,去学习。若干年后,发现进步不大。为什么。"

"就像开车没教练。"小刘说。因为他就是这一类。

"因为自学是件困苦的事,盲人摸象,苦苦摸索,而且,往往是带着问题学,赔了钱才学。你们想想,赔了钱的心情能好吗?那时才来学,能学的进去吗?"学不进去,赵平深有体会。"看书,书是绿的,看一会儿行,稍长一会儿就头大,脑袋发昏。这种人忽略了一个重要问题,学习是有方法的,不是找一两本书就能把所有问题都解决了。"

王老师接着说道:"还有先交易,不学习。这种人从严格意义上说也不是不学,而是靠东问西问在股市中交易,今儿听这个的,明儿又听那个的,要不然看着大盘发呆,因为他们只看得懂红的绿的,连K线都不懂。只知道屏幕上的报价。这些人为数不少,基本上是岁数偏大的,也不指望着股市赚钱。要不然自己一点点总结经验教训,但每一轮行情来了,他的交易还是跟过去一样。但有一点，说起股票有声有色。他们了解股市，只以为股市挺有意思，一生都没炒过，现在做做，寻求新的快乐。其实，也不失为一种乐趣。前提是不要过分计较得失。这里第二种人中还有些人是属于不爱学习，文化偏低，只能追着别人买卖，有些人输的挺多的，有的人甚至把这当赌场了。"

"还有不交易，不学习的。在大厅里干这干那，都是与股票无关的，"小刘说。

"因为这里人相对有钱，比外面人强。所以有些推销的也来。证券公司也管，但人多管不过来。你想想，整天泡在交易大厅，对自己的交易会有多大影响？"王老师问。

"我这次买，就是被那个胆儿大姐给忽悠的。"赵平深有感触。

"真正爱学习，懂交易的人现在谁还在大厅里待着，在家就等于在大户室，网上交易多好。"李刚说。

"不是不懂吗？懂的谁还去那儿？在那儿问，图个省事，"赵平说，"没想到几乎没有真懂的，我碰上小刘还算不错，要是早碰上胆儿大姐，我非赔光不可。"

"东听西听可不行，听了半天，等于不懂问不懂，结果更不懂。"小刘一说，大家全笑了。

"股市中传言非常多。"王老师说，"可什么是真什么是假，你如何去辨别？不要说是假的信息，就是真的信息到你这儿也早就过时了。"看到仨人一脸严肃，王老师说："给大家说个笑话，张大娘与王大娘两家一墙之隔，张大娘在墙下种了几颗瓜，刚长成不太大的秧，有一天下大雨，这堵墙倒了，把瓜秧砸死了。"仨人谁也没乐，王老师接着说："结果一个人告诉第二个人：王家的墙砸死了张家的秧，第二个人告第三个人：王家的墙砸死了张家的的羊，等到第三个人告诉第四个人，成了'王家的墙砸死了张大娘。'都出人命了！"仨人大笑。

赵平眼泪都笑出来了："别看您是专家，可说起股票却通俗易懂。"

四、股市只有输家和赢家

"什么专家不专家，股市只有输家和赢家。其实讲出的话力求对别人有些帮助，或者有些启发也就够了。不能有多大奢求，就像我们今天聊的，都是身边经常发生的，只不过平时大家不注意，或者身在其中，不明其理罢了。你们也别指望听了别人一堂课就如何如何，这都不太现实，凡是听课，抱着学习的态度就够了。"

"是。"小刘说。他想证券公司中一有讲课，人们总爱听推荐的股票，直接告诉自己买什么更好。这种心态哪还有心思去听人家讲什么，先甭说人家讲得好坏。连听课都抱着不好的心态，何谈炒股。

王老师又说："先交易，不学习，或者是先交易，后摸索，像没头苍蝇到处撞，直到头破血流。东问西问的，改了这个错又犯那个错，就像摸鱼，一个人跟着师傅学摸鱼，第一次下到河里，摸了半天什么也没摸到，就问师傅，怎么自己摸不到鱼。师傅说，你在脚窝里摸就摸到了。他一听就摸脚窝，还真摸到了。但自己还是没师傅摸得多，又问师傅。师傅说接着摸，他又试试，结果一下子摸到了一只乌龟，把他吓了一跳，忙问师傅。师傅说你得先晃晃草，他又照师傅说的做。再一摸，什么咬住了手。拎出水一看，是条蛇。他直喊，原来让蛇咬了，是条毒蛇。师傅说快把小指剁了，这回他可不听了，一直叫，最后把整个手给剁了，那是医生说的，不剁怕胳膊就保不住了，他才愿意。"

李刚说："这个故事有点意思，他这个师傅有经验，但是经验也有不足的时候，那脚窝里除去鱼就不能有别的。"

赵平问："王老师，您能不能挤出点时间，收我们这几个做学生，传授一下炒股的技能和经验？当然，这学费是一定要付的。"

王老师笑道："先别急于拜师，投资这碗饭可不是那么好吃的！即便研究明白了各种分析方法，也不能保证你一定能够赚钱。技能只是第一步，还要上升到"道"的层面上。这些你们以后慢慢会明白。任何提升都需要时间，需要付出心血，还要耐得住寂寞。不仅如此，这个领域的成功还要经历很多失败和赔钱的痛苦，这可是一般人难以接受的。

仨人点头，沉默不语。

一会儿，李刚打破了沉默，对王老师说："您说得对，我认为哪一个行业的成功都需要付出成倍的努力和汗水，都会有痛苦的磨炼，有一句歌词唱得好：没有人能随随便便成功。但我认为学习投资这件事是值得的，一来它是一个生财之道，二来它是一个人一辈子的技能。"

小刘点头说道："学习虽说是个苦活儿、累活儿，但如果能够有老师带一程，归根结底是时间上的节约。"

王老师微笑了一下，说："如果你们真的想好了，我可以考虑一下，安排一下时间，你们等我电话。"

仨人看王老师基本答应下来，都很高兴。

第一讲 治病良方

本讲纲要

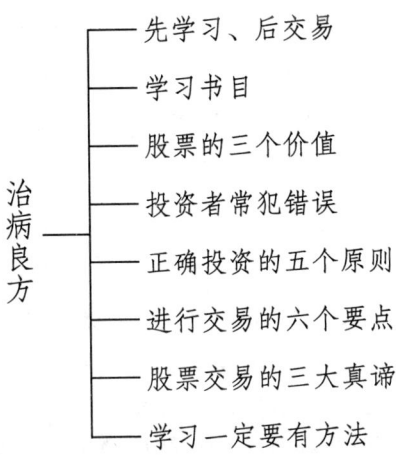

治病良方
- 先学习、后交易
- 学习书目
- 股票的三个价值
- 投资者常犯错误
- 正确投资的五个原则
- 进行交易的六个要点
- 股票交易的三大真谛
- 学习一定要有方法

第二讲　成功交易的三大境界

周六，初次上课的日子，仨人如约来到了王老师的工作室。

这是一栋公寓，赵平一看，是个复式，一层有客厅厨房，二层该是卧室，看来不下180平方米吧！王老师给仨人准备茶，李刚帮忙。

客厅里有张桌子，上面放着电脑。一侧摆放着一块大的白板，还有三张小的书桌。墙上挂着几个镜框，一个是股市格言的摘录，另一个是江恩24条，还有一个是交易注意事项。小刘回身对王老师说："还挺有学习气氛的，这幅书法是您写的？"赵平一看，沙发上面果然挂着一幅书法，写着：顺从大趋势，对错必止蚀。上卖强阻力，下买狠支持。形态须完美，交易量配合。信号应明朗，跳空必警惕。平常心一颗，取胜岂怕迟。

王老师说："这是点儿心得，信手写写。"

这时李刚端着几杯水走过来，几个人拉过椅子围成小圈。圆圈是有魅力的，它让人没有高低之分。

一、学会和股票市场沟通

王老师泯了口水说道："我们不用急于上课，先提个问题：人与人之间交往经常需要什么？"

赵平说："沟通！我是搞销售的，主要工作就在于与客户沟通。"

李刚点头："人与人之间缺少了解，就是因为沟通不到位，销售的主要工作就在于与客户沟通。其实，我们几个也需要沟通。"

"你们说得很对。沟通对人们来讲太重要了，我非常喜欢那句'人与人之间需要沟通，很多事情办不成往往与沟通不畅有关'。当然不能为沟通而沟通，沟通的目的是增加了解。做股票也是一样，和股票沟通好了，你就做好股票了！股票交易就是交易者与市场的有效统一。"王老师慢慢联系到了股市，也就从不知不觉中把话题引入了课题。

"人与人之间沟通用的是语言，我们和股票沟通也需要语言。那么，股市的语言是什么？是图表。我们知道，大盘是由一系列图表组成，更直接地说，想跟股市沟通你必须先得读懂这些图表。图表就是记录股市语言的符号，能够读懂这些符号，充分理解它的内涵，离成功就不远了。"王老师解释到。

"读懂这些符号，挺难的，更不用说理解它的内涵了。"小刘说。"是啊，不难人人都成专家了。"李刚在一旁插话。

"你只看大盘的报价能看到什么，无非是红的绿的，你看围在电脑前的那群人，就比光会看大盘强多了。所以那儿总围满了人，尽管不是谁都能看的好。现在交易大厅的硬件也跟上了，以前，大厅只有大盘的报价，人们都跟瞎子差不多，"王老师说道，"与股市沟通，用的是特殊语言。不可能让股市理解你，而只有你去理解股市，因为你想在其中挣钱，虽然股市也在想赚你的钱。"

"真不讲理。"小刘说。

王老师继续说："没什么讲理不讲理，市场规则就是这样，除非你是规则的制订者。事实证明，这是无法更改的。还有一条路，就是你不进行股票交易。"三个人都笑了。"不做交易，咱们还不认识呢！"

赵平问："王老师，您说图表好懂吗？"

王老师说："人家都能创造出这么多的图表，难道我们学还学不会吗？不过，真要完全理解是有个过程的，这需要有耐心去学习。"

二、道、法、技是成功交易的三大境界

王老师接着说："某个行业的知识，好比是一棵大树，只有根深才能叶茂，你们看哪棵百年大树根不深呢！而且你看树枝朝哪面伸，在地下同样会有一个树根。"

"王老师，炒股知识这棵树又什么是根，什么是叶呢？"小刘问。

王老师说："把股票交易所需知识比作大树，因为它是个体系。我们不是要学什么，而是应当首先知道，做证券交易这行需要什么。只有知道需要什么，才会有针对性地学习。我把它做了个总结——称之为大树或体系。你先说说炒股票需要什么，小刘？"

"要看懂大盘就得会看K线。"小刘说。

赵平说："那应该看什么买呢？又该看什么卖呢？"

李刚说："买多少呢，买错了怎么办，买对了又该怎么办？一次买多少合适呢？这些又怎么看？"三个人一连串问道。

王老师笑了，说："你们看，还没学问题倒不少。只有小刘说得有点儿是我问的，你们二位还没入行。其实需要的知识很多，哪里买，买多少，这些都有相关的知识点。买对怎么办，买错怎么办，这是人的心理，也有相关的知识点。我把知识体系分为三大块：**一是技能知识**。它包括技术分析和基础分析。**二是心理知识**。新股民如同婴儿，不妨称为股市婴儿，投资心理还不健全，所以需要一些心理学、成长学的相关知识。**三是提高知识**。待你成熟后则需要融会贯通，集各种理论为一体。逐渐形成自己的交易特色与专长。我认为这三点是在投资过程中的三个阶段，我把相对应的三个标准高度概括为三个字：**道、法、技。**

"首先通过学习，我们要**掌握一套分析股市运动变化的技术**，这是技。

"第二，在学习运用这些技术的同时，我们**建立自己的交易原则**。这是很强的功夫。没有原则，势头一来就会慌了阵脚，这是法。

"第三，在技、法的基础上，我们应该多悟，**总结出自己的方法，形成自己一套交易体系**，这就是道。按照由浅入深的先后顺序应该是技、法、道。我读着顺口，就叫道、法、技了。"

小刘听着很新颖，而且感到王老师有着非同一般的水平。赵平现在只是听个热闹，只觉得说得挺深，自己一时还不能理解。

王老师又说："教学水平高低，我主要从这三个方面去考量，这是检测学习结果的标准。下面我把知识体系这棵树给你们画一下，你们先看看。"

说着他站起来，走到白板写前，慢慢地写了下面的知识体系图。

仨人看着这棵树齐声惊叹。小刘更是由衷地佩服："这是一棵树，挣到钱只是树上的果实，但支撑果实的是树枝——道、法、技，而这棵树又有三个大的树干——技能、思维、悟性，再往下便是树根。你们看，这树根，越往下越多，果实的营养完全凭着这些树根传输，哪一根断了，都要影响果实的生长。看来在股市中赔钱与缺少下面的知识都有关系。"

王老师解释道："这棵树我可还未示人。在我看来学习可分为三个阶段，第一是技，第二是法，第三是道，这三个阶段紧紧地挨着果实。而股票交易的最高境界是道。所以，我们常说学到了。学到了的到，我想原来可能就是道！"王老师又发挥他的幽默。

"这么多要学的，也正是近来我琢磨的。"小刘心想。

李刚说："这涵盖了技术分析、基本分析、心理学、哲学、成功学，太丰

第二讲 成功交易的三大境界

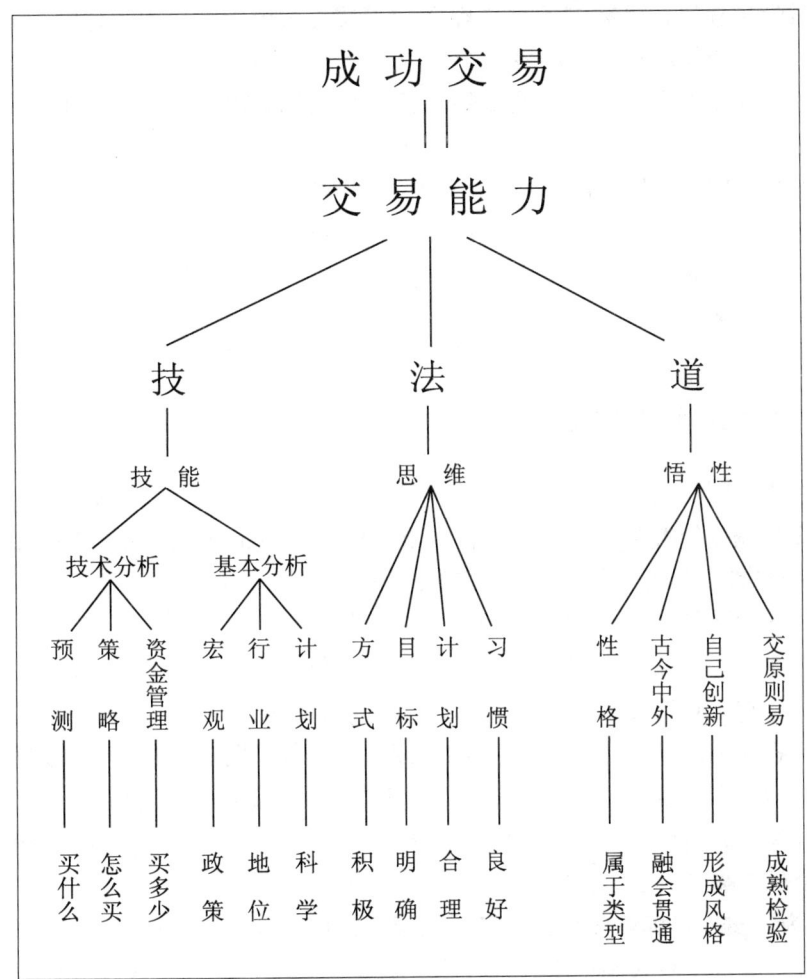

富了，一年能学完吗？"他提出了三个人的共同想法。看到这棵树，他们感到东西太多。

"这还没有完全包括进来。"王老师道，"这要是读原书，单就技术分析，一年也学不下来。这些相关书籍我已把它们弄懂，把精华提取出来，加以改造，使其简洁明了，并突出实用性，再加上你们原来已有的知识，学起来就快多了。"这就是心血，这就是功夫，赵平想。按照这棵树列举的内容，怎么也有十几本书。

王老师道："怎么学比学什么更重要，没有有效的方法，在短期内无法学会这么多。所以，我自编了一套简明教材，再加上师徒方式、对话方式、考试方式、模拟练习等，肯定会有大的效果。读书要读薄了，不要越读越厚。

整个教学过程中，更突出了交易理念、交易心理等内容。因为你会发现，到最后时刻，交易心理实际起着决定作用。"

小刘回想起自己两年多的交易，关键时刻都是内心的斗争，虽然只在买卖两个字上，但准确地做出决定是非常困难的。

"毫无疑问，学习先从技开始，然后是法，法是前面学习的总结，又是考量。小刘有两年的实践，这一点不难，对李刚和赵平而言，需要的时间稍长一点，这不要紧，边学习、边操作，会总结出一套自己的法则的。"王老师说到这些时如数家珍。

三、目标是努力的动力

王老师接着说："学什么不重要，怎么学重要，而为什么学更重要。以前我们说的大部分内容是学什么和怎么学，所以我说的多些。我们应当探讨一下为什么学。"

"那还不简单，就是为赚钱呗！"赵平说。

小刘说："我的目的简单，就是为了养家糊口，更进一步，就是过上更好的生活，并且有自由的时间。"

王老师说："每个人都有自己的原因，但是你们明白没有，正是这个为什么，激励着你去努力！目标是努力的动力。"仨人点头。"我们就是平头百姓，还没有多高的境界。但随着经济状况的提高，你的为什么是可以改变的，同意这个观点吗？"仨人又点头。

"为了实现目标需要什么？换句话说，做成一件事需要什么条件？目标人人会订，但很少有人制订步骤，我给大家提供一个，大家看看对不对。"

王老师说完，在白纸上写到：拟订步骤——

①目标，②计划，③行动，④学习，⑤调整。

王老师写好问仨人："按照这样步骤能不能达到目标？"

小刘忙说能，赵平和李刚也说能。

王老师说："你们都说得对，但是，"说着他用笔把刚才写的打了一个大叉子，"这是过去的方式，按部就班，但现在需要修正一下，"王老师重新写到："第一，目标不能变，第二改为学习，实际上我们把学习放在了首位；第三是计划，第四是行动，第五是调整，第六是创新。我们的步骤应当是这样的：

①目标，②学习，③计划，④行动，⑤调整，⑥创新。

"这样，是不是更合理、更科学一些？"仨人一齐点头。"我们把学习，实际是放在了第一位。一天不学习，就赶不上市场经济的变化了。"

四、精神比物质更重要

"让我们开始吧！"休息了一会儿，仨人就坐后，王老师便直接提了个问题，"你们认为要学习好或者干好一件事需要哪些条件？"

"怎么，今天不讲课？"赵平心里直纳闷，他看了李刚一眼。李刚倒很坦然，说："什么条件都能回答吗？"

"行！"王老师说。

李刚说："资本、时间、知识、环境、朋友。"

赵平跟着说："思维、金钱、家庭、文化。"

小刘接着说："努力、勇气、智慧、联想、学习、细心。"

王老师说："慢一点儿。"急忙把仨人刚说的条件写在白板上，"好，接着说吧！"

赵平抢着说："耐心、思想、团结、精神、奋斗。"

李刚瞪了赵平一眼，说："忍耐、刻苦、乐观、清醒、严谨、策略、认真、修养。"

乘二人的空档儿，小刘当仁不让，说："策略、胆略、战术、悟性、天赋、性格、脾气、团队。"

王老师问："还有吗？"他边听边往白板上记。

赵平说："有！我再提几个，友谊、亲人、关系、人脉。"

李刚紧接着说："胆识、目标、计划、调整、信息。"

赵平说："信心、头脑、坚持、顽强、提高。"

小刘说："给我留几个，积极、规划、纪律、自律。"

李刚说："自觉、主动、管理、原则。"

王老师问："还有吗？"

赵平说："我看差不多了。"

王老师鼓励地说："再想想。"

李刚说："我看也没有了。"仨人提出的条件足足写满了整个白板。

王老师又说："那好，下面我们来分一下类，看看刚才我们列举出的条件里面，有哪些是物质的，哪些是思想方面的。"

仨人仔细看着白板上写着的词语，赵平说："物质的有资本、金钱。"

小刘说："团队、亲人。"

每当仨人说出一个条件，王老师就用红色笔把它圈下来。王老师征询道："还有吗？"

李刚补充道："关系和人脉。"

随后，王老师问："还有吗？"

小刘说："这回真的没有了。"

王老师说："那好，刚才我们列举出的条件有 60 个。其中 6 个是物质的，其他的条件都是主观意识方面的。那么，是不是可以得出一个这样的结论：90％的条件都是非物质的，而真正物质的条件只有 10％。"仨人瞪大眼睛，惊讶地看着王老师。

王老师又说："而由这个结论，完全可以再推导出一个新的结论：做好一件事情物质条件只占 10％，而非物质的条件占 90％。"

赵平感到非常不解，心想：物质的条件只占这点儿比例？小刘说："看来做事的思想意识是主要的，过去光强调物质了。"李刚说："没有物质不行，但别过分，过分依赖物质也是不行的。"

接下来，王老师问："这个结论说明了什么？"

小刘说："它说明我们做事要充分发挥主观能动性，不要过于依赖外在的物质条件。"

赵平说："既然做事的思想意识是主要的，那么，凡事就应该向内求。"

李刚说："这就是求人不如求己。"

"正是这个道理！"王老师肯定地说，"刚才我们做的是一个小的启发式训练，通过这个训练，大家有什么心得体会？"

赵平说："我们已经看到了自我提高的重要性，应该多修炼内功，外在的东西比起内在的东西，太少、太渺小了。"

五、让我们从自己内心开始

王老师认真地说："事实上，资本在风险投资领域中，不是特别重要，应该占在第二位，虽然没有资本不行，但凡事都在人为。通俗地说：在个这行业中有钱不是大爷，因为赔光的有钱人太多了！"

"那谁是大爷？"李刚问。

"有能力的人！在这个市场中，只有能力是第一位的。大家想一下，5 万资本，每年翻一番，10 年后共是多少？利滚利计算。"

赵平惊叹："2000 多万！天文数字！"

王老师提醒到:"反过来看,你有2000多万,每年赔50%。10年后结果又会如何?"

"还有5万!"小刘不加思索就回答出来。

赵平说:"这也就是个说法,实际可能吗?"

小刘说:"完全可能!"

王老师认真地说:"我喜欢历史,大家想想,井冈山时毛泽东才有一两千人,后来有多少?解放前夕又有多少?而蒋介石则正好相反,这可比炒股难多了。"

李刚说:"人永远是第一位的。"

"所以,让我们从自己开始,从自己内心开始,努力提高自己的能力,不要贪图一时小利。暂时忘掉证券市场,忘掉股票,这就是我讲课的开始。在学习的过程中,大家完全可以随时提问,因为我更喜欢大家开动脑筋,而不是呆板地听。好,谁有问题?包括去卫生间。"仨人笑了。

小刘问:"老师,今天发教材吗?"

王老师反问:"你们带本了吗?"

仨人齐声回答带了。

"好,有教材,但是课堂上一定学会做好笔记,不要忽略讲课的内容。"王老师解释道。

"好吧,这是我们上的第一堂课。沟通了思想、奠定了学习基础。你们知道,学习是件艰苦的工作。为此,我们是要付出很多汗水。今天先打一个预防针,谁可都不许打退堂鼓。行百里者半九十,我可不允许半途而废。"

仨人点头,表示要认真努力,坚持学习到底。

本讲纲要

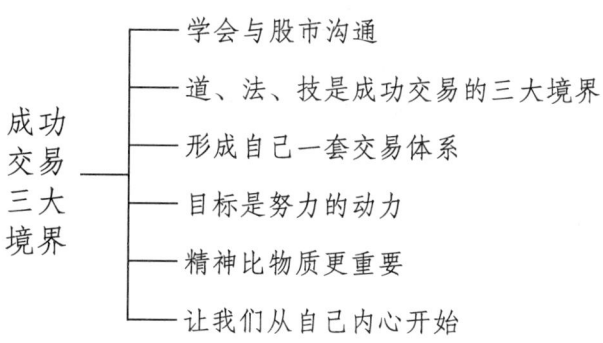

第三讲　图里有——技术分析的核心

　　第一次课后，赵平对小刘说，原以为资本很重要，但听王老师一说才明白资本是第二位的。小刘也深有感受，没想到在股票交易中心理占这么大的比例，真是不说不知道，一说吓一跳，以前自己太轻视内心的作用了。二人对王老师启发式讲课非常喜欢，认为适合自己口味。

　　这次上课刚一开始，王老师便提问："以前，我们曾经说过，学习的内容分为三大块，第一块是什么，谁还记得？"

　　小刘回答："是技，技术分析的技。"

　　"对，但不细致，我们要学的是基础分析与技术分析，二者合成技能。李刚，你说技术分析包括什么？"

　　李刚想了想："包括预测、策略和资金管理。"

　　王老师又问小刘："基础分析包括了什么？"

　　小刘回答："包括宏观分析、行业分析和计划。"

　　"对，没记笔记就记住了，不错。但这二者我们把它们归结为'道、法、技'的技的范畴，这个技也指的是技艺。我们知道，凡是技艺类的能力通过学习是完全可以学会的，只要你肯下功夫，日积月累，完全没有问题。"

　　下面，我们先来看看技术分析。什么是技术分析？**技术分析是以图表为基础，通过对市场行为进行研究分析，对价格变化的未来走势进行预测的一种方法**。技术分析研究分析的对象主要是市场行为，包括价格、时间、交易量等。要学会并且在交易中运用这些技术分析，还是要从思想上认清它。为此，我们必须在理解的基础上，认可这三个大前提。下面讲一下这三个前提。

一、技术分析的三大前提

1. 市场行为包容消化一切

小刘问："市场行为真的能包容一切吗？"

"能，任何一种经济行为都不能脱离市场，当然，必须是在市场经济条件下。同样道理，在市场经济条件下，市场行为是以价格变化的方式来实现的，而价格变化必然反映供求关系。大家以前都学过供求关系的规律：当需求大于供给时，价格就会上涨。反之，当供给大于需求时，价格就会下跌。供求关系是预测所有经济活动的基础，股市是经济活动之一，也不会例外。技术分析对股票价格走势进行预测是以图表为基础的，那么图表是什么？**图表是记录股价变化的统计图**。从一般意义上讲，对图表进行分析也就是对证券供求关系的分析，只不过这种分析是间接的分析。"王老师停顿了一下，"当然，任何政治、经济、军事、天灾人祸等因素都会在市场行为中表现出来，因为市场行为的背后正是这些因素。举例：如银行宣布加息，股价开始波动，K线开始把波动记录下来。只看波动记录就能简单分析价格的趋势，我们一看K线图是阳线，便知银行股可能看好。"

李刚说："那银行股上涨是央行加息的结果呀！"

"对，原因是加息，但如果你不知道加息，看了阳线你会怎么认为？"王老师问。

小刘说："阳线只要收高，一般认为股价第二天还会涨。"

王老师说："所以，股价波动肯定有原因，但不是人人都可以知道的，不是人人都可以知道真正的原因，更不是人人都可以提前知道这些原因。"

"但是K线图却表示出股票价格要涨，这说明什么？说明影响市场价格的基本因素必定要通过市场价格反映出来。那么，只需研究价格变化就够了。图表是市场价格变化的真实记录，那么，我们只需研究图表就够了。当然，还有其他的辅助技术方法等等。下面我用图表把这个前提表达出来，你们会更清楚。"

王老师问道："小刘，你能用自己的话把这个图表说一下吗？"

小刘说："我试一试吧。市场是由供需双方构成的，而这双方就是市场的参与者即市场行为，它促使价格在不同程度上不断变化，这些变化被人们用不同的方法记录下来，形成了图表。这些图表经过加工处理后，供人们分析研究，以达到发现预测价格未来变化的目的。"

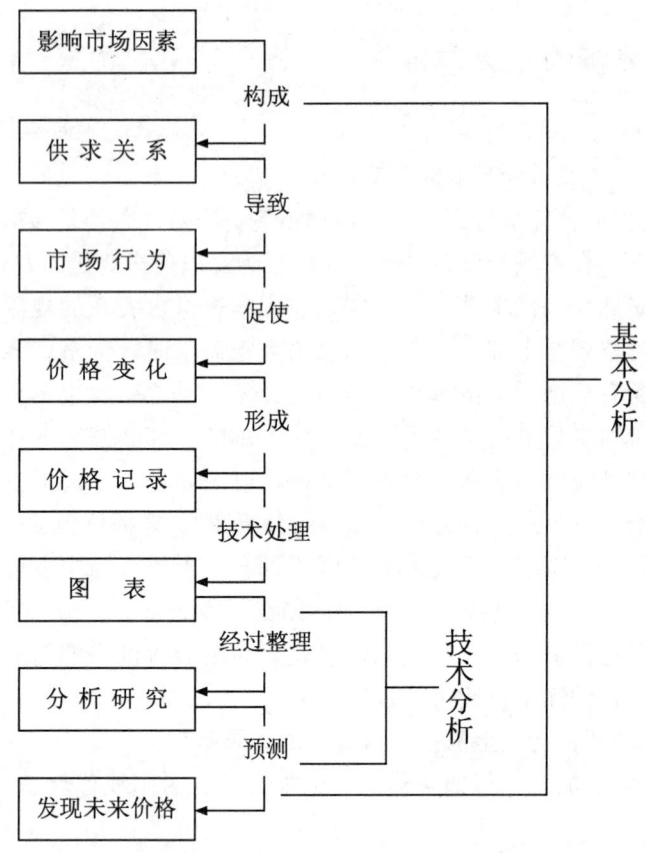

"口述得不错，把这个表格变成了自己的语言。李刚，这个表格它说明什么？"王老师问。

李刚回答："大量的信息被市场吸收、消化，而又以图表的方式记录下来。交易者只需关注图表，就等于关注了原因。但不是我们不知原因，原因对我们而言是非常滞后的！很多原因——即信息，当我们知道时，市场早就有所反应了，这还先不说信息的真假。"

王老师同样表扬了李刚后问谁有问题。小刘以前是学过一些相关知识，他问："那基本分析是不是也得看图表呢？"

王老师说："刚才你的口述较多地关注图表的左侧，而忽略了右侧。现在你假定自己是一个基本分析者，你的思路应当是什么？"

小刘说："先找原因，由原因去分析一下买卖双方的力度，看着价格高低，以便决定是否买入。"

王老师问："价格高低你怎么知道？"

赵平说："有数据。电脑上有记录。"

"那记录是什么呢？"

小刘说："就是K线呗！这大家都知道！"

"你最后还得看K线，而K线正是图表。通过对K线图表进行分析，我们就可以对以后价格的变化进行预测，同意吗？"

"同意！"

"你们看，基本分析最终也需要看图表。当然，也可能不只是K线，或者不看K线，但还需看其他的统计图。我们看电视、报纸时，一提房地产价格马上就有数据显示，有时也会有柱状图，以表明价格是增加还是减少。这说明图表是最后分析研究的基础，技术分析所用图表，只不过是经济分析图表中的一种，或者是一部分。图表把枯燥的数字形象化、视觉化，从而使分析者更直观、更便捷地对价格的变化进行分析。而技术分析派，正是从图表入手，经过研究分析，达到预测的目的。基本分析是从原因开始的，分析入手点要比我们远得多，所以，基本分析的结论一般都较滞后。我们看图表右侧，基本分析涵盖了所有内容。而技术分析只需从最后三点入手。"

赵平说："技术分析挺省事，光看图就行了。"

李刚说："也不是那么简单，不然的话，图表一直摆在那里，怎么还会有赔有赚。"

一遇到问题时，小刘总联想股市。他问："王老师，您说图表有假的吗？"

王老师答："市场中不排除人为操纵，但只要发生了真正的交易，图表又记录下来，不管出发点如何，我们认为就是真的，所以，图表是没有假的一说。再者说，假的作用只能起到一时，不可能起到一世。鲁迅先生曾经说过：捣鬼有术也有效，然而有限。由此可见，技术分析比较简单，它是把复杂的事情简单化了。而事情越简单越好，简单就是美！"

王老师接着问道："现在大家对'市场行为包容消化一切'能理解赞成吗？"

赵平说："能理解，我感觉现在已经开始分析图表了。"逗得大家直笑。

王老师说：分析图表要全面仔细，我们从现在开始就要养成良好的认真读图的习惯，功夫就是从这一点一滴中练就的。好，下面看第二个前提。

2. 价格以趋势的方式演变

王老师说："价格以趋势的方式演变。分析股市的目的就是找未来的趋势，当我们学习完趋势后，你会知道：价格不会呈直线，而是一阵前进一阵后退，曲折地逐渐上升或下降。"

"我们费了半天劲，找的就是它。"李刚插话。

王老师问："一旦找到了趋势该怎么办？应该顺应趋势！"

小刘说："王老师，顺应趋势也不是件容易的事，从2000点到6000多点没几个人能跟下来，市场的干扰太多。"

王老师说道："除去学艺不精，主要是心魔作怪。既然发现了趋势，就应该坚定不移地顺应趋势，并直到有了反转征兆为止。以后专有关于趋势的课，这个问题先说到这儿。"

3. 历史会重演

"历史会重演，是第三个前提。它表现在以下两个方面：

"（1）周期性。一年四季的变化，地球围绕太阳转。股市中重要的高点和低点的出现也是有周期性的。

"（2）犯错误的相同性。人类是会犯相同的错误的，这在生活中屡见不鲜，江山易改本性难移，犯错误的相同性在股市中也是屡见不鲜。错误的交易行为以价格形态通过图表表现出来，以前出现过，起过作用，现在出现一定还会起作用。过去犯的错误，在同等条件下还会再犯，所以，索罗斯说市场永远是错的，就是说大多数人总是在犯错。

"总之，图表表示了人们看待市场的心理，无论看好还是看坏。图表记录了交易行为，无论对还是错，时间地点不同，但行为会一样。历史就这么重演着，以至于中国的封建社会持续了2000多年。"

李刚想，技术分析都分析到历史中去了，挺有意思。

"是不是挺有意思，技术分析就是一个有意思的东西，与社会有着很大联系，将来是以前的重现，只要你能够抓住现在的，便有可能推导出未来的。"王老师说道。

赵平问："技术分析和基本分析哪个更有优势？"

王老师说道："各有千秋。"

二、技术分析和基本分析的优劣

"（1）技术分析研究市场行为，而基础分析则主要研究导致价格涨落的供求关系。

"（2）技术分析主要看图表，而基础分析要分析所有相关的因素，诸如宏观经济、行业背景、企业状况、财务报表等等。

"（3）技术分析研究市场行为导致的结果，以结果来预测价格未来的变化，基础分析则主要研究导致价格涨落的原因，以原因来预测价格未来的变化的可能性。

"（4）技术分析对市场反映灵敏度高，且快，基础分析对市场反映灵敏度则低且慢。

"从广义上讲，我认为基本分析是提供买什么的，而技术分析是提供怎么买的。在股票交易中，'买什么'不重要，'怎么买'则很重要。因为'怎么买'已包含了'买什么'。在这个问题上有两点需要提醒大家：

"首先，技术分析不是不关心价值高但价格被低估的股票，我们这里强调的是买入时机。**时机不对，等于白费**。其次，这只是我一家之言，言者无罪。

"而事实上，两者各有利弊，就像中国武术，只要练得精，哪派都有高手。在实际分析中，技术分析也是以基本分析为辅，基本分析也以技术分析为参照，单纯的哪一派不常见了。从学习的角度看，技术分析简单易学，而且时间长了可以学好，而基本分析的学习要难一些，不是学经济专业的人有一定难度。所以业余交易者中，技术分析者多，而专业人士中，则基本分析多些。"

"难怪电视台那么多股评家，几乎没有业余的。"小刘说。

"技术分析还有一个最大的好处，它迫使你客观冷静地看待市场，除非你不用它，否则就一定要碰壁。因为，只有图表告诉你涨，你才能认为是涨，反之亦然，切不可主观臆断，只要认真看图就够了。市场内外的一切消息均可不听，你完全可以'两耳不闻图外事，一心只读图表书'。而那些喜欢东听西听的人，其交易结果远不如不听的股民，这是事实。说到这里，我们不妨总结一下。我们认识到了技术分析的三个前提"，王老师在白板上写到：

（1）市场行为包容消化一切。
（2）价格以趋势的方式演变。
（3）历史会重演。

三、技术分析的八大优势

"其实，在认识技术分析前提的同时，我们已经了解了技术分析的一些优势，赵平你把技术分析的优势说说，照教材上念也可以，怎么样？"王老师还是比较关照赵平。

赵平读道：

"（1）技术分析研究市场行为——外在的，看得见。主要看图表——简单、直观。

"（2）图表不会有错，问题是图表的分析者，事情的本质不是图表本身，而是对图表的领会和理解。

"（3）技术分析以结果预测未来，以结果推结果，更有准确性。同时，它不是一件容易的事，也不是万无一失。

"（4）技术分析对市场反映的灵敏度高，入市时机快，容易把握机会。从而解决了怎么买、何时买的问题。

"（5）技术分析简单易学，日积月累可以提高完善。

"（6）约束你客观冷静地看待市场，克服主观盲目性。

"（7）是用纪律约束市场行为的重要组成部分，提供给交易者一套客观性的交易原则。

"（8）为我们提供一套绝无仅有的衡量市场心理的机制。"

四、"图里有"是技术分析的核心

王老师说："讲到这里，大家对技术分析的作用有了一定认识。那么，它的核心是什么？下面谁就技术分析来做一个高度概括，字数越少越好。"

赵平说："多看K线图。"

李刚说："不光看K线图，还要看指标。"

小刘说："图表包含一切。"

王老师说："小刘总结得不错，还可以精确些。**技术分析的核心**只有三个字就够了：**图里有**。"

赵平非常惊讶："只三个字！"

"图里有什么？有我们需要的一切！有价格运动的方向，有我们需要的买卖点，还有趋势的转折处。总之，它更像是个宝库，我们只需向它索取，它决不会吝啬，但我们一定要有能力、有方法。我们学习技术分析就是要掌握这一套索取的能力和方法。掌握了这一套方法，就等于掌握了开启股市这座宝库的钥匙。'图里有'是技术分析的核心，也是对技术分析的高度总结，我们要坚定地相信它。我们切不可既使用着技术分析，又怀疑着技术分析，这样的话自己会处于两难境地。同理：在以后的实际交易中，切不可使自己处于买与卖的两难境地。"

"下面对技术分析做一下总结。"王老师在白板上写到：

（1）技术分析是股市面前人人平等的唯一体现。

（2）是观察价格变化的最直观、最容易进行的一种方法。

（3）掌握技术分析的程度决定获利的时间和多少。

（4）技术分析分为专门和综合两类。

（5）为我们提供一套绝无仅有的衡量市场心理的机制。

（6）是用纪律约束市场行为的重要组成部分，提供给交易者一套客观性的交易原则。

（7）技术信号本身构成推动市场运行的主要动力。

（8）技术分析是可以通过日积月累，不断实践得以完善提高的。

"好，今天我们重点讲了技术分析的前提、优势及重要性。同时树立了一个重要理念：精神比物质更重要。又明白了技术分析的核心是图里有。课后，大家多想一想这几个问题，并预习一下道氏理论。今天先讲到这里。"王老师说。

在回家的路上，赵平三个人探讨着刚才学的东西，这仨人中小刘是知道较多的："相关书读过，但都没有这么明确，特别是'图里有'。你别看现在学的是技术分析，到实际操作时经常还会去听一些杂乱的东西，而忘掉技术分析。"

三个人感觉收获挺大：王老师的总结特别好，要点清楚，条理性极强。我们要学的就是这种分析概括的思维方法。图形那么多种，最后只有经过分析判断才能得出最终结论，这种总结概括的能力和思维方法太重要了。

本讲纲要

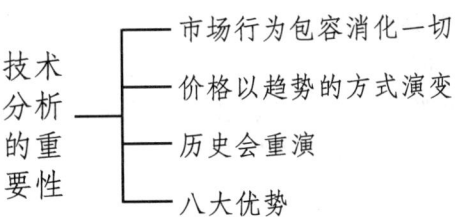

第四讲　道氏理论精解

时间过了一周，师生四人又聚在王老师的工作室中。

王老师走到白板前，问道："上一次课中，我们讲了技术分析，它的重要性是什么？也就是我们为什么学它。其实，重要性就是它的优势。哪位能将它的八大优势简洁地说一下？小刘先练习一下？"

小刘答应后，回答说："简单直观、图表不会有错、更有准确性、灵敏度高、入市时机快、简单易学、克服主观盲目性、提供一套客观性的交易原则、提供了衡量市场心理的机制。"

王老师说："真的不错！能把这八点记下来很好。请大家明白：学多少不重要，记住才是关键。

"在上一次课中，我们对技术分析进行了分析。那么，我们学习技术分析应从哪里开始？它的祖宗是谁？也就是它的根源是什么？我们可不能'数典忘祖'，学了人家东西都不知他是谁。

"学习技术分析要从道氏理论开始，**首先因为它是技术分析的开端**。道氏理论是美国人查理斯·道创始的，他将自己的这个理论用于反映市场的总体趋势，而不是用于预测股市或指导投资者。之后，人们才将其归纳总结而成今天的道氏理论。**其次是它强调市场的总体趋势**，大多数股票都倾向于同时波动，过去这样，现在这样，并将永远如此。"

赵平问："王老师，什么是趋势？"

王老师说："趋势是市场价格变化的方向，如同冬天来了，一定会刮西北风，春天来了，一定会刮东南风一样。赵平，你能改变风的方向吗？不能，但是你能掌握手中的风帆——顺风，这在股市中叫**顺势**。以后有课程专讲趋势。"王老师接着说："道氏理论设计了道·琼斯指数，这是开启了股市指数的先河，可以说世界上的股市指数都是以道琼斯指数为榜样而设立的。"

"中国也是吗？"李刚问。

"也是。沪指、深综指和其他指数都是基于道氏的理念。学习技术分析从道氏理论开始，就是从西方理论开始，因为西方理论指导股市比较早，并且自成体系。道氏理论都包含什么？我们以要点方式来说明，道氏理论一共七大要点，李刚你读一下前两点。"李刚认真念了起来：

一、平均指数包容消化一切

平均指数反映无数投资者的综合市场行为，包括那些实力强大、信息灵通的投资基金、有远见和有经验的投资个人。它在其每天的波动中包容消化了各种已知、可预见的事情，以及各种可能影响股票供需关系的情况。举例：大到国际的战争、汇率的变化，小到天灾人祸对某个行业的影响，都会被迅速地消化，并且会显示出其可能的后果。

二、市场有三种趋势

道氏对趋势的定义是这样的：只要价格相继上冲，每个波峰、波谷都相应地高于前一个波峰、波谷，那么市场就是上升趋势。也就是说，上升趋势一定体现在依次上升的峰和谷上；反之，下降趋势必以依次下降的峰谷为特征。

王老师示意李刚停下，说："我来解释一下市场有三种趋势：

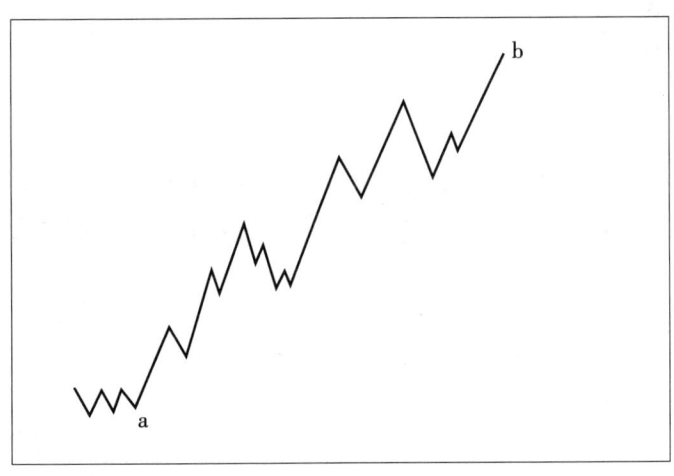

图 4—1　基本趋势示意图

1. 基本趋势

"通常持续一年以上，有时更多。价格变化不会直线走，无论上升或是下降都会形成峰和谷，这是形成趋势的原因，向上是牛市，向下是熊市。上次沪指从6000点下跌，就是基本趋势，时间也不止一年。市场有惯性，因为大多数投资者都是热衷于市场的主要方面，促使价格持续运动。如图4—1所示。这只是一个示意图。

"在图4—1中，由a到b是一个基本趋势。我们看到在上升的过程中，中途多次向下回调，但最终还是向上运动。

2. 中等趋势

"它是基本趋势回撤的部分。它代表着基本趋势的调整，一般持续3周至3个月，常见回撤约为基本趋势涨幅的一半，大家看图，如图4—2所示。

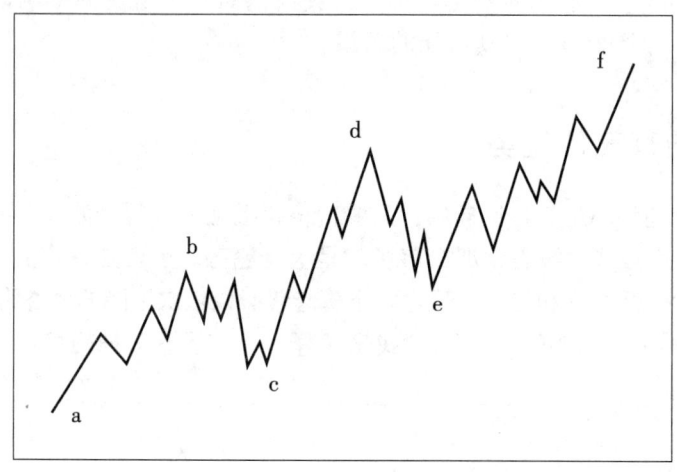

图4—2 中等趋势示意图

"在图4—2中，由a到b、由c到d、由e到f都是向上运动，属基本趋势。由b到c、由d到e向下运动，是中等趋势，回撤约为前面基本趋势涨幅的一半。

3. 小趋势

"它是趋势中较短的波动。大家看图，它是由a到b、由b到c中的曲线即是小波动，如图4—3所示：

"在图4—3中，左边是个上升势，而右边则是下降势。左图由a到b、右图由b到c之间的小波动即是小趋势。小趋势在基本趋势、中等趋势中都会存在。下面看个实例，这是一个沪指的周K线图，如图4—4所示。

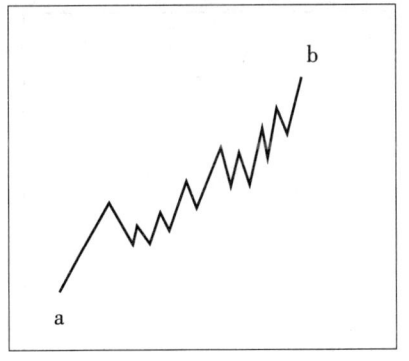 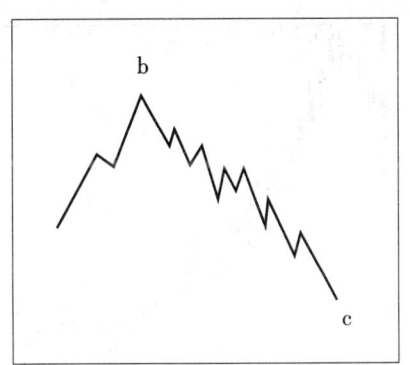

图 4-3 小趋势示意图

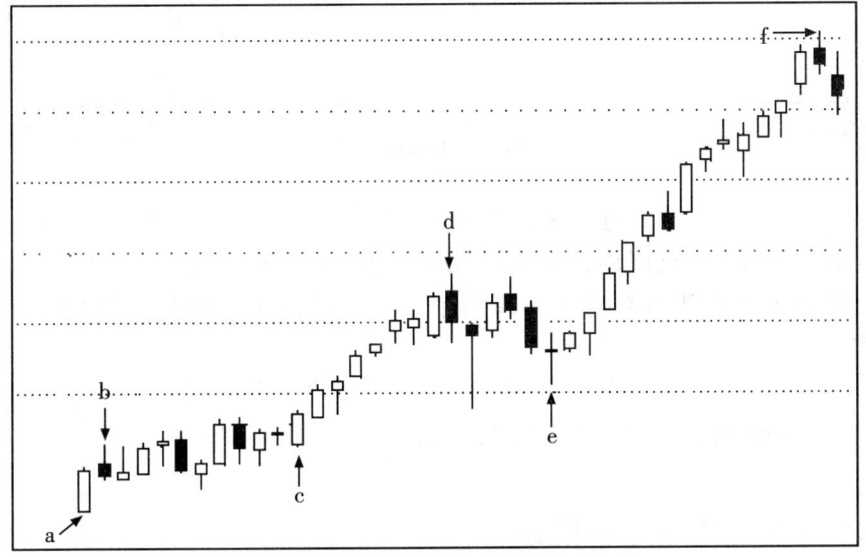

图 4-4 小趋势实例图

"在图 4-4 中，是个上升趋势，其中，由 a 到 b、c 到 d、e 到 f 均为基本趋势，价格一直是呈上升运动。而由 b 到 c、d 到 e 则为中等趋势，价格是在上升过程中的回调。在这幅图中，价格回调时有两个小的趋势，都包含在中等趋势中。请大家注意：第一个回调由 b 到 c 是个横向整理；第二个回调由 d 到 e 才是向下回调。下面再看一个下降趋势的沪指实例，如图 4-5 所示：

"在图 4-5 中，价格运动是个下降趋势。其中，由 a 到 b、c 到 d、e 到 f

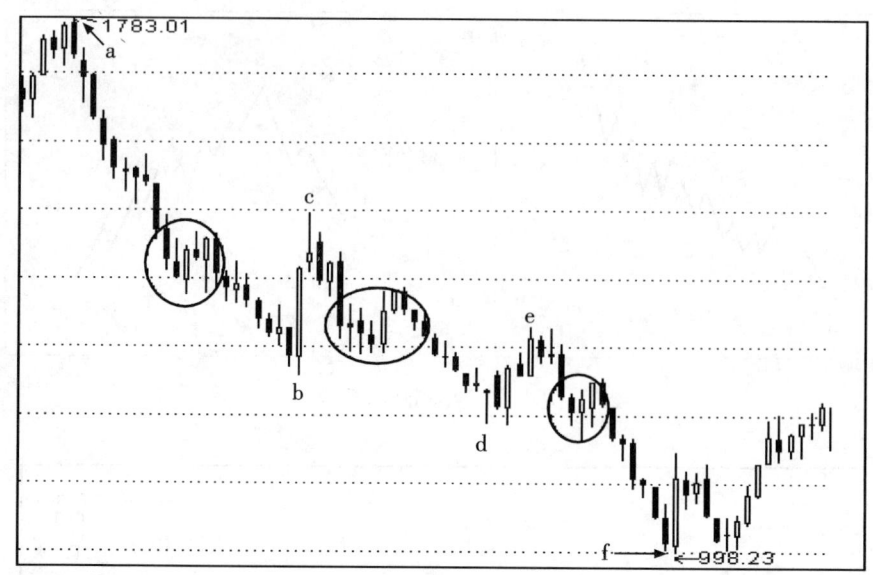

图 4—5 小趋势实例图

均为基本趋势，价格一直是呈下降运动。由 b 到 c、d 到 e 则为中等趋势，是价格在下降过程中的回调。在这幅图中，价格在三次基本趋势运动时，都有小的趋势包含在基本趋势中，即图中被圈上的地方，但都没能构成中等趋势。"

解释之后王老师问道："对此，你们有什么要提问的吗？"见仨人没有问题，王老师便说："赵平，你读下面三点。"赵平念了起来：

三、基本趋势的三个阶段

1. 牛市——基本上升趋势

（1）底部建仓阶段。

在这个阶段，股市还是非常不景气，交易量很低迷，散户大厅中的人寥寥无几，很多散户都深套其中，大家也都对这长期的跌势麻木了，远离了市场。还有一些股民仍然看跌后市而不断地割肉离场。这时候每天的股评也都不乐观，很多也都是看跌后市，建议大家谨慎操作。但就在这时，很多精明的投资者——包括信息灵通的各大基金、私募基金、操盘高手，出于对市场基本面和技术面的各种分析，开始分批地买入股票。尤其是业绩优异但价值严重低估的股票，都是他们建仓的首选。

(2) 稳步上涨阶段。

当股市在低位进行了长达一年或数月的底部徘徊之后，终于走出低迷，交易量开始活跃起来，大盘和个股开始上涨。上市公司的业绩也逐步转好，大家的信心明显增强。这个时期板块轮动非常明显，那些业绩良好、被严重低估的股票往往率先上涨，它们经常会有3～5倍的收益，有时甚至高达10倍。业绩一般的股票也都普涨，通常也会达到2～3倍的收益。在这个阶段，在底部聪明地建仓并耐心持有的股民会得到最大的收益。

(3) 牛市顶部阶段。

在这个阶段，大盘指数还在不断地创出新高，股票的价格也惊人地上涨，所有的信息都让人非常乐观。散户大厅里人满为患，热闹非凡，大家都在信心百倍地交易。电视中的股评节目收视率也很高，专家们都不断地预测着新的热点板块和大盘新的高点。这时候新股也在不断地上市，扩容着证券市场。在顶部阶段最后的时期，交易量非常之大，垃圾股也开始麻雀变凤凰，价格猛涨。亲朋好友间谈论最多的也是股市的赚钱神话，但他们往往忽略了一个问题：这轮行情已经涨了有很长时间了，不可能永远持续下去，现在已经到了问问该卖掉哪只股票的时候了。赵平自语道："我正是这时候入市的。"

王老师叫赵平停下，说："再看一个沪指2005～2008年的实例，如图4—6所示。"

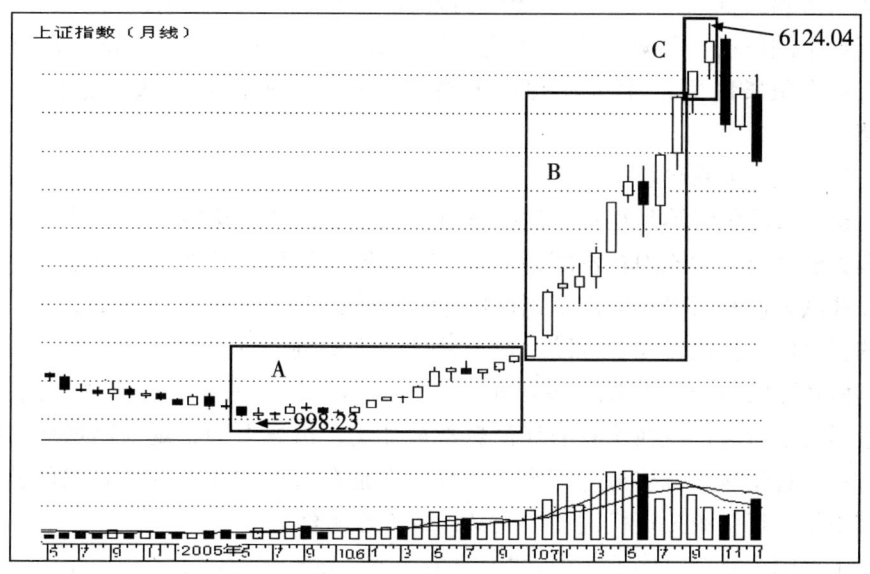

图4—6　基本趋势的三个阶段实例图

"在图4-6中有三个方框，其中方框A中为底部建仓阶段，时间长达两年之久，在它之前是个下降趋势。这时不利的消息已经被市场所包容消化，敏感的人开始逐步买进建仓。方框B中为稳步上涨阶段：绝大多数人顺应趋势开始跟进，价格明显上扬，这个阶段入市的人以技术分析者居多。方框C为牛市顶部阶段，也可称为追市阶段：股市的暴富神话不断出现，这段时期几乎全民炒股或投资各种基金，投机性交易量猛增。赵平虽然是这时买入的，但他已经坦白了，我们就不追究他的入市责任了。"仨人一听马上笑了起来。王老师叫李刚读熊市——基本下降趋势，李刚读道：

2. 熊市——基本下降趋势

（1）顶部出仓阶段。

这个阶段实际开始于牛市的后期，在这个阶段市场上已经累积了丰厚的获利盘，很多精明的投资者、基金机构开始分批地卖出股票实现自己丰厚的利润，很多散户的账面上也有了不少利润，但他们并不急于抛售，而是还畅想着更大的收益。尽管行情下跌后的反弹在逐渐减弱，但交易量仍然很高，大众还是很活跃。但随着行情开始显弱，第二个阶段来临了。

（2）恐慌阶段。

在这个阶段买方的力量明显变弱，价格加速下跌。股票账面上的盈利迅速变为亏损，并且不断扩大。当交易量达到最高值时，价格也几乎是直线地下落到最低点。这个阶段经常出现整个股市近千只股票跌停，并且有时有数个跌停板，很难卖出。恐慌的情绪充满了整个市场。在这之后可能会有一个很长时间的次级反弹或者是横盘整理，来消化一下以前的悲观情绪。

（3）继续补跌阶段。

这个阶段跌势不是很快，但持续着。很多股民和机构由于长期看空后市或因为资金周转的原因在不断地割肉。垃圾股的跌幅往往领先，业绩好的股票往往跌得慢些（当然，极个别保持上升通道的股票除外）。但不管怎样，市场的行为就是板块轮动着普跌，远远跌破了人们的心理防线，也跌破了股评家们所预测的一个个所谓的支撑价位，交易量清淡，散户大厅里空空荡荡。在最后这个阶段，就在所有的坏消息都被证实，市场上的悲观情绪依然看跌的时候，这轮熊市就接近尾声了，而且经常是在所有的坏消息出来之前就已经结束了。精明的投资机构和个人又开始考虑建仓了。

王老师示意李刚停下，说："大家要注意，没有任何两个熊市或牛市是完全相同的。有一些行情中可能缺少三个典型阶段的某一个，这都很正常。有些短期的熊市也没有明显的恐慌阶段，但有一些可能会以恐慌阶段结束。无论如何，我们应该牢记的是基本趋势的典型特征，然后再去变通地观察、思考。下面我们来看一下上证指数 2001 年开始的熊市当中的三个阶段图，如图 4—7 所示。"

"在图 4—7 有三个方框。方框 A 中，时间为 2001 年 4~6 月，是前一轮牛市、也是本轮熊市的出仓阶段。

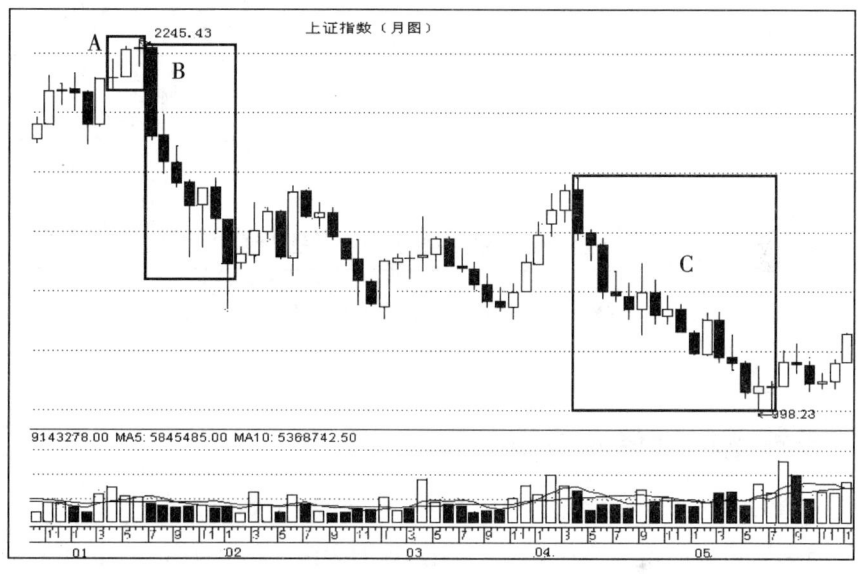

图 4—7　沪指 2001 年 4~6 月熊市三阶段图

"但好景不常，方框 B 中，从 7 月份股票便开始了恐慌性的下跌，详情见方框 B 的日线图，如图 4—8 所示。

"这段下跌持续了近半年时间（直到 2002 年年初），之后从 2002 年 2 月份开始了长达两年时间的横盘整理。第三个阶段为补跌阶段，见方框 C 中，是从 2004 年的 4 月份开始的，从 1783 点跌到了 998 点（2005 年 6 月），之后大盘开始了真正的底部调整。这三个阶段非常清楚。"

王老师总是担心仨人听不明白，问有没有问题，在大家说了没有以后，才接着讲：

图 4-8 2001 年 7 月开始的恐慌抛售的日线图（局部）

四、各种平均价格必须相互验证

"如果两个指数相互背离，不一致，则原趋势依然可能继续。

"目前，我国指数有多种，我们现在仅以股市上主要看两个：沪指和深证成指为例，来说明各种平均价格必须相互验证的道理。先看沪指构成：

"上证综合指数以 1990 年 12 月 19 日为基期，以全部上市股票为样本，以股票发行量为权数按加权平均法计算，基期指数为 100。计算公式为：

$$本日股价指数 = \frac{本日股票市价总值}{基期股票市价总值} \times 100$$

"沪指构成说明，平均价格与平均价格指数近似，我们可以把二者看成为同一概念。深证成指的构成与沪指近似，不再举例。下图是沪指从 2004～2008 年的月线图，如图 4-9 所示。

"在图 4-9 的方框中，2004 年 10 月至 2006 年 7 月为底部区域，交易量不大，价格变化幅度相对较小。而后随着交易量的增大价格开始上升，以至 2007 年开始迅速上升后，至 6000 多点止住。按照'各种平均价格必须相互验证'的原理，深证成指的价格变化在同期也应该与沪指大致相同。我们看下图，这是深证成指与沪指同期的图表，如图 4-10 所示。

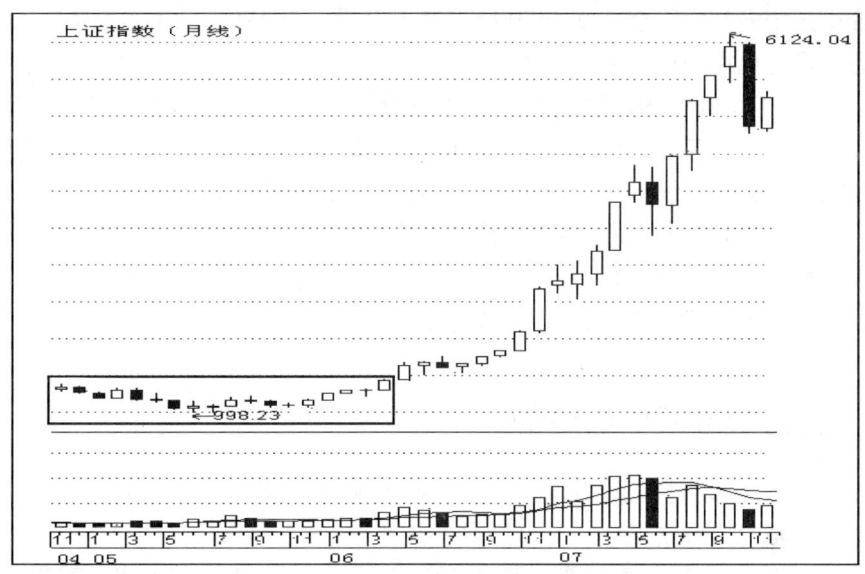

图 4—9　沪指 2004～2008 年的月线图

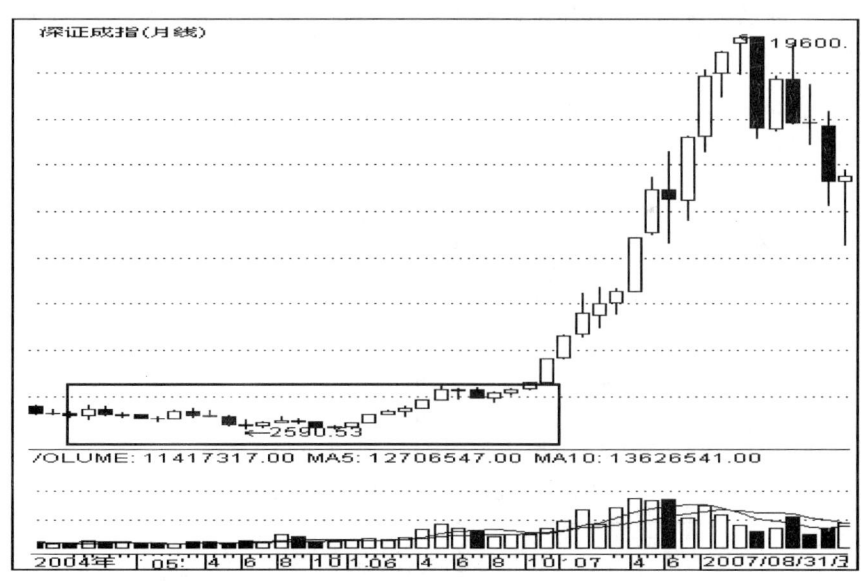

图 4—10　深证成指 2004～2008 年的月线图

"在图 4—10 的方框中，是深证成指的价格变化。2004 年 11 月至 2006 年 7 月为底部区域，交易量不大，价格变化幅度较小。而后随着交易量的增大价格开始上升，以至 2007 年开始迅速上升后，至 19600 多点止住，深证成指的价格变化在同期与沪指大致相同。

"实际上，两个指数的趋同性远不止这点：二者几乎同步、同期上升到 2007 年 10 月的高点。在到达高点后同时迅速下跌，连反转信号 K 线都是完全相同——看跌吞没形态，并且，向前吞没不止一根 K 线。

"深证成指与沪指在同期内的价格变化基本符合道氏理论的'各种平均价格必须相互验证'的原理，二者在时间、部位、速度、形态上都在实践着相互验证。小刘你把它读完。"小刘读起来：

五、交易量必须验证趋势

（1）当基本趋势是上升趋势时，主要趋势中价格上涨，交易量增加，而在中等回调时，价格下跌，交易量减少。

王老师说："咱们画的图是简单示意图，虽不太好看，但大家能看明白就可以。"仨人说挺清楚。

王老师接着说："大家注意：图中的底下的柱状图是交易量，如图 4—11 所示。

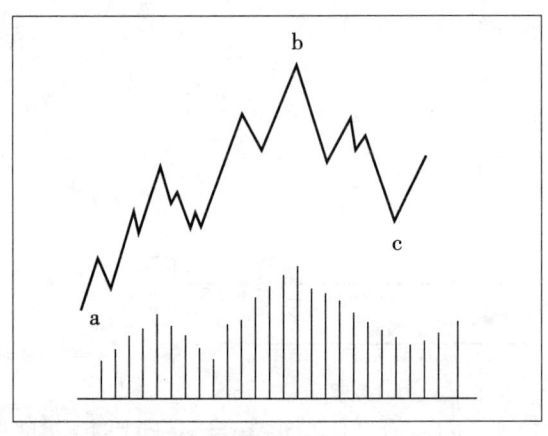

图 4—11　交易量验证趋势示意图

"请看，这是个上升趋势，图中由 a 到 b 是基本趋势，交易量随趋势的延伸而增长。由 b 到 c 是中等趋势，交易量随中等趋势的下降而减少。能理解吧？

"（2）在熊市中，价格向上反弹时，也经常会看到交易量增加。

"在图4－12中，我们看到深圳能源在2007年9月份开始下跌趋势后，交易量逐渐萎缩，在12月初到2008年1月初的反弹中，交易量有明显上升，之后又开始缩量下跌。

图4－12　深圳能源交易量实例图

"（3）注意：我们不能仅仅根据几天的交易量或某个时间段的交易量去分析，而要用一段时间内全面相关的交易量去分析股票。"

小刘问道："那什么是全面相关的交易量呢？"

王老师答道："这个问题问得好。这段时间要覆盖一段趋势，包括趋势的回调。要看交易量的整体变化，而不是几天的变化。小刘接着往下读道氏理论。"小刘接着读道：

六、唯有发生了明确的反转信号后，才能断定既定趋势的结束

有许多方法可以帮助我们来判断趋势是不是反转，比如说重要趋势线的突破，反转形态的出现等，这些方法我们在以后的课程中都会详细讲到。但是，在这些明确的反转信号出现之前，我们还要认为"以前的趋势仍将继续"。所以，一定要耐心地等待市场的反转——耐心、耐心、再耐心。

七、只使用收盘价

对于日线图来说,道氏理论对股票当日出现的最高点或最低点并不关注,它只考虑收盘价。同理,对于周线图来说,它只考虑本周的收盘价,本周内价格是如何波动的它并不关心。

小刘读完后,王老师问:"只使用收盘价说明什么?"

小刘说:"看收盘价看得清楚。"

"不准确,只使用收盘价是更加注重多空双方斗争的结果,可以看出谁强谁弱。"王老师问赵平明白吗?赵平点头表示理解。

王老师又问:"谁能说说为什么要看结果。"仨人摇头。"看结果就会知道谁强谁弱。我们的投资投在哪一边?当然要投在强者这边。从这种意义上说,股票交易市场是个联强欺弱的市场,大家同意吗?"

"同意!"仨人齐声回答。

本讲纲要

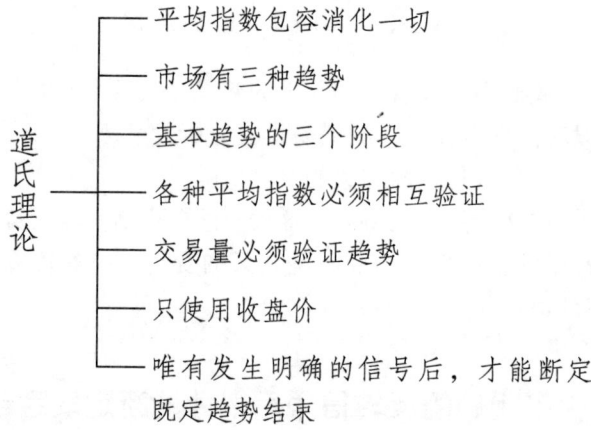

第五讲　趋势，趋势，还是趋势（上）

　　虽说是春天，可天气还是很冷。这天晚上小刘抽空给赵平打了个电话，说王老师讲课不枯燥，特别是最后的总结，帮我们把思路捋得简单清楚，更容易记住。赵平说原来以为道氏理论多么难，这次听完感觉挺简单的，自己一点儿不会都听懂了，看来有老师就是不一样。不过，这才刚刚开始，真要达到王老师的水平还差得很远。

　　日子就这么快，人就这样忙，转眼一周过去。又到了上课的时候了，仨人按时到场。

一、学习的三个步骤

　　王老师一开课便开始提问："今天我们学习趋势，之前提几个问题，技术分析的前提有几个？又有几大优势？李刚你来回答。"李刚回答有三大前提，八大优势。

　　王老师点赵平的名："赵平，你先把道氏理论中的两个要点说一下。"

　　赵平像背书一样一下说了两个："平均指数包容消化一切，市场有三种趋势：基本趋势、中等趋势、小趋势。"

　　"李刚补充两个。"李刚也说了两个："基本趋势有三个阶段，各种平均价格必须相互验证。"

　　"对，小刘你来收尾。"小刘想了想后回答道："唯有发生了明确的反转信号后，才能断定既定趋势的结束，只使用收盘价。"

　　王老师问道："还剩一个，谁来补充？"

　　李刚补充说："交易量必须伴随趋势。"

　　王老师说道："不要小看交易量，它的作用仅次于趋势，我们会有专课讲交易量。小刘，你说一下交易量如何伴随趋势。"

小刘说："是验证趋势。在基本的上升趋势中，交易量随着价格的上涨呈放大趋势，在价格回调时则减少。"

"很好，赵平，你到前面来，把小刘刚才说的画一下示范图。"赵平在白板上画了下来。还在旁边标上了：上升、下降、基本、中等。由 a 到 b 是基本趋势，是上升趋势。由 b 到 c 是中等趋势，是下降趋势。由 c 到 d 是基本趋势，是上升趋势。由 d 到 e 是中等趋势，是下降趋势。如图 5—1 所示。

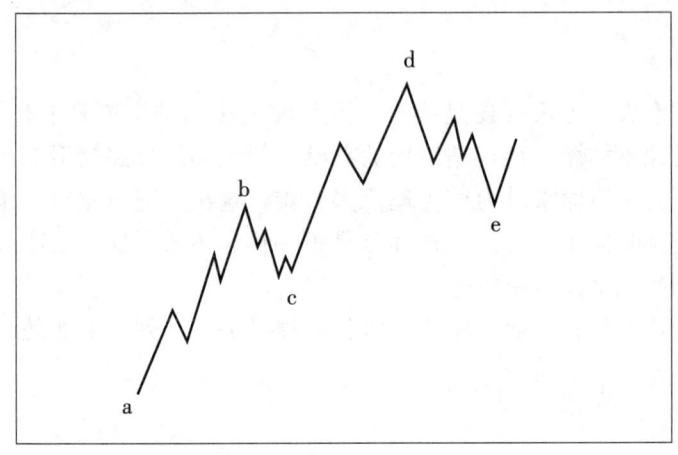

图 5—1　上升趋势示范图

王老师问小刘："你看有问题吗?"

小刘说："他没标交易量多少。"

"你给标一下，赵平请回。"小刘标完，如图 5—2 所示。

王老师说："这回完美了。虽然还没学习交易量，但大家一定认真领会。同时切记，一定要记住道氏理论这七个要点，在以后交易过程中，会随时用到。"仨人点头。

"学习的最好方法是重复。所以每次上新课时，都会把上节课学的重点复习复习。而且，上课时还会不断重复、复习以前学过的重点，以达到增强记忆的目的。"王老师接着讲到，"我们把整个学习的过程分成三步：第一，预习。每次课尾都把下次学习的内容说一下，大家在家一定要预习，这样再上课时你们就会找重点听。第二，听课。主要是听重点，问疑点，悟心得。既节省时间，提高进度，又不会忽略知识点。第三，复习。包括课堂复习，课后复习。经过复习达到巩固知识的作用。预习靠自己，复习靠双方，讲课靠

第五讲 趋势,趋势,还是趋势(上)

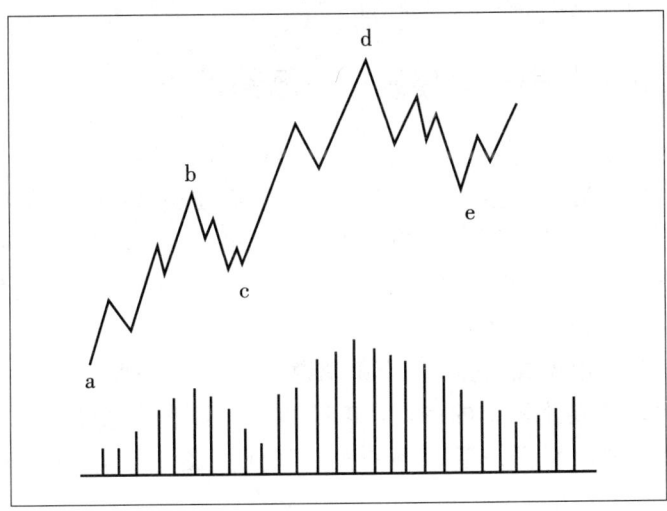

图 5-2 上升趋势示范图

我。这样分工明确,各负其责。谁没做好,自我检讨。三位感觉如何?"

仨人共同点头,说就听您的。

而后,王老师话题一转,问到:"你们仨人近期买房子了吗?"仨人中赵平、李刚买了。"那影响房地产价格最重要的因素是什么?谁知道?"

李刚说:"地皮的成本。"

小刘说:"原材料。"

赵平说:"还有人工成本。"他们心想,这房地产与股票有关系吗?

"你们说得都对,但还不是最重要的因素。影响房地产最重要的价格的因素一共有三个,但不是你们说的这三个。告诉你们,第一是地点,第二谁知道?"

"税收,"李刚抢着说回答。

"告诉你们,第二是地点,第三就甭猜了,还是地点。"王老师加重语气。

小刘重复道:"地点、地点、还是地点。"

赵平说:"这有点像保险界的话,SP、SP、SSSP,拍马屁,拍马屁,拍马拍马拍马屁。"

连王老师也乐了:"那么,股市交易最重要的关注点是什么?告诉大家,也有三个:第一是趋势,第二是趋势,第三……"

仨人同声答道:"还是趋势。"

"今天,我们就来学习趋势及相关重点。"

二、股票交易的第一大原则——顺势而为

"在技术分析中,趋势是绝对核心的。对趋势的分析是首要的,其他分析的唯一目的就是辅助我们来分析市场趋势,从而使交易顺应趋势运动的方向。为什么要顺从趋势?因为可以盈利。你想,如果大趋势向上,你可以往上做,最低保证不会犯错误。如果大趋势向下,要尽快离场观望,以避免损失,这点可以理解吧?"仨人说理解。

"股市里有逆市思维一说,王老师您说对吗?"小刘提问。

王老师说:"逆市思维的市,是市场的市,而不是趋势的势。逆市思维是说逆大众心理,而不是逆市场趋势。任何企图逆反趋势的想法都是错误的。"

王老师看了一下小刘:"我们以前说过,趋势好似风向,冬天刮西北风,夏天刮东南风。也如气温,冬天来了必然冷,但第二天不一定比前一天更冷,但肯定是逐渐变冷。春天来了气温必然变暖,但第二天不一定比前一天更暖和。股市也是一样,趋势一经形成不会轻易改变,因为趋势有惯性。但是,在上升趋势中,第二天的股价不一定比前一天的高;在下降趋势中,第二天的股价不一定比前一天的低,大的方向会曲折地上升或下降。趋势就像一列火车奔驰起来后,即使刹了车也不可能马上停下。据说惯性能使火车撞穿一栋楼房。"

小刘说:"电视台原来播过,京通快速路上把人给撞飞的事件,不是司机没刹车,而是汽车惯性没法刹住车。"

王老师问:"股市上有没有被趋势撞飞的人?"

小刘说:"有的是!"

王老师肯定地说:"技术分析的优势之一是它提供给交易者一套客观性的交易原则。做好交易的第一个原则就是顺势而为!千万不要迎头拦截趋势!"

三、趋势是怎样形成的

王老师说到:我们再来看看趋势是怎样形成的。趋势虽是市场价格运动的方向,但价格的运动也不会朝一个方向直来直去,它是曲折前进的。其轨迹宛如波浪前仆后继,且具有明显的峰和谷。市场趋势正是由这些波峰、波谷依次向上或向下的方向所构成。我们来看:

1. 趋势类型

(1) 上升趋势为依次上升的峰和谷。如图 5-3 所示。

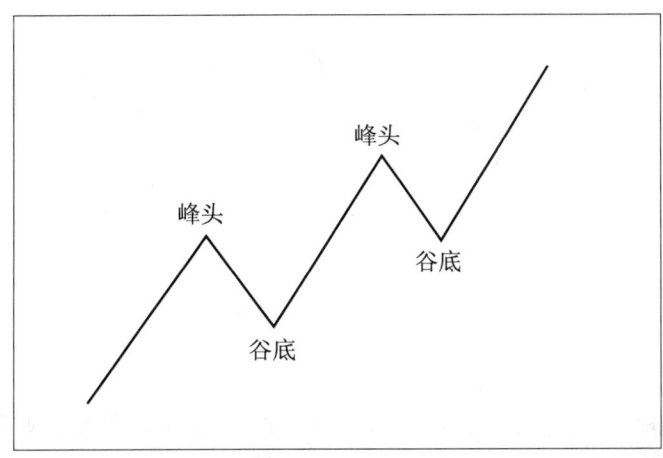

图 5-3 上升趋势示意图

(2) 下降趋势为依次下降的峰和谷。如图 5-4 所示。

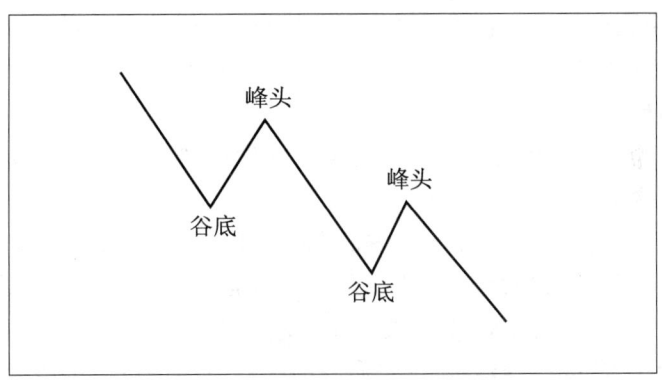

图 5-4 下降趋势示意图

(3) 横盘势为依次横向伸展的峰和谷。如图 5-5 所示。

王老师问："赵平，你能联系道氏理论的相关内容，总结一下吗？"

赵平说："这是趋势的分类方法不同，刚才您讲的是从趋势方向上区分的，有上升、下降、横盘三种趋势。"

"那道氏理论说的三种势是如何分的？"王老师再问。赵平答不出。

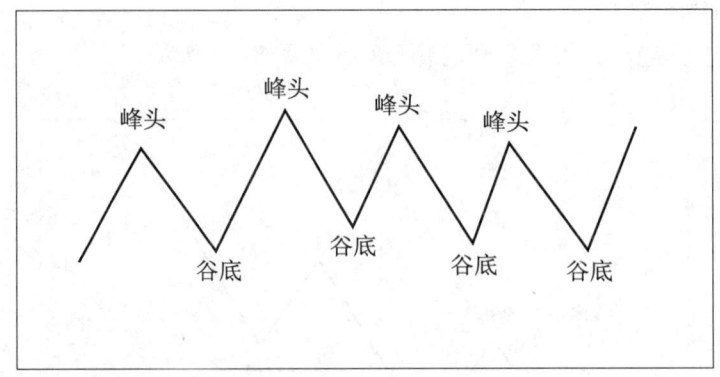

图 5—5 横盘趋势示意图

李刚说:"我认为道氏理论说的三种趋势,基本、中等、小趋势是从趋势的强弱程度和时间长度上划分的。**趋势如果依方向划分,则有上升、下降、横盘三个方向,一个方向可有三种类型**,即基本趋势、中等趋势和小趋势。"

"很好,可见复习是有效果的,复习一定要复习出一定的东西,上次这点没讲到,我特意留在这次问,主要是看看大家复习的效果如何。李刚是复习得不错。"说到这里,王老师话锋一转,说道,"好了,讲完类型讲构成,趋势的构成是这样的:每个趋势都是其上一级更长趋势的一个组成部分,同时本身也是由比其短的趋势构成,有着包含关系。大家知道逻辑中的包含关系吧:就是大趋势包含中等趋势、小趋势。中等趋势包含小趋势。现在请小刘把这里总结一下。"

小刘总结到:"趋势是市场涨跌的方向,有上升趋势、下降趋势和横盘势三个方向,有强弱长短之分,可分为基本趋势、中等趋势、小趋势。其中:基本趋势由中等趋势、小趋势构成,中等趋势由小趋势构成。"

王老师接着讲道:趋势是怎样形成的呢?前面说过,价格运动是由一系列波峰和波谷构成,它们依次升降的方向决定了市场的趋势。正是这些峰头和谷底,决定了价格运动的方向。

2. 上升趋势的形成

当每个峰头、谷底分别高于前面的峰头、谷底时,便形成了**上升趋势**。如图 5—6 所示。

在图 5—6 所标出的字母 a,皆是峰头,一峰比一峰高。所标出的字母 b,皆是谷底,一谷比一谷高,这样逐渐形成了上升趋势。

第五讲 趋势,趋势,还是趋势(上) 47

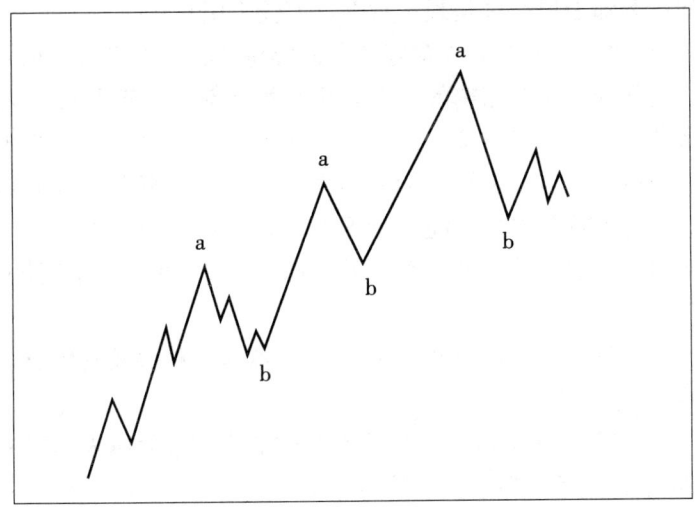

图 5—6 上升趋势形成示意图

3. 下降趋势的形成

当每个峰头、谷底分别低于前面的峰头、谷底时，便形成了**下降趋势**。如图 5—7 所示。

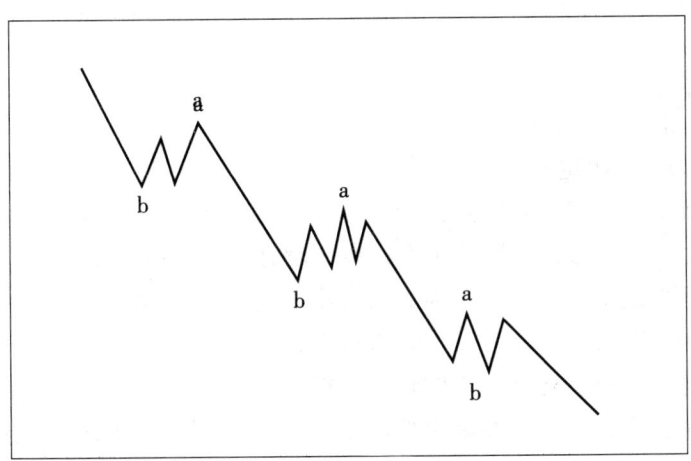

图 5—7 下降趋势形成示意图

在图 5—7 中所标出的字母 a，皆是峰头，且一峰比一峰低。图中所标出的字母 b，皆是谷底，且一谷比一谷低，这样逐渐形成了上升趋势。

王老师说："先休息一下，一会儿我们学习支撑和阻力。"

小刘问王老师为什么总是画示意图，而较少用真实图。

王老师说："真实图形有许多好处，但容易分心。用投影仪画来画去，很影响听讲。实际图形形态完美的不多，用来举例对于没有基础的人不容易理解，大家水平不一样，很难统一。画示意图谁都看得懂，可以兼顾大家。这示意图就像画里的速描，是绘画的基本功，考美院时都看你速描功底。我们用示意图，也是练就基本功。随着学习进度，会逐渐增加实际图形，增加难度。待把基础知识学完后，再在实际图上演练，效果更佳。这叫做'先示意，后实际'。"

休息过后，王老师招呼大家上课："上节课讲的趋势及其形成，大家对此有不明白的吗？"

赵平马上就问："王老师，为什么上升时的头或谷会越来越高呢？"

"这个问题提得好，为什么上升时回调到一定价位就跌不动，之后又升高了；下降时回调到一定高度又上不去？之后照旧下跌。跌不动，一定是有什么把价位支撑住了；上不去，一定是有什么把价位阻挡住了，这就涉及到我们下面讲的一对分析技术：支撑和阻力。支撑和阻力像两国边界，不容侵犯，一将冒犯必将出现重大的外交事件。买卖双方是两国的军队，全部武装，随时准备发起进攻。同时，二者与趋势密切相关，对趋势的形成有着极大的促进作用。"

四、阻力和支撑

1. 阻力和支撑定义

王老师讲道：**阻力可以定义为卖出**，这种卖出有实际的或潜在的、有足够的股票量完全可以满足所有买方，在一段时间内阻挡股价上涨。

支撑可以定义为买入，这种买入有实际的或潜在的、有足够的股票量完全可以满足所有卖方，在一段时间内阻止股价下跌。

一般地说，我们把峰头叫作阻力，把谷底叫作支撑。因此，他走到白板前画了两个图形，说道：大家请看，前图5—6可以变成现在这个图形：如图5—8所示。

在图5—8中，原图5—6中标出的字母a，皆是**阻力**，标出的字母b，皆是**支撑**。图5—7也是如此，可以变成现在这个图形，如图5—9所示。

在图5—9中，原图5—7中字母a，皆是**阻力**，图中所标出的字母b，皆是**支撑**。解释一下：阻力以某个价格水平或图表区间来表示。这个阻力道氏

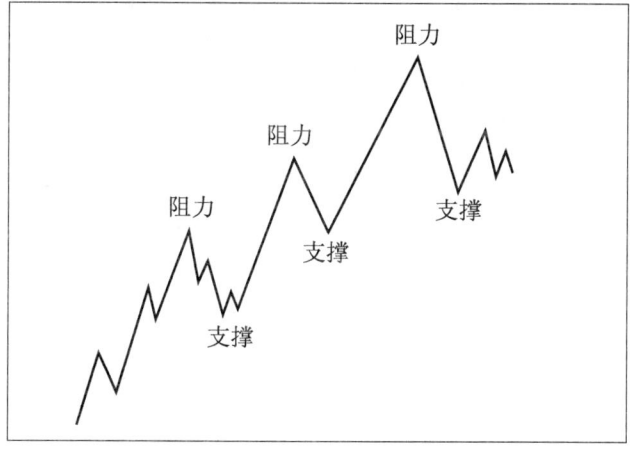

图 5-8 上升趋势支撑、阻力示意图

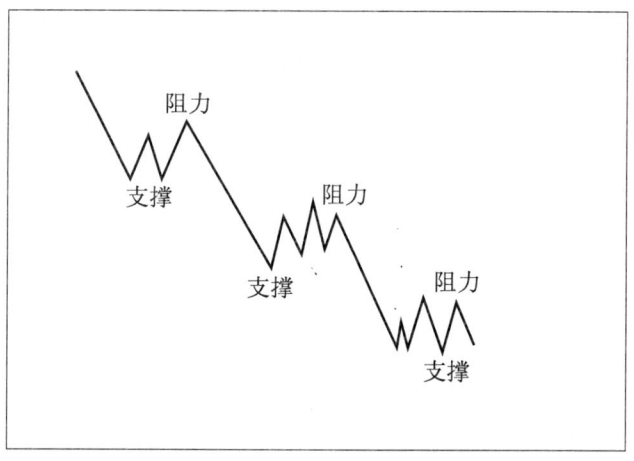

图 5-9 下降趋势支撑、阻力示意图

理论常以前一个阻力为标志。我们先来看上升过程:

2. 支撑、阻力在趋势形成中的作用

(1) 在上升过程中。首先,如果后一个阻力超过前一个阻力的高度,则上升势形成。如图 5-10 中所示,阻力 d 超过前一个阻力 b 的高度。

其次,卖方压力挡住了买方的推进力度,于是价格由上升转为下降,虽然买方的推进力度受阻,但是下降的谷底即支撑亦高于前面谷底即支撑,上升势也成立。如图 5-11 中所示,支撑 e 超过前一个支撑 c 的高度。再看下降过程:

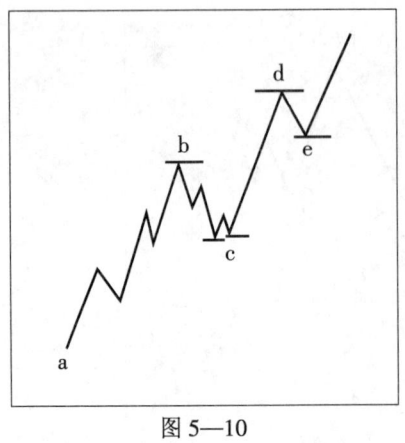 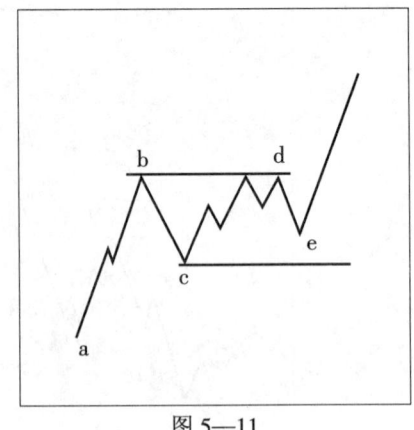

图 5—10   图 5—11

上升过程中，阻力对比图

（2）在下降过程中。首先，在下降过程中，买方没能支撑住卖方的推进力度，于是价格下降，如果后一个支撑低于前一个支撑的高度，则下降势形成。如图 5—12 中所示，支撑 d 低于前一个支撑 b 的高度。

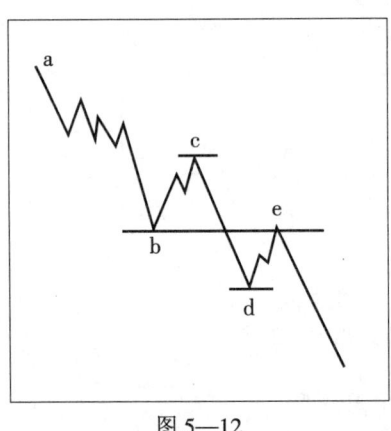 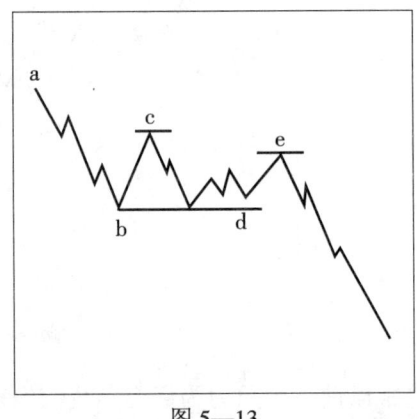

图 5—12   图 5—13

下降过程中，阻力对比图

其次，在下降过程中，买方支撑住了卖方的推进力度，于是价格由下降转为上升，虽然卖方的推进力度受阻，但是上升的峰头即阻力亦低于前面的峰头即阻力，下降势也成立。如图 5—13 中所示，阻力 e 低于前一个阻力 c 的高度，下降势还是成立。

"判定一个趋势是否成立,最低需要这两个条件。大家明白吗?"任人说:"明白。"

赵平举手提问:"王老师,图 5—12 中的阻力也是后面的 e 比前面的 c 低,这与图 5—13 中的有什么不同吗?"

王老师说:"两者没有本质上的差别,只是后面阻力比前面阻力低的程度不同。只要后面的比前面的低就行,这里没有什么硬性规定必须低多少。但是,低的多少确实表明卖方力度的大小,支撑也是这样。同样道理,在上升趋势中的阻力与支撑后面比前面的高也是这样。"

王老师问:"对此谁还有问题?好,谁来说一下横盘趋势的支撑、阻力。"
赵平讲道:
(3)横盘趋势中。支撑、阻力分别可以用某个价位的直线表示。
王老师问:"为什么?"
赵平回答:"因为价格向上多次没有冲过前阻力,与前阻力的价格非常接近;价格向下多次没有跌破前支撑,与前支撑的价格非常接近;基本上是上、下分别为一条直线,所以形成横盘趋势。"如图 5—14 所示。

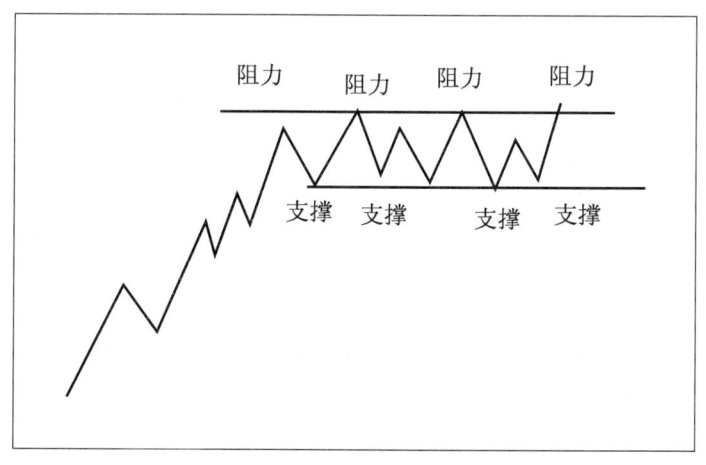

图 5—14 横盘过程中,支撑、阻力示意图

王老师问:"好。谁来把这里总结归纳一下?"

小刘说:"主要是说后面的阻力(或支撑)比前面的高,则上升势就成立。后面的阻力(或支撑)比前面的低,则下降势就成立。如果价格向下多次没有击穿支撑,同时向上多次没有击穿阻力,则横盘势就成立。"

王老师说:"对。我们为了完整地理解趋势,必须切实掌握支撑、阻力这两个概念。如果上升势要持续,每个相继的支撑必须高于前面的支撑;每个相继上冲的阻力点也必须高于前面的阻力不可。但是,趋势也不会永远是一个方向,终将会改变。这种改变在支撑、阻力两点上又是怎样表现的,我们往下讲。"

3. 支撑、阻力在趋势变化中的作用

(1) 在上升趋势中。首先,价格回调到前一个支撑时,有可能上升势即将结束或者说蜕化为横盘势。如果这个支撑被有效击穿,则有可能由上升转为下降。如图5—15所示。

在图5—15中,c是支撑,e没有击穿,回调到f。再次向下试探后,结果c被g击穿,回扑未果,最终下跌。

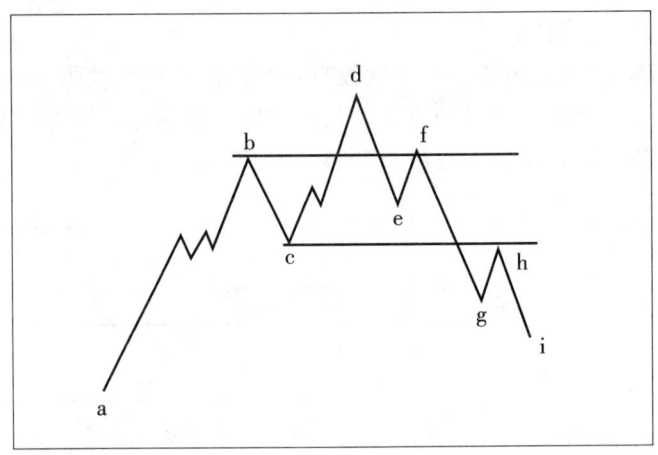

图5—15 支撑无效示意图

其次,每当价格向上试探前一个峰头或阻力时,上升趋势总是处于关键时刻,一旦价格不能超越前一个阻力,便发出了现行趋势即将有变的第一个警示信号。如图5—16所示。

在图5—16中,d、e、f均未冲破阻力b,支撑c最后被g向下击穿,形成了趋势的反转。

(2) 在下降趋势中。第一,如果下降趋势要持续,每个相继的阻力必须低于前面的阻力,当价格反弹回升时到前一个阻力区间时,有可能下降趋势结束,或者变为横盘。如果这个阻力被价格的上涨有效击穿,则有可能趋势转为上升,如图5—17所示。

在图5—17中,e点向上有效击穿前面的阻力c、d,趋势转为上升。

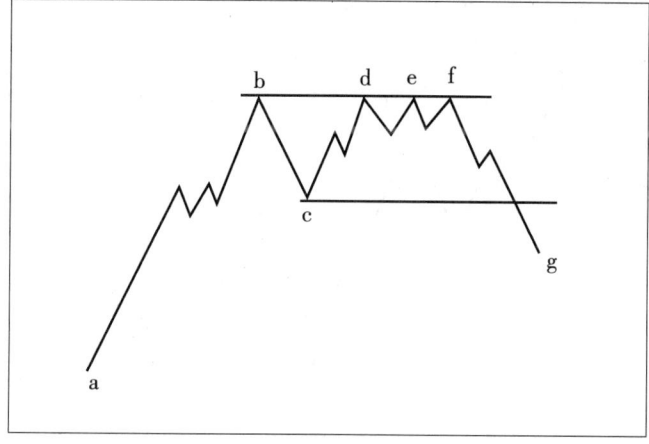

图 5—16 阻力有效示意图

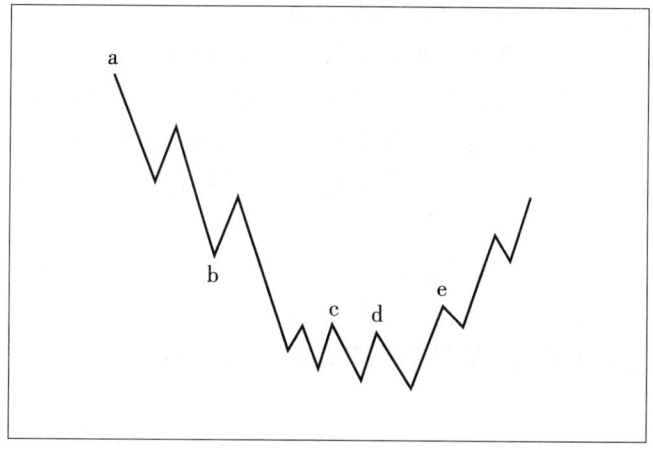

图 5—17 阻力无效示意图

第二，每当价格向下试探前一个支撑时，下降趋势总是处于关键的时刻，一旦价格不能穿越这个支撑，便是下降趋势转变的警示信号。王老师说："赵平，你能把下降趋势中支撑的示意图画一下吗？"

赵平说："能。"赵平走到白板前，画出示意图画。并解释道：支撑 d、f、h 都起到了较强的支撑作用。如图 5—18 所示。

王老师表扬了赵平，说画的不但认真，而且很标准。然后叫李刚往下读支撑、阻力的重要性。

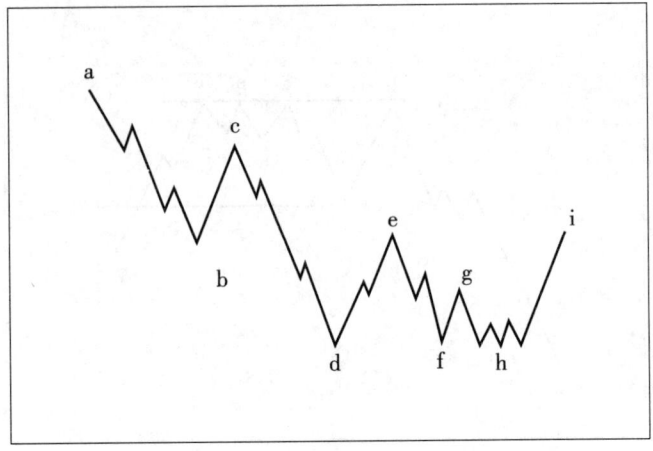

图 5-18　支撑有效示意图

4. 决定支撑、阻力重要性的三个方面

李刚读道：支撑、阻力的重要性由三个方面决定：

（1）价格在某个支撑或阻力区间停留的时间越长，该区域就越重要。

（2）某个价格区间的交易量多则重要，比交易量少要重要得多。

（3）根据交易发生时间距当前交易的远近程度：距现在时间越近的支撑和阻力越重要。

"好，这三条大家尽快背下来。"王老师说，"在上升趋势中，价格运动如果遇到的阻力多且强，则转为下降趋势的概率高。在下降趋势中，价格运动如果遇到的支撑多且强，则转为上升趋势的概率高。我们看一个实际例子：如图 5-19 所示。

"在图 5-19 中，a 是支撑，b 未能向下击穿，转而向上，a-b一线形成强支撑。当价格到达 c 点时止步不前，回调后多次试探前期高点都不成功，最终在 d 处转为下降，直至 e 点。e 点未能击穿前面支撑 a-b一线，于是价格再次向上。f 点的再次下探也没能击穿前面阻力 a-b一线，在此形成小小的双底，开始上涨。本轮上涨至 g 处就止住了，这正是前期高点 c-d一线形成的阻力位。经过短暂的高位调整，价格转为下降。大家能够理解吗？

"好，没有疑义我们进行下面的内容：物极必反、角色互换。"

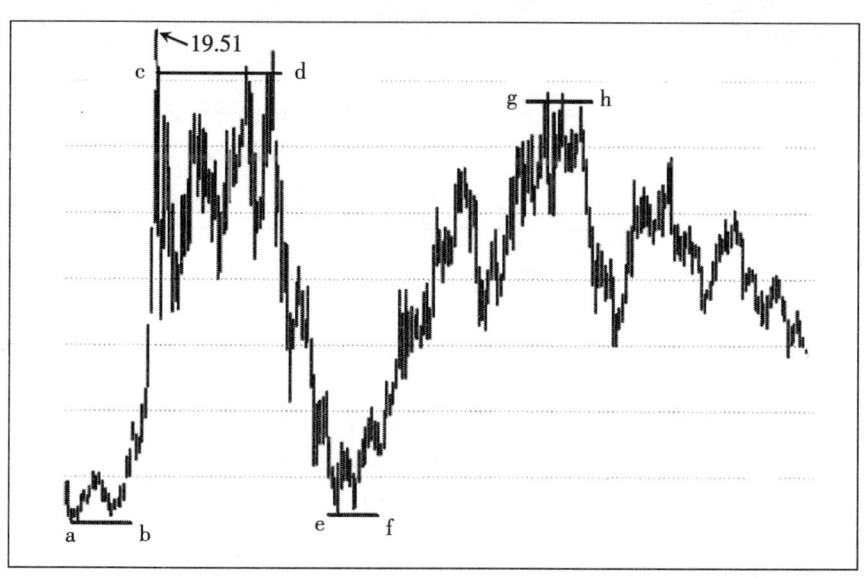

图 5—19 有效支撑、阻力实例图

五、物极必反、角色互换

在上升趋势中，我们虽然把峰头叫阻力，把谷底叫支撑，实际上，**支撑和阻力是可以相互转换的——即角色互换**。只要支撑被足够大的价格运动真实击破，就演变为自身的反面，支撑会变为阻力。同理，阻力只要被足够大的价格运动真实击破，就演变为自身的反面，阻力会变为支撑。

1. 阻力被市场价格击穿后就会转化为支撑

击穿后的价格向下回调时，不能向下穿越前面的阻力（头）时，被市场价格击穿的阻力变支撑，这时，这个阻力就变为有效的支撑了。如图 5—20 所示。

在图 5—20 中，a、b 分别为阻力，b 没有向上穿越前阻力 a，并向下回调至 c 点。但由 c 到 d 点却有效穿越了 a 点，而后回调至 e 点，没能向下击穿原阻力 a—b 一线，这时，原阻力 a—b 一线，实际上已起到支撑作用，从而 a、b 转化为支撑。

2. 支撑被市场价格击穿后就会转化为阻力

击穿后的价格向上反弹时，不能向上穿越前面的支撑（谷），被市场价格击穿的支撑变阻力，这时，这个支撑就变为有效的阻力了。如图 5—21 所示。

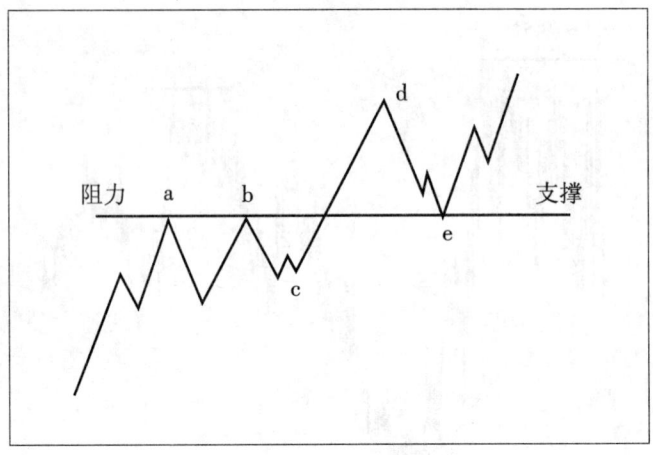

图 5—20　阻力变支撑示意图

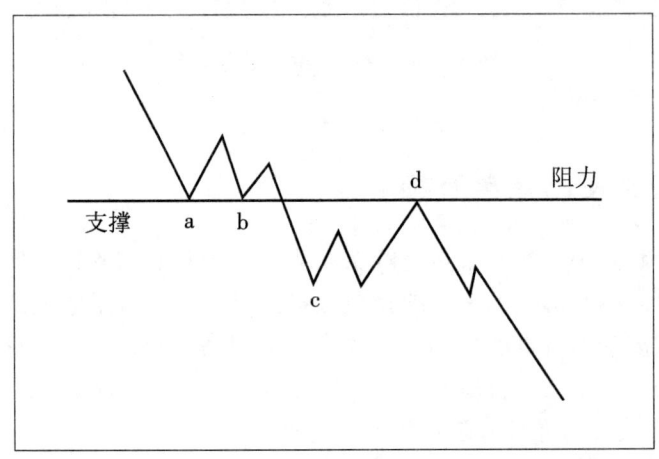

图 5—21　支撑变阻力示意图

在图 5—21 中，价格 a、b 分别为支撑，b 没有向下穿越前支撑 a，但 a 被 c 向下穿越，而后反弹至 d，没能向上击穿支撑 a—b 一线。这时，原支撑 a—b 一线实际上已起到阻力作用，从而 a、b 转化为阻力。下面看一个实例，如图 5—22 所示。

在图 5—22 中，A—B 是一条水平线，在 c 点已构成阻力，在之后的一轮下跌后，价格迅速上升并穿越前阻力 c 点。至 d 点时价格开始向下反扑，至 e 点止住，这时 c 点由原来的阻力变为了支撑。果然，价格在经过一段调整后开始上升。c 点由原来的阻力转化为支撑，角色转化成功。

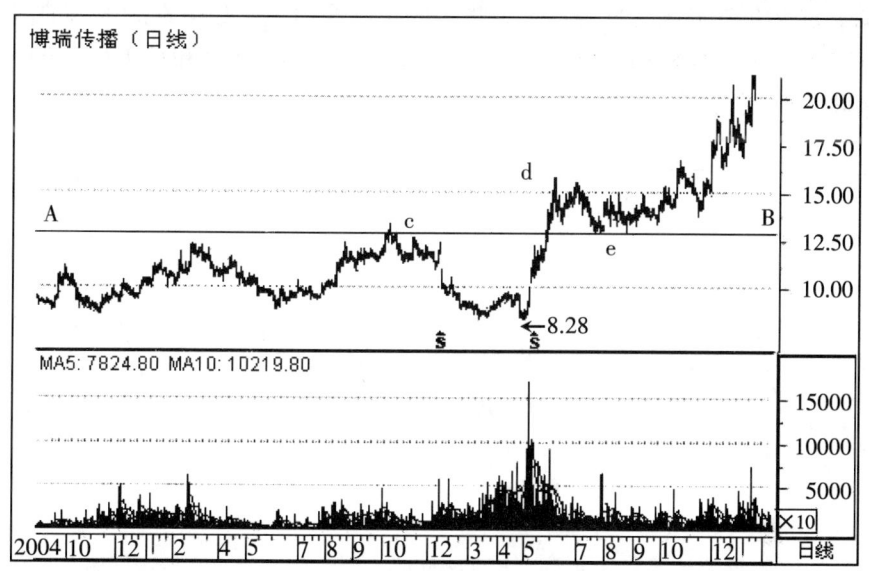

图 5—22　阻力变支撑实例图

3. 穿不过去的阻力才是阻力，穿过去的阻力会变为支撑；穿不过去的支撑才是支撑，穿过去的支撑会变为阻力

这种阻力可以变支撑，支撑可以变阻力的**互换现象，就是角色互换。**

六、广义的支撑、阻力

一叶障目。支撑、阻力这种角色互换，是个有趣现象，我把它称为一叶障目。因为两者的转换是有一定条件的。这个条件就是在转换时，两者之间有一个趋势把二者分隔开，或大或小。较强的、较远的、重要的支撑、阻力在互换中，起间隔作用的趋势也较大，反之则较小。较近的支撑、阻力转换趋势较小。

赵平问到："王老师，除去峰或谷是支撑、阻力以外，还有没有其他形式的支撑、阻力呢？"

王老师说："这个问题提得好。除去峰或谷是支撑、阻力以外，还有广义的支撑、阻力有：百点大关、指数的千点大关，历史高点、历史低点、50％回撤，还有趋势线、颈线等等，有些已经是心理的支撑、阻力了，这在以后还得学到。下面我讲一讲价格的回调度。"

"前面说的峰或谷是在价格回调时才能形成。但是，回调多少为止，一般而言，50％是常见的，这种回调是市场的一种倾向性，如果在50％基础上再上下留些回调余地，则为33％、66％，这往往是最小回调和最大的回调。我们看图，如图5—23所示。

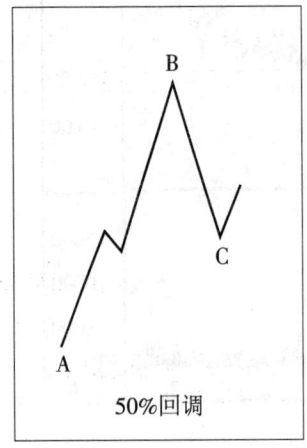
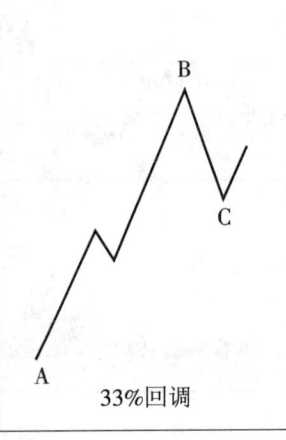
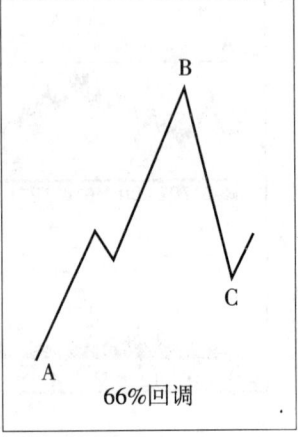

图5—23　价格回调度示意图

"图5—23中从A到B是基本趋势，从B到C是对前一基本趋势的回调，从左到右的三个小图分别是50％回调、33％回调和66％回调。

"价格运动倾向于在一些习惯数上停止上升或下跌：100、55、50、25。具体到股票来看，1元、5元、10元。指数上，50点、100点、500点、1000点等等。这些习惯性数字、整数关口，一般被称为心理上的支撑或阻力，我们可以在某个习惯数附近平仓或入市，实现盈利。"

王老师讲到这里停了一下，然后说："大家有哪些没有听明白？现在可以提问。"

小刘问道："王老师，您说趋势要是走到一半时怎么办？"

王老师说道："我先问你，你怎么知道趋势走了一半？趋势回调50％可以看得出来，而它要走到哪里是很难判断的。当趋势走到中途时有两个方法可以进行交易，一是等到股价回调到强支撑时再寻求机会，二是观望。"

赵平笑了，说："王老师，观望也是交易吗？"

王老师肯定地说："对，观望也是交易。你刚刚接触股市还不能理解这点，只有学会观察才能发现机会。不仅如此，观望等于休息，而你休息不等于市场也休息。我们在市场含糊不清时休息一下，以逸待劳，让市场自己表现出来它的真实意图，再采取针对性的措施，收获会事半功倍。"

小刘感慨道:"大厅里天天人满为患,只要没大病就到,都疲了,对大盘一点感觉都没有,看来就是不懂休息,不赔才怪呢!"

王老师道:"所以我们要学会休息。我原来有个邻居大爷,他常说:'就是从门口往屋里搬金砖该休息也得休息'。"

"为什么?"赵平又不理解了。

王老师笑道:"大爷说我累死了这钱就甭花了,白费劲啦!"仨人一听大笑起来。

王老师说:"好啦,今天先学到这里,最后总结一下今天学习知识的要点。"

本讲纲要

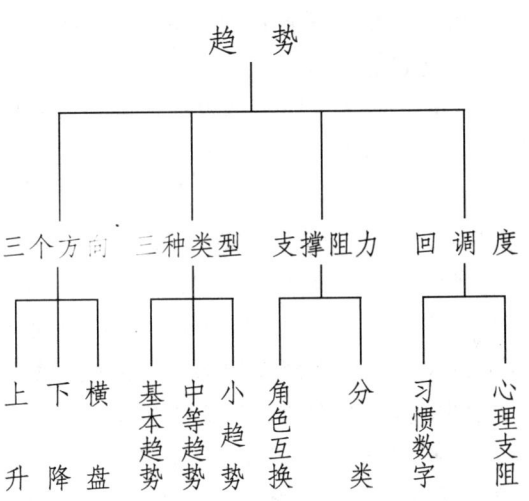

第六讲　趋势，趋势，还是趋势（下）

这节课知识挺多的，而且有了难度，仨人都感到不轻松。可能是刚学的缘故，赵平有些头昏。没办法只有多记、多思考。小刘告诉他习惯了就好了，刚学肯定有难度，因为一门技艺课肯定由一系列新的概念、原理构成，只有记牢这些，多用用，才能熟能生巧。

新的一次课又到了，三个人准时来到教室，担心着老师的提问。

果然，王老师开门见山提问："趋势有几个方向，为什么？李刚你来讲讲。"

"一共有三个方向，上升、下降和横盘。在上升中由于买方的意愿强烈而推动价格向上运动，致使阻力、支撑不断地被推向新的高位，因此上升趋势形成。在下降趋势中，由于卖方的意愿强烈而推动价格向下运动，致使阻力、支撑不断被推向新的低位，因此下降趋势形成。而横盘势则是由于支撑无法创出新低，阻力无法创出新高所造成。这说明买卖双方在一定价格范围内势均力敌，形成暂时的平衡。"李刚一口气说了一堆。

王老师道："看来认真复习了，很好。小刘，你说一下角色互换。"

小刘说："角色互换是支撑、阻力在一定条件下相互转换作用的现象，阻力被冲破后变成托起价格的力量使其不能下跌，从而成为支撑。同理，支撑被跌破后变成压力使价格无法上升，从而成为阻力。这样两者的作用实施了转换。"

王老师问："完了？"小刘点了点头。王老师接着问道："支撑、阻力的转换是两个价位的互换吗？"

赵平想了想说："不是，**它是同一价位在不同条件下起到了不同的作用。**上升时往往是同一价格由阻力变为支撑，下降时往往是同一价格由支撑变为阻力。"

王老师说:"赵平总结的很好。说到角色互换,我想起一个金银盾的故事,挺有意思:古代有两个将军打了胜仗,皇帝奖给他们一面盾牌。看了盾牌后,第一个将军说是一面金盾,另一个将军说是一面银盾,为此两人争吵不休。皇帝命人把盾转过来,第一个将军又说是银盾,第二个将军则说是金盾。皇帝说二位不要再吵了,这是一面金银盾,两个将军一看才恍然大悟。赵平,你说这有什么启示吗?"

赵平想想说道:"看待事物不能只看一面。任何事物都有它的两面性,股价也不例外。我们学的支撑、阻力其实就是一个金银盾,在上升趋势回调时,阻力可能会成为支撑,在下降趋势中反弹时,支撑可能会成为阻力。我们可不能像这两位将军,只看到一面,而不看另一面。"

王老师笑道:"行了,我的担心看来是不必要了。赵平已经有一定的理论水平。我们的手也是一样,正面是手心,反面是手背。只不过是手的反正而已,这也是双向思维。学习不仅要会举一反三,还要学会分析同一事物的两面性。"

仨人喜欢听王老师讲的故事,不但短小精悍,还富有哲理,一面金银盾便揭示出支撑、阻力作用的两面性,贴近所学。

一、趋势线的定义及正确画法

王老师适时地开始了今天的学习:"上次我们学习了趋势的相关知识,那么趋势在图表上是什么样子?我们怎么能够一目了然地看到趋势是上升还是下降?清清楚楚地看到趋势是要继续运动还是要停止?还是要反转?知道这些,对交易无疑是有重要帮助的。这就是我们今天要学的新的分析工具——趋势线。"

王老师边说边在白板上画出方向相反的两条直线,如图6—1所示。

在图6—1中,我们现在看左侧图:向上直线是趋势线,箭头代表方向。这是一条上升趋势线。

我们现在看右侧图:向下直线是趋势线,箭头代表方向。这是一条下降趋势线。

1. 上升趋势线

上升趋势线是沿着相继的下冲低点连结的直线。如图6—2所示。

在图6—2中,a、b、c三点是上升过程中回调时的低点,我们把它们连结成一条直线,这条直线就是上升趋势线。

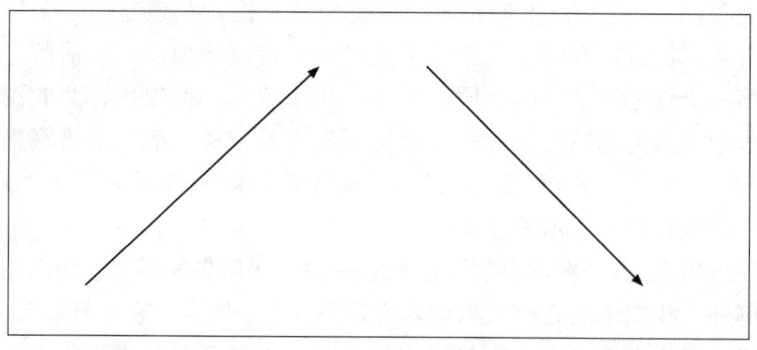

图 6-1 趋势线示意图

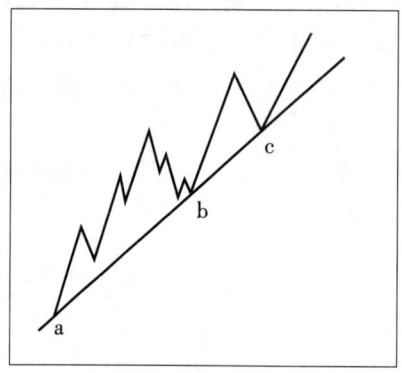

图 6-2 上升趋势线

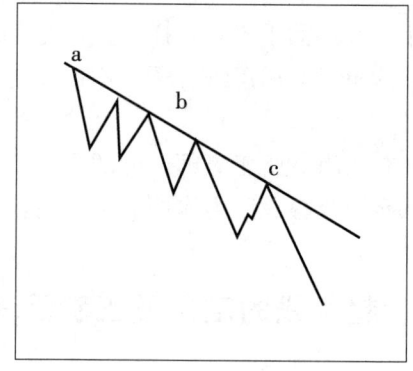

图 6-3 下降趋势线

2. 下降趋势线

下降趋势线是沿着相继的上冲高点连结的直线。如图 6-3 所示。

在图 6-3 中，a、b、c 三点是下降过程中反弹时的高点，我们把它们连结成一条直线，这条直线就是下降趋势线。

3. 趋势线的界定

（1）趋势线是直线。

（2）下降时需要有两个反弹高点连成一条线。

（3）上升时需要有两个回调低点连成一条线。

4. 趋势线的正确画法

如何在图表上正确画出趋势线是门技艺，我们来详细了解一下：

（1）必须有根据说明趋势存在。

（2）两点连成一条直线。

(3) 用第三点验证趋势线的有效性。
(4) 趋势线应该描述全部价格变化。用收盘价只是画法之一。
(5) 有时，一些细小的对趋势线的穿过，但不影响趋势继续的行为可以忽略。

"好，我来逐一解释一下这五点，先看（1）**必须有根据说明趋势存在**，这句话是说图形的趋势要符合趋势的定义，即上升势中有依次上升的峰和谷，下降势中有依次下降的峰和谷。

"好，（2）点好理解，我们看（3）**用第三点验证趋势线的有效性。**"王老师在白板上画出两个示意图，然后说道：这是两个上升趋势的例子，我们知道两点连成一线，当价格第三次回调时会有两个可能：

①上升趋势的例子。

我们先看图6—4。

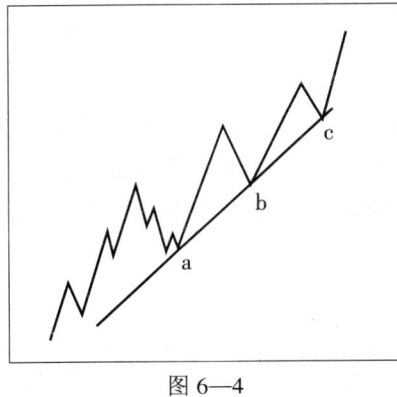

图6—4 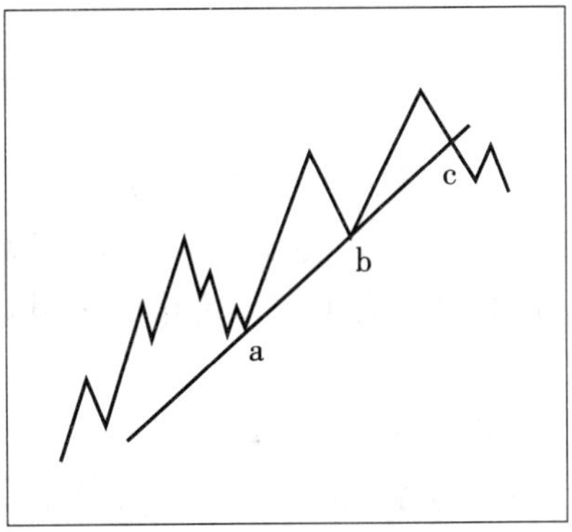   图6—5

上升趋势线画法示意图

在图6—4中，a、b两点已经连成一条直线，并且，成功支撑住了第三点c。这是第三点验证了趋势线的有效性，即价格在第三次回调时被趋势线支撑住，从而说明原趋势依然延续。

再看图6—5。

在图6—5中，a、b两点已经连成一条直线，但是，没能支撑住第三点c。这是第三点没有验证趋势线的有效性，价格在第三次回调时，趋势线没有支撑住价格的下跌，从而说明原趋势已经改变。这点能理解吗？仨人点头。

②下降趋势的例子。同样道理，下降趋势也是如此。前面说到两点连成一线，当价格第三次回调时会有两个可能，举例：

我们先看图 6—6。在图 6—6 中，a、b 两点已经连成一条直线，并且成功阻挡住了第三点 c。这是第三点验证了趋势线的有效性，即价格在第三次回调时被趋势线阻挡住，从而说明原趋势的依然如故。

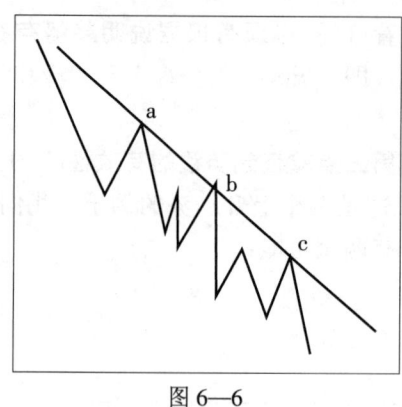
图 6—6

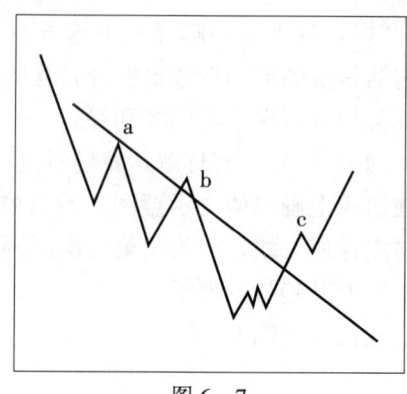
图 6—7

下降趋势线画法示意图

再看图 6—7。在图 6—7 中，a、b 两点已经连成一条直线，但是，没能阻挡住第三点 c。这是第三点没有验证趋势线的有效性，价格在第三次反弹时，趋势线没有阻挡住价格的上升，从而说明原趋势已经改变。王老师让赵平把下面两条读一下。

赵平读道：

（4）趋势线应该描述全部价格变化。用收盘价只是画法之一。

（5）有时，会有一些细小的对趋势线的穿过，但不影响趋势继续的行为可以忽略。

待赵平读完后，王老师继续讲："使用收盘价划趋势线，只是画法之一，一般还是应该尽可能地包含一切价格。第四点趋势线应该描述全部价格变化。这也好理解。第 5 点是讲有时一些影线或'毛刺'无法画进来，这也没有关系，它不会影响原趋势的进程。大家看白板。"他画出下图，如图 6—8 所示。而后讲道：

在图 6—8 中，趋势线下方用圆圈标记的"毛刺"，并没有影响趋势正常发展，画线还是以主流为准，可以忽略这样的小影线。

我们现在对趋势线有了一定的了解，但会画趋势线只是第一步，更重要的是我们还必须会使用它。

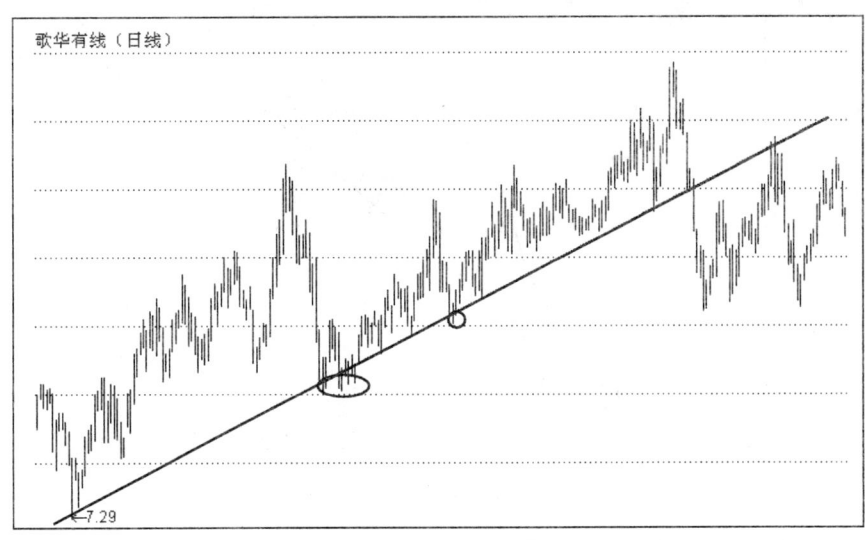

图 6-8 无法画进影线或"毛刺"的实例图

二、趋势线的正确使用方法

趋势的基本意义是：既成趋势的下一步常常是顺势发展，由此推论：一旦**某个趋势为趋势线所标志，具备了一定的角度或演进速率之后，通常还将保持同样的角度。**这说明，趋势线不仅可以确定在市场调整阶段的极限位置，更可以显示在什么情况下原趋势正在发生变化。

1. 上升势中趋势线参考用法

在上升趋势中，调整性下跌是不可避免的，一般它只是跌到或者非常接近我们画的上升趋势线，而我们的目的正是在上升趋势中乘跌买入，而趋势线恰恰是价格下方提供的支撑，正好可以作为买进的参考。如图 6-9 所示。

在图 6-9 中，a、b、c、d 各点都被趋势线支撑住，从而构成四个买入点，当然，这只是作为买入时的参考。

2. 下降势中趋势线参考用法

同样道理，在下降趋势中，调整性上涨是不可避免的，一般它只是涨到或者非常接近我们画的下降趋势线，而我们的目的正是在下降趋势中逢高卖出，下降趋势线的阻力作用则可以充分利用，以达到卖出的目的，如图 6-10 所示。

在图 6-10 中，a、b、c 各点都被趋势线阻挡住，从而构成三个卖出点，

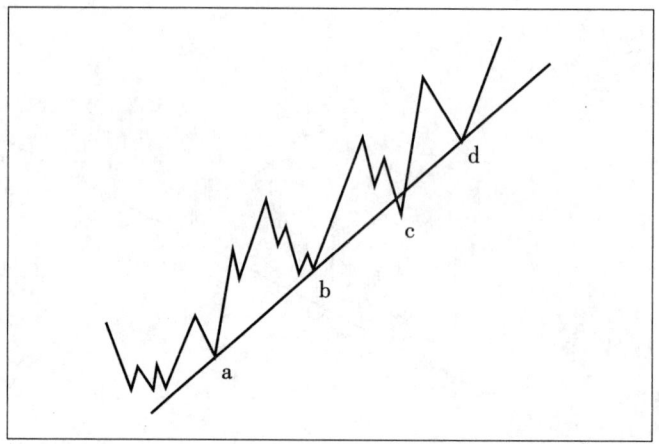

图 6-9 上升趋势线参考用法图

当然，这只是作为卖出时的参考。

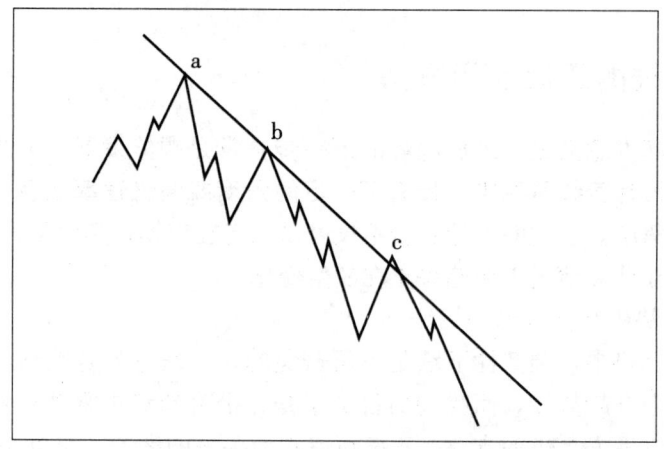

图 6-10 下降势线参考用法图

3. 趋势线向右延长法

我们在画趋势线时，注意要尽可能地向右延长。说到这里，王老师看了一下李刚，问："李刚，你能理解为什么要尽可能地向右延长吗？"见李刚皱起眉头，王老师改叫小刘回答。

"因为我们是利用趋势线进行买卖的，向右延长后，价格可能还没碰到趋势线，这时需要等待。我们能更好地观察价格的变化，这样我们有了准备的时间,一旦价格给了我们买卖信号,则可以做好交易的准备。"小刘回答道。

王老师说:"回答得很好。我们知道,趋势线本身就是支撑阻力,是入市的依据。当你把趋势线向右延长后,等于提前等待价格的到来,这样就掌握了入市的主动权,这是叫分析在前,也可以叫不打无把握之仗。下面看看在趋势转变时,趋势线向右延长后的意义:

"(1)在趋势线上升时,尽可能向右延长趋势线,原起支撑作用的趋势线被突破后,会变为自己的反面——阻力。如图6—11所示。

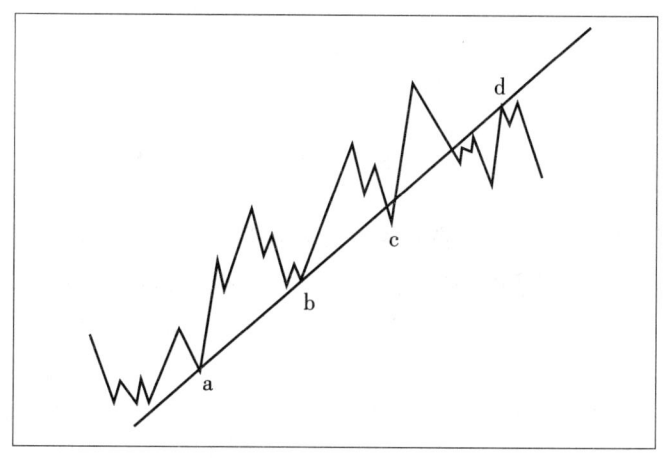

图6—11　上升时向右延长趋势线示意图

"在图6—11中,a、b、c各点都被趋势线支撑住,但是,趋势线延伸到d点时,它阻挡住价格的上升,已经变成价格上升时的阻力,从而转变成为下降趋势。

"(2)在趋势线下降时,尽可能向右延长趋势线,原起阻力作用的趋势线被突破后,会变为自己的反面——支撑。如图6—12所示。

"在图6—12中,a、b、c各点都被趋势线阻挡住,但是,趋势线延伸到d点时,它支持住价格的下降,已经变成价格下降时的支撑,从而转变成为上升趋势。这种现象也是角色互换,我习惯称之为反压线,这种反压线有时也会持续稍长时间。"

三、如何确定趋势线的重要性

"王老师,应该如何确定趋势线的重要性?"李刚问。

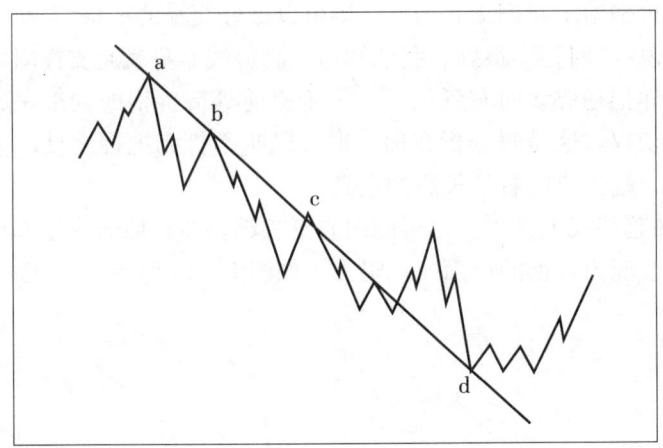

图 6-12　下降时向右延长趋势线示意图

王老师回答说:"一条趋势线的重要程度是由两个因素决定:

(1) 它未被价格碰触的时间越长,而试探的次数越多,则越重要。例如:经过八次试探的趋势线比被三次试探的趋势线要重要。趋势线持续时间越长的就越重要。**价格碰触,时长次多。**

(2) 一条趋势线越重要,它引发的信心就越大,那么如果它被突破,影响力就越大。"

四、右侧原则

小刘问:"突破趋势线怎么才算有效的呢?有时好像是假突破。"

王老师回答说:"很多书上都讲过,为了对趋势线构成有效突破,市场必须连续两天收盘在该趋势线的另一侧。这个另一侧有点说得不清。我总结了一个原则:右侧原则。即价格必须连续两天收盘在该线的右侧。**右侧是指趋势线右上方或右下方,简称右侧。**原因很简单,左侧是原趋势的图形。"

王老师问赵平:"赵平,你说在什么情况下是右上方?在什么情况下是右下方?"

赵平回答说:"在下降趋势中是右上方,在上升趋势中是右下方。"

1. 在上升趋势中

"对!"王老师说,"我们来看一个实例:如图 6-13 所示。

"在图 6-13 中是一个上升趋势,A、B、C、D 四个点都落在了趋势线

图 6—13 上升趋势中右侧原则实例图

上,但在 E 点之后,价格开始连续 5 天收在了趋势线的右侧,发出第一个警示信号,之后价格几三次上冲试图要回到趋势线内(左侧),但此时趋势线已成为阻力,股价终于上冲失败开始下跌。在 E 点之后,上升趋势线对股价起到了反压作用,而 E 点正好是一个转折点。"

2. 在下降趋势中

王老师说:"我们再来看一个下降趋势实例:如图 6—14 所示。

"在图 6—14 中是一个下降趋势,价格向上的突破,连续数日收盘在趋势线的右上方,从此开始了一段上升行情。"

3. 趋势线有个相对斜率,即陡峭的程度

"一般而言,倾斜度为 45°时趋势线最有意义。这样的趋势线反映出的价格随着时间上升或者下降的速率,恰好是价格、时间两者处于完美的平衡之中。如图 6—15 所示。

"在图 6—15 中,趋势线的斜度接近 45°角,上升时间比较长,价位幅度也较大。

"如果趋势线过于平缓,则说明这个上升趋势过于衰弱,不太适合投资。如图 6—16 所示。

"在图 6—16 中,趋势线过于平缓,预示这个上升趋势过于衰弱,很快就

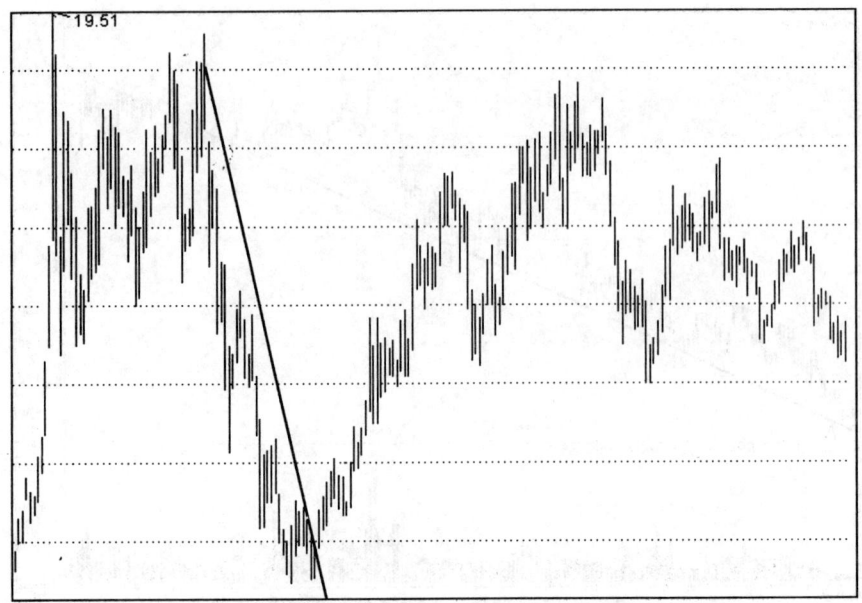

图 6—14 下降趋势中右侧原则实例图

图 6—15 陡峭度实例

图 6—16 平缓的趋势线实例

被向下击穿,而且价格幅度较窄,利润空间少,不适合投资。

"如果,趋势线过于陡峭,通常表明上升太快,难以持久,如图 6—17 所示。

"在图 6—17 中,画有两条趋势线。趋势线过于陡峭,上升时间不长即被向下击穿。如果此种情况下入市,没等喜悦心情过去,利润又还给市场了。

"同理,下降趋势线亦是如此。"

图 6—17 过于陡峭的趋势线实例

五、对趋势线进行调整

"大家切记：趋势线不是一成不变的，在某些条件下，必须要对其进行调整，以适应趋势放缓或者加速的需求。

"趋势变为平缓则做出新的较平坦的线，如图6—18所示。

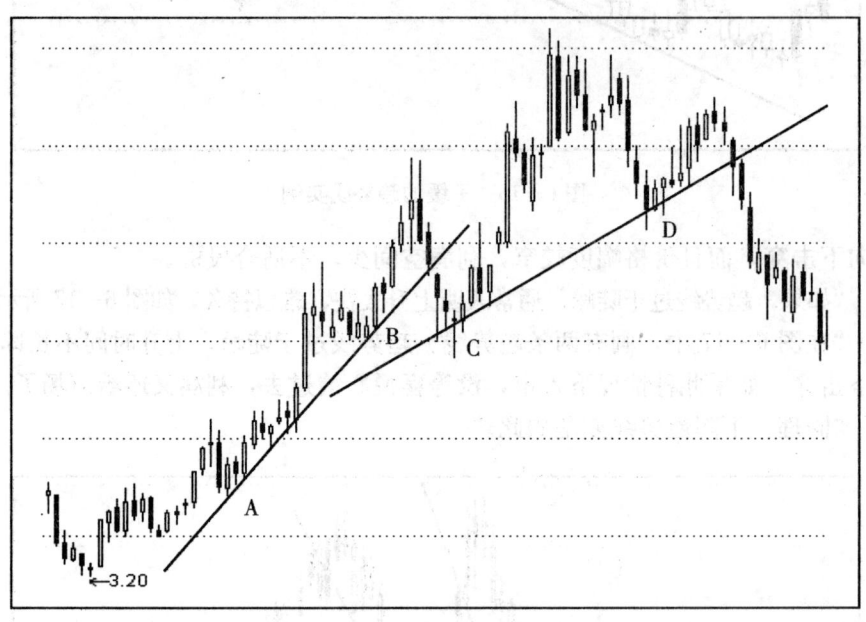

图6—18 陡峭变平缓实例

"在图6—18中，趋势线 $\overline{AB}$ 较为陡峭，但经过一段价格运动后，趋势有所变化，变得平缓一些，这时应将原趋势线改画为趋势线 $\overline{CD}$，以适应趋势的变化。这是**陡峭变平缓**。

"再来看看平缓变陡峭，平缓一些的趋势变为陡峭，则做出新的较陡峭的趋势线。如图6—19所示。

"在图6—19中，趋势线 $\overline{AB}$ 较为平缓，但经过一段价格运动后趋势有所变化，趋势变得陡峭一些，这时应将原趋势线改画为趋势线 $\overline{CD}$，以适应趋势的变化。这是**平缓变陡峭**。

"必要时，可以用移动平均线来代替一系列越来越陡峭的趋势线，更为有效和可靠，这点以后再讲。"

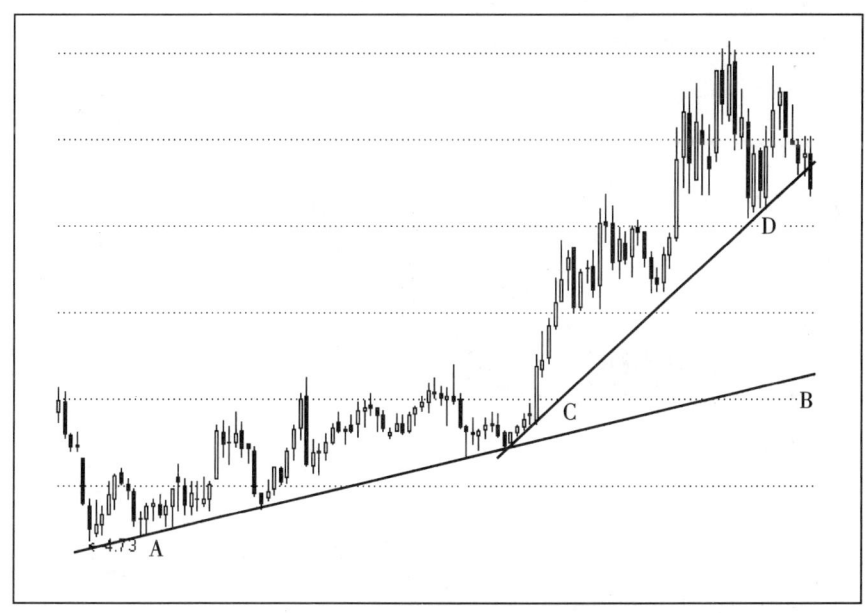

图 6-19 平缓变陡峭实例

这时王老师有些累了,说先休息一下。

三个人也站起来,活动了一下身体。时间一久,坐着也累。"学习真是件痛苦的事。"赵平说。

李刚说:"没办法,谁让我们选择要在这行呢?"

王老师说:"我是站着累,说着累。都说站着说话不腰疼,我是站着说话腰挺疼。"大家一笑。小刘赶紧让王老师坐下,递上一杯热茶。大家放松,过了约有 15 分钟,王老师站起来,说:"我们开始吧,下面学习管道线。"

六、管道线

1. 管道线又称返回线

管道线是趋势线技术的另一方面的应用,很有价值。在某些情况下,价格趋势整体局限于两条平行线之间,其中一条为基本线(趋势线),另一条,便是管道线。如图 6-20 所示。

在图 6-20 中,a—b 是基本线,c—d 是管道线。价格向上三次碰击管道线 c—d,虽略有新高,但都没有形成突破,而后每次向上突破未果转为下跌,冲击基本线 a—b 亦未突破,最终形成略向右上方倾斜的平行线,即管道。

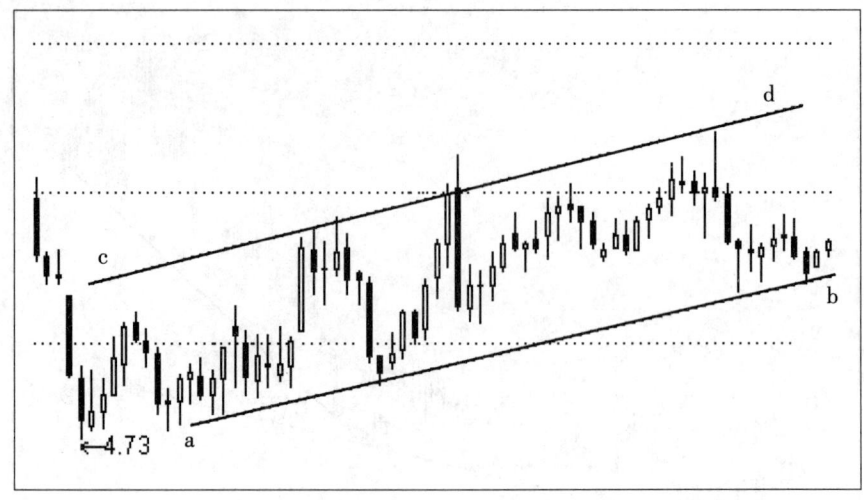

图 6-20 管道线实例图

2. 管道线画法非常简单

在上升趋势中,首先沿着低点画出基本的趋势线 ab,然后从第一个显著的波峰出发用虚线引出平行线 cd,两条线同时向右上方伸展就构成了一条管道。如图 6-21 所示。

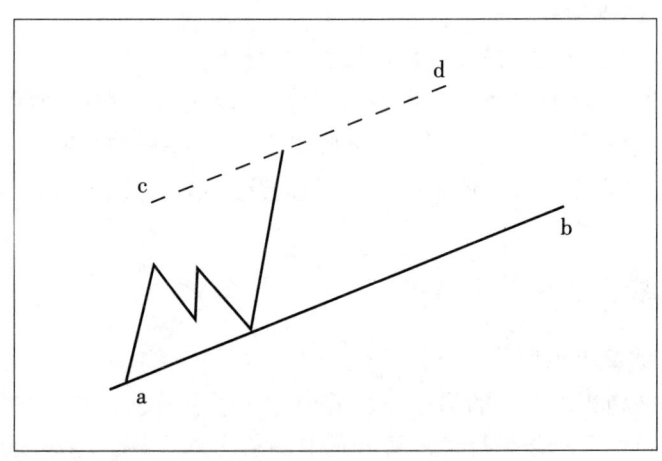

图 6-21 管道线画法示意图

3. 管道线的形成过程

在图 6-22 中,第一个波峰 c 折返到原趋势线 b 后,如果第二轮上涨抵达管道线 f 后又折返下来，该管道线就成立了一半。如果，这次折返到原趋势线 e 上，那么该管道线基本成立。如图 6—22 所示。

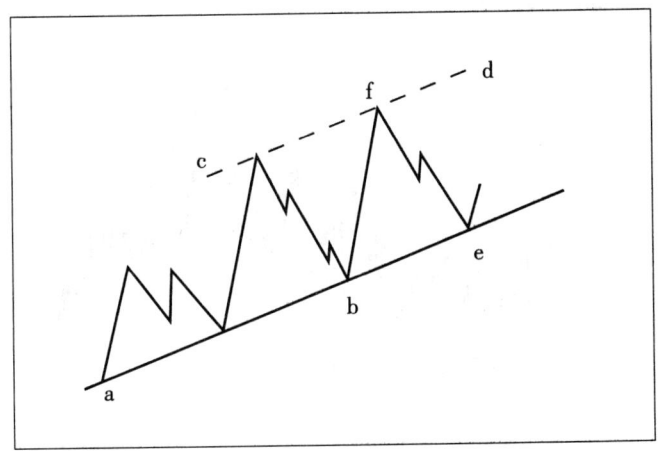

图 6—22　管道线形成示意图

在下降趋势中，情况也是如此，只是方向相反。如图 6—23 所示。

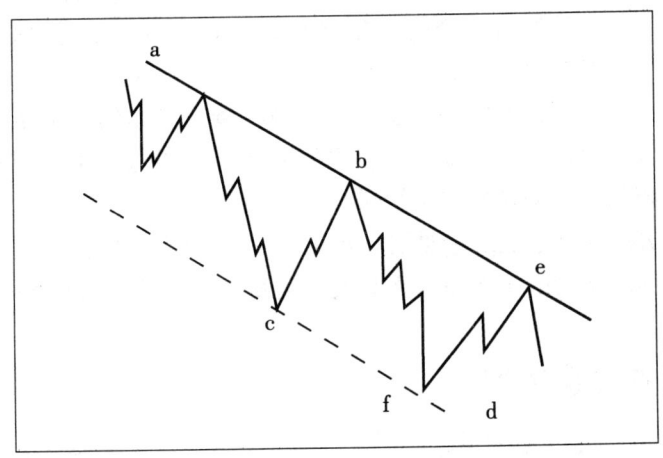

图 6—23　管道线形成示意图

在图 6—23 中，第一个谷底 c 折返到原趋势线 b 后，如果第二轮下跌抵达管道线 f 后又折返上来，该管道线就成立了一半。如果这次折返到原趋势线 e 上，那么该管道线基本成立。

如果价格上升突破管道线，表示趋势开始加速。如果价格达不到管道线表示趋势减弱，两个波峰c、d连线会形成阻力，如图6-24所示。

图6-24 管道线突破实例图

4. 利用管道线来对基本趋势线进行调整

（1）价格明显地超越上升趋势的管道线，表明趋势增强。

根据管道线，从最后一个向下反弹的低点e画出一条更加陡峭的直线，作为新的基本上升趋势线。如图6-25所示。反之亦然。

（2）管道线具有测算价格的意义。一旦在管道两边线上发生了突破，价格会顺着突破方向达到与管道宽度相等的距离。根据这个距离可得到体格目标。向上突破与向下突破的意义相同。

（3）趋势线远比管道线更重要，也更为可靠。管道线是第二位的。

（4）依据趋势线的调整还有扇形线、速度阻力线等，是趋势线的变体。

七、一把直尺定天下

"诸位，我刚才讲了一大堆，主要讲了什么？李刚来回答一下。"

李刚说："主要讲了趋势线及其画法，以及相关的管道线。"

王老师说："其实，这节课内容与上节课的内容是连贯的。只是内容较多，才分两次讲完。一般书上往往分开写，而我把它们放在一起，更容易读懂，更容易记住。我想给大家说一下线的技术。

"关于线的技术在西方有专门的理论，叫切线理论。这一理论很实用，趋

第六讲 趋势,趋势,还是趋势(下)

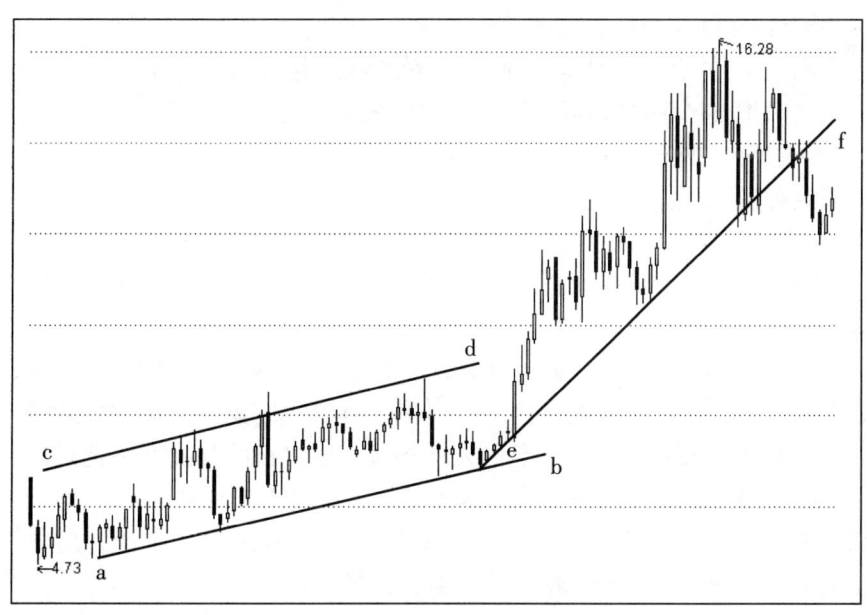

图 6—25 管道线调整实例图

势线只是其中之一。"

赵平问:"那还有哪些呢?"

王老师说:"有机会大家可以到书店找一找相关的书籍,我这里只是简单罗列一些,给大家点启示,以抛砖引玉。"

①趋势线无疑是切线中最重要的线。

②管道线。

③支撑线和阻力线。支撑与阻力完全可以用线标示,非常直观。

④角度线(扇形线)、速度线等。

⑤反转形态中的颈线。

⑥许多形态也靠线来标示,如三角形、楔形、旗形等。

赵平说:"这么说切线在技术分析中真是重要。"

王老师说:"是的,要不然西方为何有理论而成一派呢。线在技术分析中很重要,主要在于它标示清楚,使人一看便知,一目了然。更主要的是指示方向,提示价格,对揭示多空双方的力度都有帮助。"

赵平说:"这么重要的线,学好,画好,容易学吗?"

王老师说:"经过一段时间学习,练习多了就没问题。"说着,他又问道:"线是什么?"

小刘说:"线是两点连成图。"

李刚笑了:"这可不是学几何。"他看了看王老师。

王老师把自己手臂摇摆了几下说:"大家看,这是什么?"

"直线!"赵平抢着答道。大家笑了。

王老师说:"这是一把尺,像不像?"

"是像,太像了。"仨人说道。

"线这把尺把价格运动的方向、速度、强弱等都清晰地标示出来。所以,"王老师停顿了一下,说,"西方理论中,有一把直尺定天下之说。"

"一把直尺定天下!"仨人重复着。王老师说:"仅仅七个字,便直接、简明、准确、形象地把线的重要性讲了出来。所以我们要认真地学好画线,对以后的实战帮助太大了。学习了半天趋势线,最终目的是找到一把尺子,应该说掌握交易的尺子。你若掌握了这把尺子,对股票交易来说可谓游刃有余。课后,大家把'一把直尺定天下'仔细考虑考虑,把切线悟一悟,对自己的交易会有很大帮助。今天就到这里,别忘记复习。"

"下面我们总结一下趋势线的有关内容。"

本讲纲要

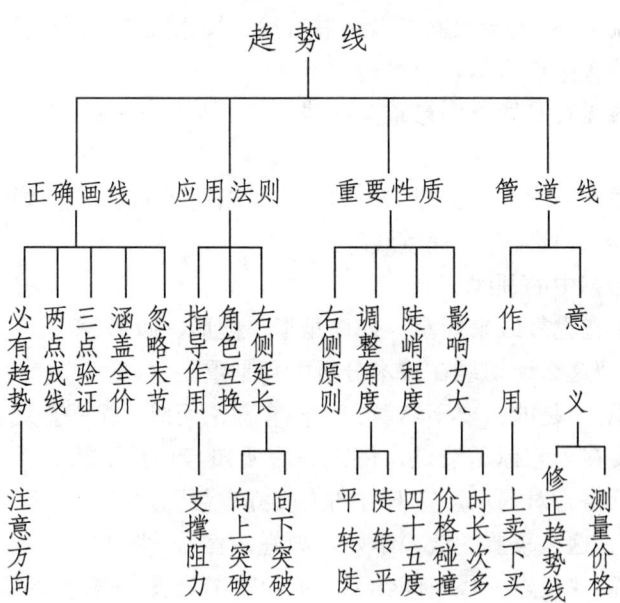

第七讲　市场强弱音符——交易量

又是周末，新的课程又开始了。

"上节我们主要讲了趋势线，还讲了切线理论的常识，李刚，你能解释一下'一把直尺定天下'的内涵吗？"这次上课刚刚开始，王老师便发问。

李刚要站起来，王老师示意不用。李刚说："一把直尺定天下，高度概括了趋势线的重要性，并且在实际中正确使用它对交易有很大的帮助。如：趋势的方向、趋势的力度、速度及趋势的改变等。"

王老师点头："说得不错，谁还有补充？"

小刘说："趋势线可以和上面的返回线构成管道线，管道线对交易也有很多帮助。"

"赵平呢？"王老师问。

赵平说："都让他俩说了，我认为调整趋势线可以随时准确地跟踪价格运动，为交易做好准备。"

王老师点了点头："好，三个人说得都对，但有一点，并没有说出一把直尺定天下的含义。还只是停留在知识点上。学习的最佳方式是复习，复习不应只是简单地重温已学的知识、记住知识，而是要在这个基础上，悟出新意。在上次课中，我向大家简单地介绍了切线理论，大家刚才几乎都没有涉及到，切线是完全可以发挥的。我们不要小看切线，它在技术分析工具中是非常重要的。等我们学到一定程度后，会有专门的训练课，来教大家切线的画法。课后多想想这方面内容。"

"老师，您能再讲讲切线吗？"赵平有点挑战的意思。

这点王老师心中明白，但他喜欢别人向他挑战："趋势线可以代替趋势吗？不可以。趋势是价格运动的方向，趋势线只是辅助工具，它标明趋势，但没有它趋势依然存在。我们利用趋势线只是为了更好的地发现趋势，追随趋势。学习就要向赵平这样，总能提出问题。赵平，你说说支撑、阻力应当怎么画线？"

赵平答道："支撑、阻力应当画水平线，并且它也可以尽可能地向右延长，当价格运动到这里时，以便我们观察它的变化，从而决定是否入市。"

"大有进步，这就是举一反三。"王老师表扬着赵平说，"前面我们学了趋势线的向右延伸，而没说支撑、阻力是否有必要延伸。赵平把趋势线的向右延伸用在支撑、阻力上，说明学习是动了脑筋的。大家想一想，支撑、阻力画成线，它是不是相当于趋势线？趋势线可以向右延长，那支撑、阻力线是不是也应当可以向右延长？切线就是这么灵活应用，学习一定不要墨守成规。今天我们要讲的工具与趋势相配合，经常会用来验证趋势，这就是前面经常提到的交易量。什么是交易量？"

一、什么是交易量

1. 交易量是指单位时间内成交股票手数的总额

交易量多少的水平是对价格运动背后的市场买卖强度的一种估价。交易量越高，则反映出来的市场强度和压力就越大。反之，反映出来的市场强度和压力就越小。如图7—1所示。

在图7—1中，上部分是K线图，下部分则是交易量的柱状图，我们将上下两者对应着看。价格都是由a—b支撑一线的较强的交易量推到这个高位c—d阻力一线，价格由e到f，说明市场中，买方意愿比较强，此时的交易量逐渐增大。而后，价格在c—d一线下跌，价格由f跌到g，此时的交易量由多变少，说明市场中的买方意愿已经转弱，卖方意愿比较强，价格逐渐退回到a—b一线。在a—b一线附近时，交易量仍很低，说明卖方意愿较弱。买方意愿随后逐渐再次加强，价格由g到h，此时的交易量再次逐渐增大。

2. 交易量对趋势的验证

交易量就是这样伴随价格的高低不断变化，反映着市场运动买卖双方压力的强弱。我们通过伴随价格变化的交易量水平，能很好地估算市场运动背后的买卖压力。

王老师问："前面说过，交易量可以验证什么？"

"验证趋势。"小刘回答。

"那么，它是如何验证的，小刘？"

小刘说："交易量在现有的价格趋势方向上应当相应地增加。"

第七讲 市场强弱音符——交易量

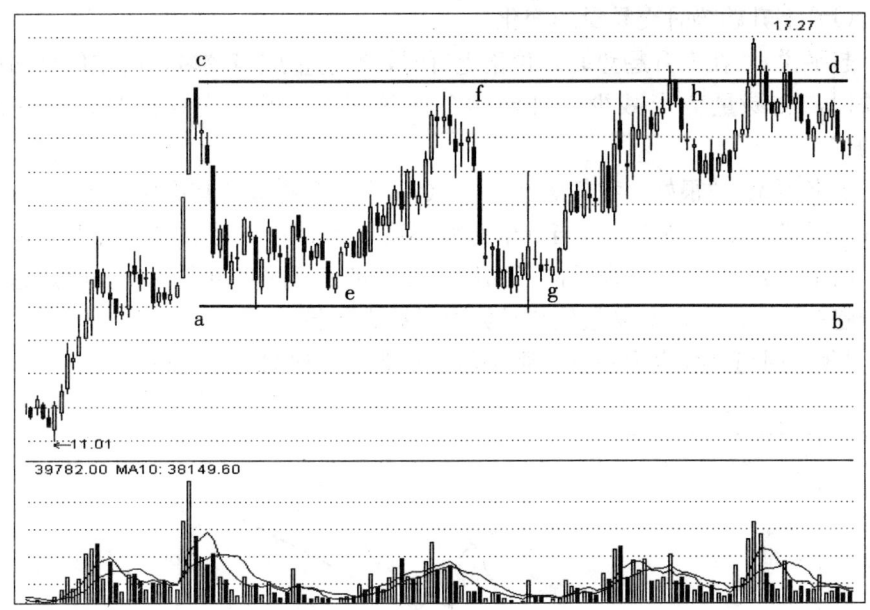

图 7-1 交易量实例图

王老师说:"小刘,你来画一下示意图。"小刘在白板上画了一个示意图。如图 7-2 所示。

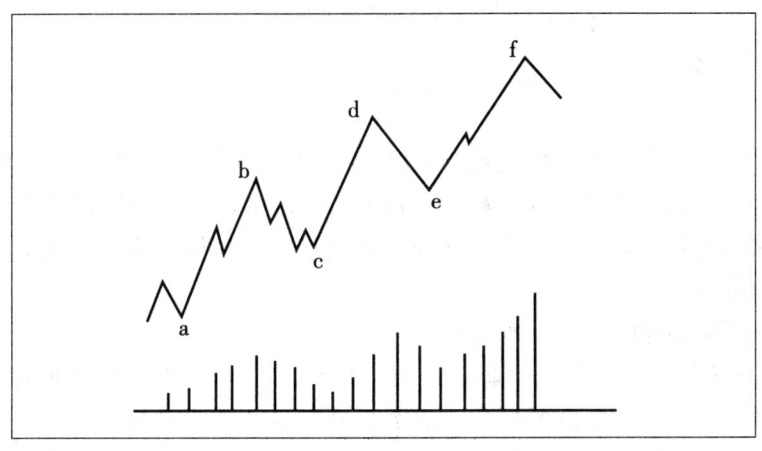

图 7-2 上升时交易量变化示意图

王老师说:"赵平,你来具体说一下。"

(1) 上升趋势时交易量的变化。

赵平说："在上升趋势时，价格上升时，交易量应当较多，而在价格回调下跌时，交易量应当减少。只要这个情况存在，说明交易量是在验证趋势的。"

王老师说："很好，我们看图 7—2 是一个上升趋势，其中由 a 到 b、c 到 d、e 到 f 都是基本趋势，每当价格由低向高运动时，交易量也是由少向多发展。而由 b 到 c、d 到 e 则是向下回调，交易量也是同步由多变少。但是总的上升趋势没有改变，交易量依然总体上呈放大趋势。

"我们用趋势线表示一下，则更加清晰明白。如图 7—3 所示。

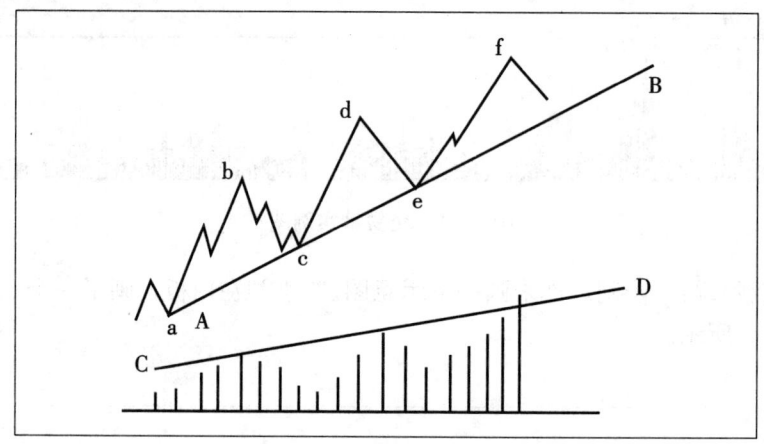

图 7—3　交易量趋势示意图

"在图 7—3 中，A—B 是价格运动的趋势线，它标示价格上升趋势不变，而下方对应的交易量也呈放大趋势，用 C—D 标示，我们可以清楚看到交易量的变化与上升趋势完全一致。这样，通过观察交易量的变化，我们依然可以知道趋势的动向。

(2) 下降趋势时交易量的变化。

"在下降趋势时，价格下降时，交易量应当减少，而在价格反弹时，交易量应当增加。只要这个情况存在，说明交易量是在验证趋势的。相关内容和实例我们在第四讲道氏理论中讲过（图 4—12），这里不再举例。"

二、量价背离

1. 量价背离是价格变化与交易量变化不一致的现象
（1）上升趋势中的量价背离。

"我们知道，价格运动在上升趋势中，交易量应当较多，而在价格回调下跌时，交易量应当减少。当前一个峰被向上击穿，但是成交量反而下降，出现了价格变化与交易量变化不一致的现象，这就发生了**量价背离**，警告我们市场的买压正在减弱。如果交易量在价格下跌时增加，说明上升趋势有可能改变了，我们来看一个实例。如图7-4所示。

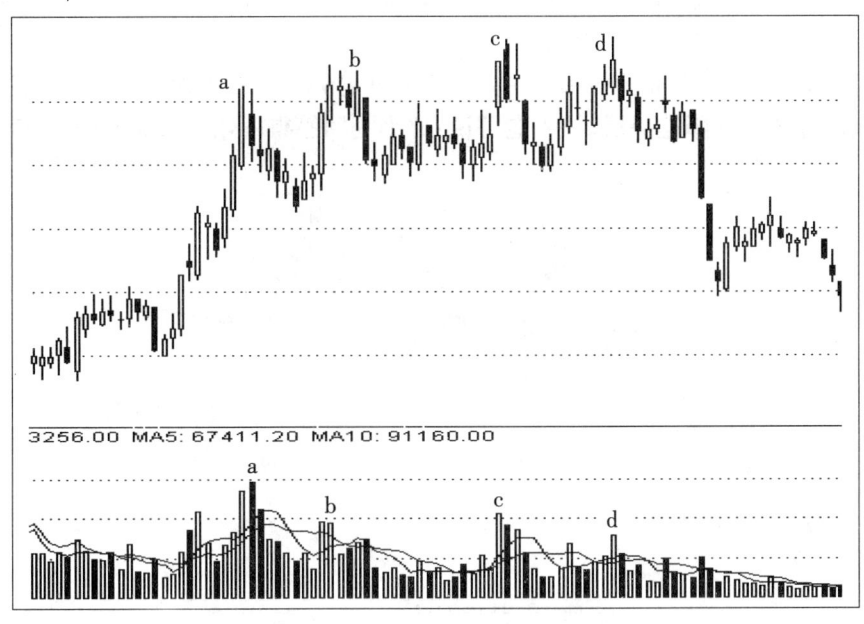

图7-4 交易量顶部背离实例图

"在图7-4中，一共有四个峰，即a、b、c、d。可分两组：第一组为a与b。我们看到峰b的价位高于峰a，但它的交易量却低于峰a的交易量，价格变化与交易量变化不一致，即价升量减，峰b就产生了量价背离现象，说明原趋势即将有变。果然价格由峰b降至下面支撑附近。第二组为c与d，其中的两个峰c、d的量价的变化与第一组a与b的极其相似。虽然两峰的高度差不太多，但是第二个峰d的交易量明显低于前面峰c的交易量，价稳量减，峰 d 依然产生了量价背离。"

王老师看了一眼仨人，继续说道："同时，我们再看看 a 与 b，c 与 d 两组之间的量价关系。这里把 a 与 b，c 与 d 两组分别当成两个峰来看。赵平你说这两组之间的量价关系与峰 a、b 之间或峰 c、d 之间的量价关系是不是一样？"

赵平说："c 与 d 组的价格高于 a 与 b 组，但交易量却低于 a 与 b 组，说明 c 与 d 组和 a 与 b 组产生了量价背离，预示上升趋势即将改变。"

"好，赵平讲得很好。我们看图中在上冲到峰 d 后，已没有买方动力，最终价格一路下跌，交易量再次验证了趋势的改变。大家想一想，图 7－4 中的量价关系能不能用另外的方法表示出来？还有没有第二种方法？"仨人摇头，说明不知道。王老师启发了一下："能不能用切线的方法？"仨人恍然大悟，小刘说他试试，王老师叫他回答。

小刘说："在上面价格图表中画一个上升趋势线，在下面交易量图中的相对应部分画出下降趋势线。"王老师说："小刘回答得不错。大家看图 7－5。

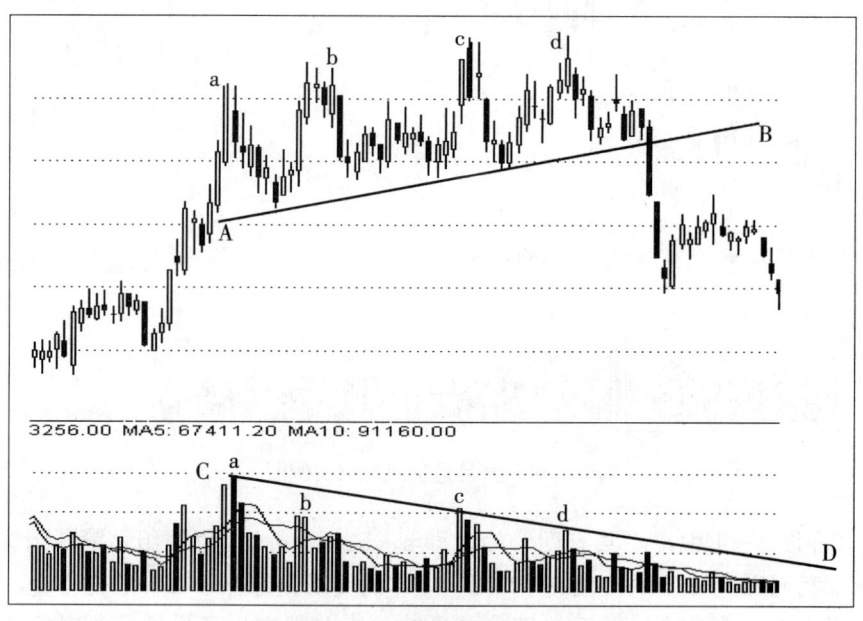

图 7－5 顶部背离切线示意图

"在图 7－5 中，趋势线 AB 向右上倾斜，说明趋势上升，而在交易量图中，切线 CD 向右下方倾斜，说明交易量呈下降趋势，它与价格运动的方向不一致，这样，量与价产生背离，最终价格突破趋势线 AB，由上升趋势转变为下降趋势。

"为了区别趋势线的名称，我们把交易量图、指标图中标示的直线叫切线。如上升切线、下降切线。"

王老师提示道："当前一个峰被向上的价格击穿，交易量反而下降，这就发生了背离。谁来说一下这叫什么背离？"赵平说是量价背离。

"对！**如果发生在顶部，又可称为顶背离，发生在底部，又可称为底背离。**大家把这点记住，以后会经常用到。"王老师肯定了赵平后，接着讲道："交易量可以验证价格形态，所有的价格形态在结束时，只要这个突破信号是真实的，就应当伴有较多的交易量。我们还没学习形态，但很快就要学到。"王老师叫李刚讲一下降趋势。

（2）下降趋势中量价背离。

李刚按照王老师的要求，念道：在下降趋势中，价格下跌时，交易量应当减少，而在价格反弹上升时，交易量应当放大。只要这个情况存在，说明交易量是在验证趋势的。

王老师进一步解释说："价格在下跌趋势中，交易量应当减少，而在价格反弹时，交易量常会增多。交易量总的趋势呈逐渐下降势。前一个谷被向下击穿，反弹时成交量上升，警告我们市场的卖压正在减弱，买压正在增加。如果交易量在价格下跌时增加，说明下降趋势有可能改变了，**量价产生了背离**。

"我们看看实际的图，如图 7—6 所示。这是万科 A 日线下降趋势图。K 线中有两条下降趋势线 AB、CD，第二条 CD 时价格加速下降，在交易量图中，切线 ab 标示的交易量是下降势，切线 bc 标示的交易量却已呈出现了逐渐增加现象。这说明市场发生了改变，量与价发生了底部背离。"

"赵平，你把图 7—7 下降趋势中的量价变化描述一下。"王老师就担心他，所以提问比另外两人多一些。

赵平看着图说道："无论价格与交易量到达峰 a 点时都是最高值，而后量价由 a 点一齐下跌至 b 点。虽然后来价格与交易量由 b 点上升至 c 点，但二者都明显低于价格上升至 a 点的过程。由 c 点又开始下降至 d 点，d 点前有支撑 b 点，突破时交易量比前面的回调有所增大。随后跌至 e 点，后反弹至 f 点未突破，价格继续下跌，这些都在反映出交易量与价格的变化是基本同步。"

王老师说："赵平描述得不错，由此联想到上升趋势中，交易量的变化可用'**升多回少**'来明确出来。那么，下降趋势是不是可以用'**跌少回多**'四

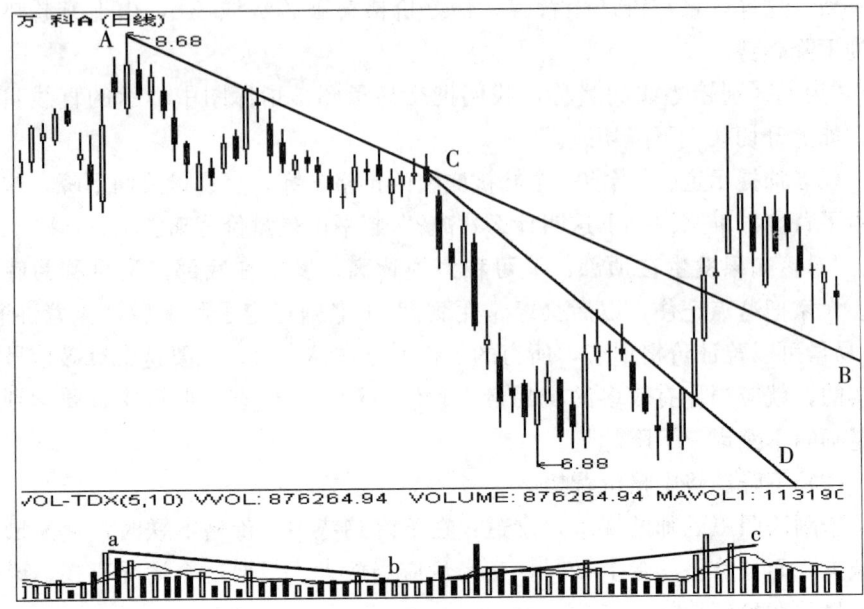

图7-6 交易量底部背离实例图

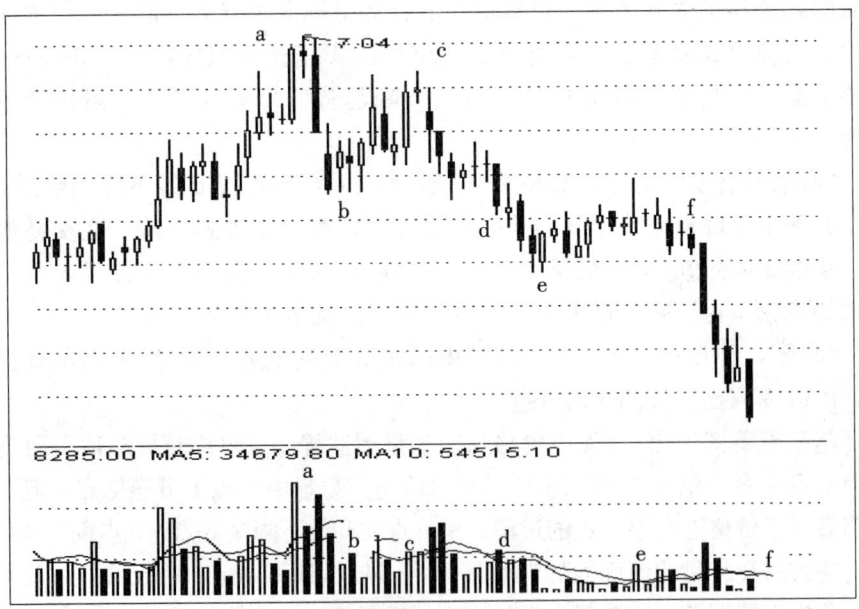

图7-7 下降趋势中交易量变化实例图

个字清晰地点出来交易量的变化？只不过这个多也是一个比一个少而已。如果把下降趋势与上升趋势相比较，交易量的变化是更加难以明确的，这就需要我们在实践中努力探索。"

2. 交易量领先价格

王老师说："小刘，念一下交易量领先价格。"

小刘读道："较重的交易量应当发生在与市场趋势方向一致上，这样，交易量就预测了价格。无论上涨或下跌的，压力都通过交易量资料预先反映出来。而价格本身要等到趋势反转后才能体现出来。"

王老师让大家看图，如图7－8所示。

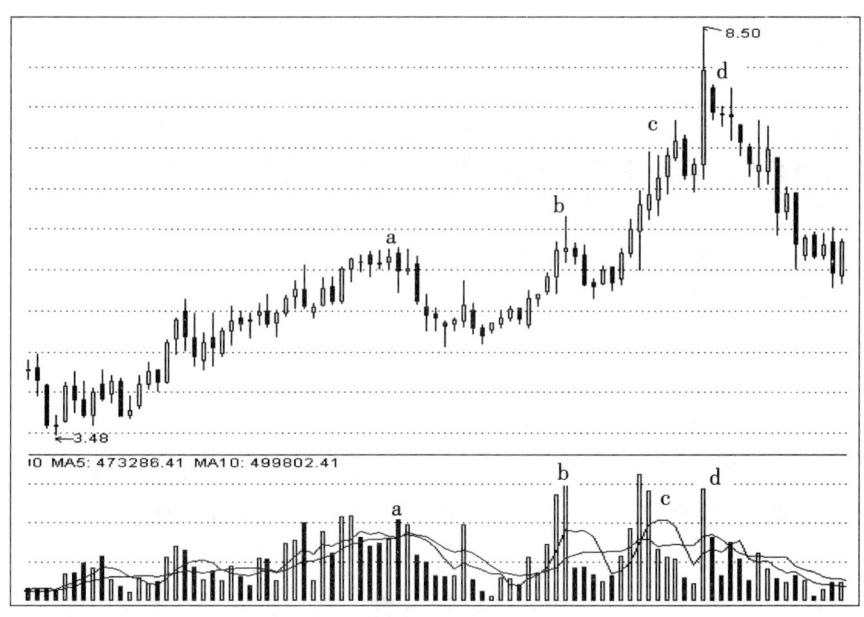

图7－8 交易量领先价格实例图

王老师解释说："图中a点前交易量逐渐加强，b点时已没有以前强，c点时只有两根较强其他较弱，但价格还是被推到高位d点，在c点时交易量已经预示价格升势将结束，从而对趋势提前有了揭示。这说明交易量在这里已经领先于价格对市场进行了反映。果然，价位到达d点后，开始下跌。最后这向高一冲，带有很强的欺骗性。"

小刘说："最后这向高一冲，把很多人都带沟里了。"

王老师说："所以我们要提高警惕，不要被市场的假象迷惑。我们一定要借助分析工具来去伪存真，交易量只是其中之一。只要交易量较多，原趋势就会依然如故。当然，分析交易量应当看整体，一根两根往往带有欺骗性。我们只看交易量既可推断趋势仍将继续，这样交易量比趋势自身还早知道其未来的发展变化。"然后讲道：下面，我们小结一下。

3. 量价背离有几种方式

（1）价升量不升，这是典型背离。

（2）量升价不升，量达天量，价却不涨，虽少见，但不容忽视。

（3）价升量少升，交易量图呈双顶，而价格图后峰却比前峰高，这只是背离程度轻一些。

三、量价关系及其八个阶段

小刘问："王老师，在一个完整的趋势中，交易量与价格是怎么样的呢？"

"你提到的实际上是量价关系，是成交量如何与价格相配合。是不是？"

"是。"

"那好，实际上，'完整的趋势'应该是价格运动的完整循环过程，它包括上升和下降两个趋势。在价格运动完整循环过程中，交易量与价格有一定的互映关系，而这个关系是有规律可循的，我们称为量价关系。在交易量的实际应用中，可以分为八个阶段。如图7—9所示。"

这八个阶段又被称为**逆时钟曲线**。

（1）价稳量增：反转信号。大盘指数并未明显攀升，但投机性买盘已分批介入，此阶段表示低位开始敢于承接，多头上攻，适宜建仓。如图7—9所示的阶段1。

（2）价升量增：买入信号，本阶段为价量配合良好的多头上升形态，加码阶段。如图7—9的所示阶段2。

（3）价升量稳：慎买阶段，成交量到达高位活跃区，抢进抢出，换手积极，各条均线都以仰角挺升推进。这个阶段危险性非常高，但就量价准则来看，仍有量缩盘头是逃命机会的警戒信号。如图7—9所示阶段3。

（4）价升量减：观望阶段，一旦成交量再次减少，即为开始减仓出货时机，准备卖出。如图7—9所示阶段4。

（5）价稳量减：卖出阶段，成交量已明显不足，股价盘头裹足不前，股价无力支撑而滑落机率越来越大，为大量出货时机。如图7—9所示阶段5。

（6）量减价减：止损阶段，当大盘出现天价天量之后，股价始终无法再

第七讲 市场强弱音符——交易量

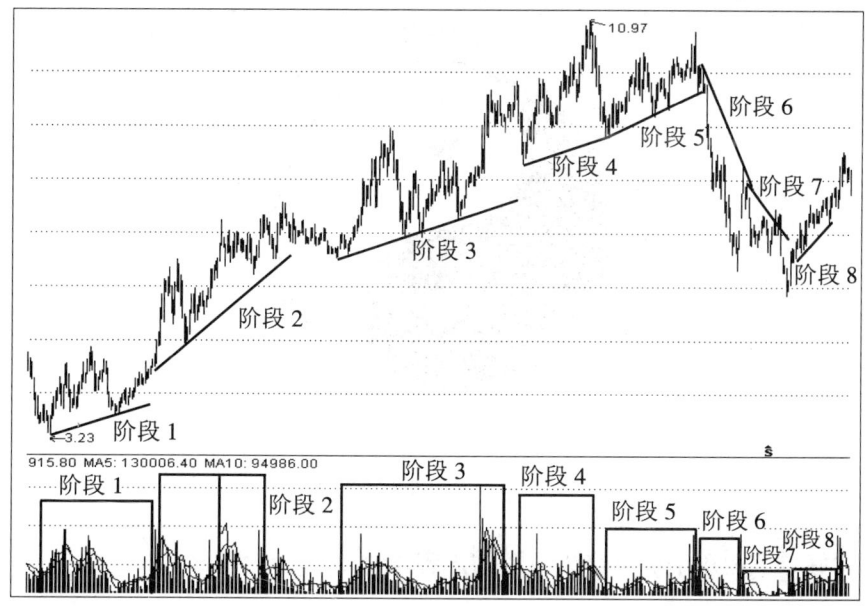

图 7—9 量价关系八个阶段图

度上扬，量价齐减时为果断止损阶段。如图 7—9 所示阶段 6。

（7）价跌量稳：慎卖阶段，本阶段有价跌量缩和价稳量缩两种情形。

①价跌量缩表示没人愿意承接，股价还有继续探底的势头，这时不能贸然买入；

②价跌量稳则为逢低买盘开始承接股票，有欲跌不易的感觉，尤其大盘绩优股盘稳后不再下跌，更能酝酿反弹的契机，是分批买入的良机。如图 7—9 所示阶段 7。

（8）价稳量稳：观望阶段，准备伺机承接：只要连续试探支撑而不破，是勇于承接阳转的开始；也就是逢机买入的契机。如图 7—9 所示阶段 8。

（9）逆时钟曲线图，如图 7—10 所示。

"在这个逆时钟曲线画图中，把交易量与价格的变化关系标注出来。即是叫做逆时钟曲线画图，那么我们在下面图中，按照逆时方向将上面八个阶段标出，形成一个完整的循环系统，加上中间的传统道家八卦图形，让我们更加清楚看到了二者的变化本质。多空双方虽然有强有弱，但是结合八卦图形，更让我们看到二者黑白转换，由少渐多，你中有我，我中有你的相互转化的状况。从中我们看到强者会变弱，弱者亦能为强，多中有空，空中有多。这点是我对交易量的心得，今日与三位分享。同时希望大家有创新，最好独树一帜。

90　股市问道——问鼎股市交易技术巅峰之道

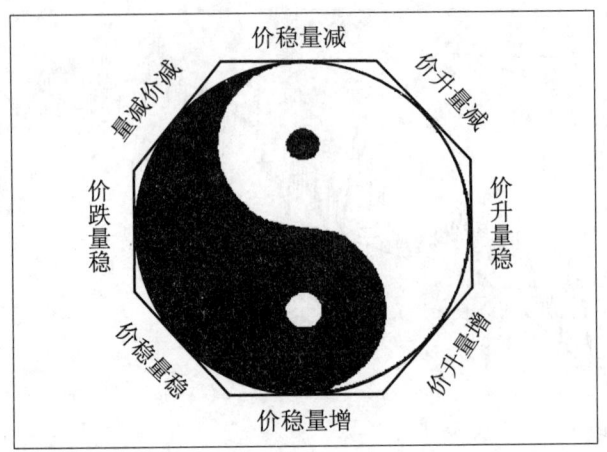

图 7-10　逆时针曲线图

"好，下面总结一下今天所讲的内容。"

本讲纲要

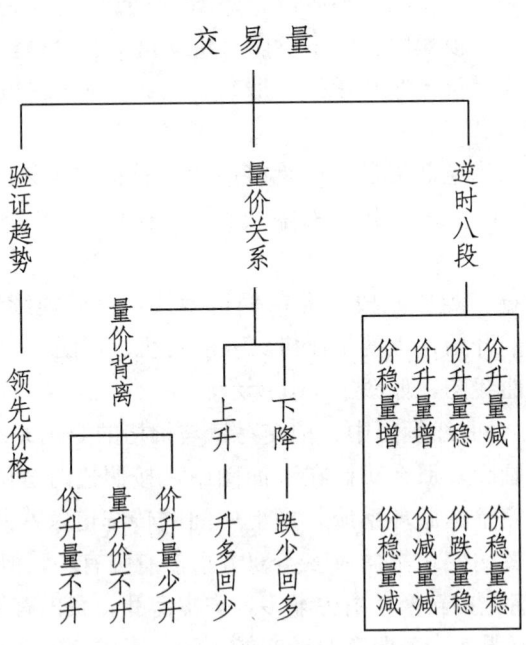

第八讲　不变的特征——反转形态（上）

学习就是这样，别看才两个多月的时间，三个人都感到很紧张。特别是赵平，以前没怎么看过这类的书，自己觉得学起来有些累。白天忙上班，晚上复习，还得忙预习，还有家务事，能不累吗？虽然许多地方一时还弄不明白，一知半解的，好在上课时有老师。这次该学形态理论了，王老师让预习，想一想反转形态有什么共同点，真得仔细预习，不然上课一问就回答不出来。不过学了很多东西，生活充实了很多。只要坚下去，不就是一年嘛！想到学成以后的感觉，幸福感油然而生。

又开课了，王老师首先提问："我们学了趋势，知道趋势一定会改变的。但是改变不重要，怎么改变才是重要的，那么，趋势改变的特征是什么？从切线上说。"

赵平说："价格移动到趋势线右侧两日以上，并且又没创新高，这是右侧原则。"

王老师提问："那么，趋势的改变是突如其来的吗？小刘？"

"我想这不应该太快，但有时也挺快。"小刘股市有经验，所以在回答问题时总是联系到实际。

王老师提问李刚："在趋势改变的这段时间里，价格在干什么？李刚你来说说。"

李刚想了想："在趋势改变的这段时间里价格在横向运动。"

"不是很全面。一般情况下，在趋势改变的这段时间里，价格在一个区间内横向运动，"王老师详细补充着，"就是在一个区间内的横向运动的价格构成了价格形态。横向运动是指价格运动的时间，价格区间是指价格运动变化的高低幅度。"

一、特征不变

"请大家不要以为趋势的变化是突然的，事实上，趋势发生重大变化之前，往往需要一段酝酿期。但是，趋势在这个酝酿时期内不一定反转，有时这只是既存趋势的暂时休整，市场好像走累了，需要补充调整，随后这个趋势仍将继续。"王老师看了看赵平，说，"同时，也就是在这个酝酿时期内，会形成一定的形态，一般会分为持续和反转两种形态。这些形态一旦形成，趋势往往会按照形态给出的方向继续运动。并且，它的基本特征一般是不会轻易改变的，你如果改变了这些形态的基本特征，就不成其为这些形态了，虽然它们有价格的多少之分，时间的长短之别。在这一点上不像趋势线可以随时做必要的修正。"

王老师停了一下，启发性地问到："谁能举一个生活中事物的不变的特征？"

李刚说道："桥一定架在河上。"

"春天植物要发芽。"小刘说。

赵平也跟着说："床是人睡觉的。"

李刚笑道："睡狗的叫窝。"仨人你一句我一句地说着。

"吃耗子的是什么？"王老师也笑着问道。

"猫。"仨人一齐笑起来，这个问题也太小儿科了。

"没有这些特征可能就不是桥、床、猫了。别小看事物的这些特征，如果在生活上把握得当，会对自己有不小的帮助。"王老师想了想接着说，"文革时期有位数学教授被下放到农村。你想，在当时，一个纯知识分子到农村肯定得受排挤，首先是这农活他就不会。一天，生产队长想捉弄他，就派他去割猪草，割不满一筐就开大会批判他。你们想想看，他认识猪草吗？队长得意地想：你这顿批是跑不掉了。"

"后来他割回来了吗？"小刘问。

"结果到晚上收工时，这位数学教授割了满满一筐猪草回来了！"

"他怎么割的呢？"赵平不解。

"是啊，当时生产队长也傻眼了，这怎么可能呢？生产队长问他：'你怎么认识猪草的？'这位数学教授说：'我怎么会认识猪草。但猪认识啊。'生产队长更傻了。原来，在数学中有个术语叫'特征不变量'，他充分运用了事物特征不变这个原理，赶着一头猪上山了，猪吃什么草他就割什么草，就这样这位数学教授运用自己的知识躲过了一次批判。"

"这说明什么？说明抓住事物不易改变的主要特征和共性，能够收到事半功倍的效果。下面我们学习反转形态，反转形态也有它们的不易改变的特征，我们叫它**反转共性**。"

二、反转形态及趋势反转的八大共性

1. 反转形态

王老师问："我们学习技术分析的目的是什么？"

小刘说是为了抓住买入机会。

"可买入机会在哪儿？"赵平认真问。

"买卖转折点。"李刚抢着说。

"买卖转折点在哪儿？"赵平又问。

小刘、李刚一时答不上来。

王老师讲解说："学习就该有小赵这种打破沙锅问到底的精神。买卖转折点就是趋势上转下、下转上的拐点！大家看图，如图8—1所示。

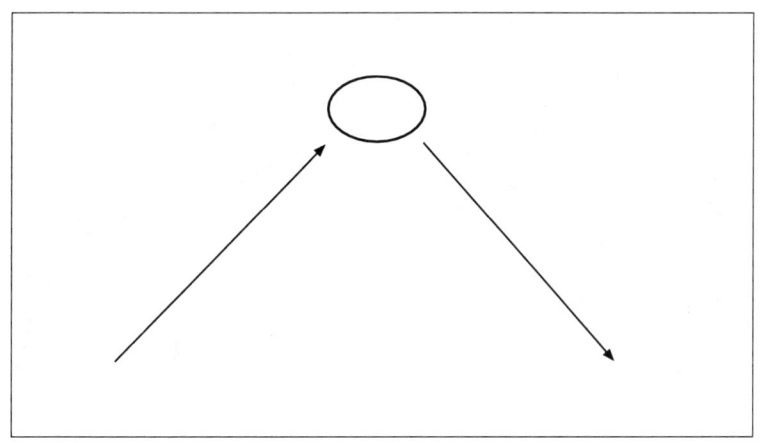

图8—1 买卖转折点示意图

"这是一个由上转下的示意图。左边直线箭头向上，示意上升，右边直线箭头向下，示意下降，两者之间椭圆是买卖转折点。**趋势的反转不会只是一个点，往往是一个有一定高度和宽度的区间，在这个区间内往往会形成一定的形状，我们把它称为反转形态。**同样道理，趋势由下转上也是如此。

"从图 8-1 可以看出，反转首先是对即存趋势的反转。反转形态的第一个共性应是先有一个趋势的存在。当然，不要一看到趋势停下就以为是买入时机，一定要等到形态完成后再寻找机会入市，不要为抢那么一点价位便不顾其他。所以我们首先要树立**不要企图买在最低点，也不要企图卖在最高点**的交易理念，这对以后的交易会有很大的帮助。下面我们把反转形态的基本反转共性列出，集中学习一下，为下一步的学习打下基础。"而后，他在白板上写了起来：

2. 反转共性

反转共性是趋势反转时必备的共同的特性。

（1）在市场上，事先一定有一个趋势的存在，不论上升或下降。这是所有的反转形态形成的前提，没有一个趋势的存在就构不成反转形态。简单概括为：**先有趋势在**。王老师解释着："也就是说，**反转必须有反转的对象，反转的对象就是原有的趋势。反转原有趋势，目的就是酝酿形成新的趋势。**如图 8-2 所示。

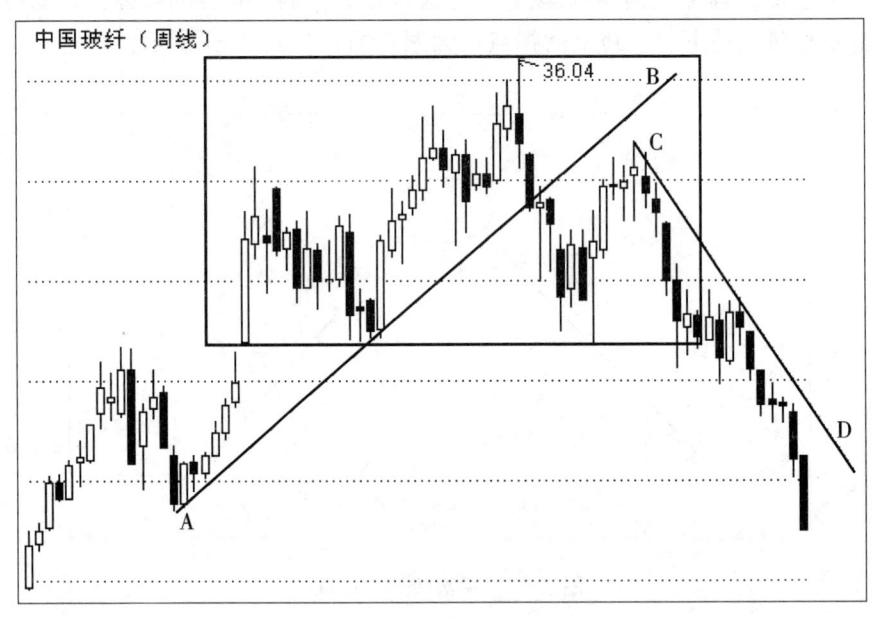

图 8-2 头肩顶实例图

"在图 8-2 中，方框中是一个反转形态——头肩顶，在它前面有一个已经存在的上升趋势，图中由 A 到 B，价格运动到这里时，止步不前，逐渐形成了反转形态，前面的上升趋势被改变后，趋势转变为下降，图中由C到D。

"下降趋势被改变为上升趋势的情况也大致如此。"

王老师解释道："反转反转，反转什么是其关键。市场必须先有明确的目标，然后才谈得上反转。我们在识别形态的过程中，只有正确地把握趋势的总体结构，有的放矢，对可能出现反转形态的时间阶段倍加关注，才是取胜的关键。"

(2) 趋势的长度必须符合近期基本面的要求。

市场上确有趋势的存在，这是所有的反转形态存在的先决条件。简单概括为：**长度合要求。**

趋势长度必须符合基本面的要求有些不好确定，从技术分析上我理解为：趋势必须有一定长度，是指趋势的峰头、谷底至少应当有两个以上，太短不足以称之为趋势。同时还要忽略短暂的回调，市场运动是不以人的意志为转移的，不要主观认为趋势到头与否。

(3) 趋势即将反转的第一个信号，经常是重要的趋势线被突破。有时重要的趋势线被突破与价格形态的完成正好是同步实现。简单概括为：**趋势被突破。**如图8-3所示。

图8-3 趋势被突破实例图

在图8-3中，原上升趋势线ab于c点被价格有效突破，从而揭示出上升趋势必将改变。同时，趋势线ab被突破，正好是在反转形态形成时同步完成的。这是一个双顶形态，趋势线于右顶形成后被向下突破。

王老师解释道："在反转过程即将开始时，经常以突破重要的趋势线为前兆。但注意，这并不意味原有的趋势一定改变。我们要随着价格的变化、时间的推移、事态的发展进行分析，才能对该形态做出判断，不要过早下结论。下面看第四：

（4）形态的规模越大，之后的市场运动就越大。简单概括为：**形大后市大。**

王老师解释着："形态的规模大小，是指价格形态的高度与宽度。高度表明形态波动的强弱，宽度则表明形态形成的时间长短。形态的规模越大，即价格在形态中摆动幅度越大、经历的时间越长，则该形态就越重要，对后市影响也会很大，之后的价格运动变化也就越大。举例来说：一只股票经过了一年甚至两年的底部蓄势，它之后的涨势就要比仅有几个月底部蓄势的股票来得猛烈。这点大家明白吗？"见仨人没有问题，王老师接着讲："我们来看第五：

（5）顶部形态形成的时间一般短于底部形态，但波动幅度较大。简单概括为：**顶短波动大。**

王老师解释道："在顶部形态形成时，价格波动不但幅度大，而且更加剧烈，形成的时间也比较短。底部形态的价格波动一般较小，但形成的时间一般较长。如图8-4所示。

"在图8-4中，矩形方格中的图形是一个复合头肩顶形态，形成的宽度较大，但形成的时间不是很长。经过上下三次震荡，最后下跌。

"顶部形成的时间不是很长，是与底部相比。如图8-5所示。

"在图8-5中，矩形方框中的图形是一个复合底部反转形态，形成的时间有8个多月，用时很长，但是价格震动幅度不大。形成时间虽长，一旦完成，上升的幅度相当巨大，是底部反转形态振幅的9倍之多。股市中有'盘得越久，走得越多'的说法。小刘，是不是？"

小刘说："有，这类说法挺多的。什么横多宽，涨多高，还有风险越大，回报越高等。"

王老师听到小刘的话愣了一下，然后向仨人问道："你们赞成'风险越大，回报越高'这个观点吗？大家想一想，谁来说一下？"

仨人思考起来，赵平说："对。"李刚、小刘也表示认同。

第八讲 不变的特征——反转形态(上)

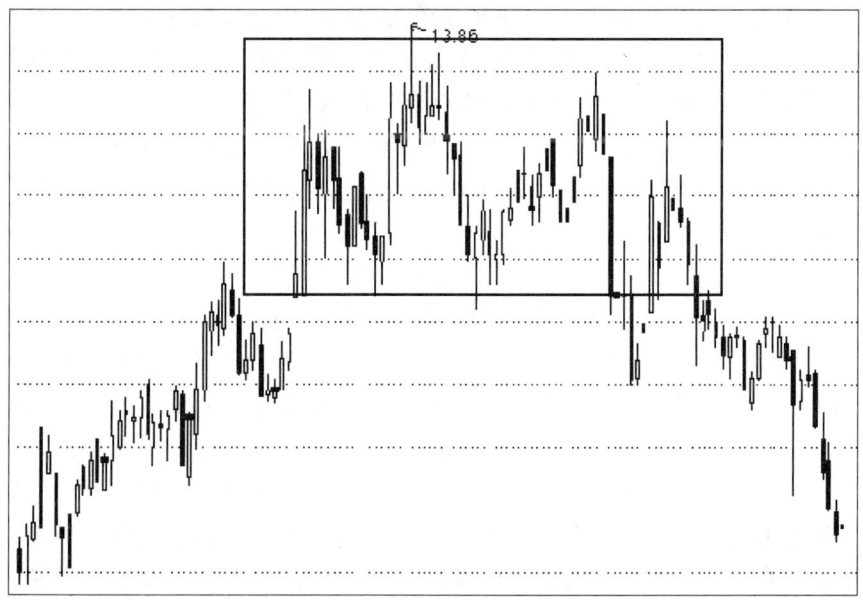

图 8-4 顶部形态形成实例图

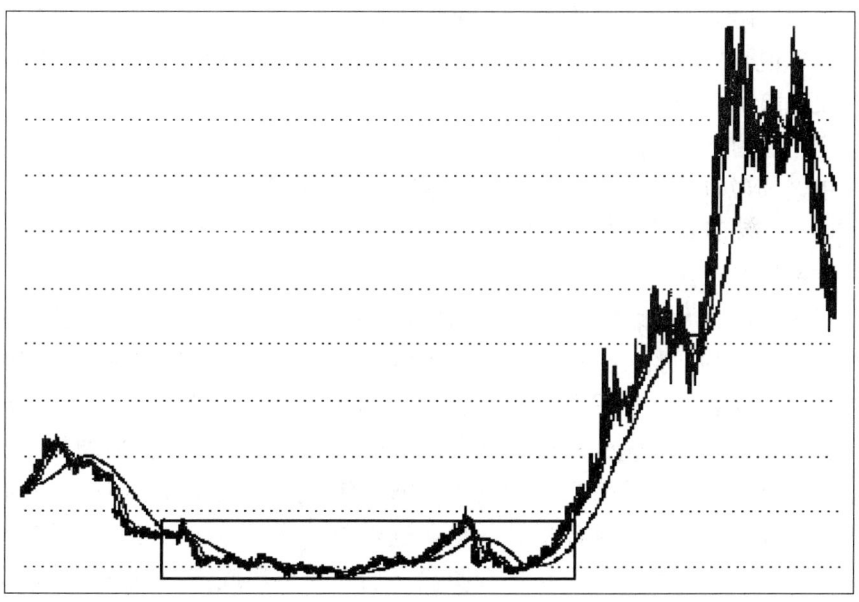

图 8-5 底部形态形成实例图

"高风险，高回报，看来这种观点在人们脑海中已经根深蒂固。这种冒似真理，但是误人的话，在股市中实在太多了！高风险，高回报事实上真的如此吗？你们说6000点风险大还是2000点风险大？"

赵平说："当然是6000点，2000点多低呀，现在几乎看不到了。"

王老师问："可是你为什么在5000多点还去买进？"

赵平说："人家都说上10000，当时确实有人说风险大，回报也大。"

"一上6000点，人的脑袋瓜儿早不是自己的了！"小刘跟着说。

王老师说："在实际中，**高风险不可能带来高回报**。试想，如果风险大回报就大，那我们还有必要去控制风险吗？在生活中，只要成功的事恰恰是风险低回报才大，而不是风险大回报也大。毛主席最有效的军事策略是集中优势兵力歼灭敌人。例如，用一个团去打一个军，有赢的可能吗？反之，用一个军去打一个团必胜无疑。所以孙子兵法云：十则围之，五则攻之，倍则分之。目的就是以多击少，降低风险。在股市交易中也是这个道理，所有的分析不是为了别的，主要是为了降低风险，不论是技术分析还是基本分析。我们进入的股市是个高风险市场，但是给你带来的回报不一定高。风险越低回报才有可能高，风险越高回报肯定会低。记住，**回报与风险永远成反比**！我们不能为冒险而冒险，更不应为小利而冒大险。"

赵平说："这样来看，入市时的风险越低越好，我们应为大利而冒小险。如果没风险就更好！"

李刚接道："那是不可能的。"

王老师说："有这好事别忘了我，接着往下看。"

（6）交易量在验证突破信号的可靠性上，具有重要参考价值。简单概括为：**交易量验证**。

王老师问："大家想想，交易量像音乐中的什么？"仨人没有回答，王老师自己答道："如同音乐中的轻重，我们从音乐的轻重中，就能感到一首曲子将要结束。而我们从交易量的变化上可以看出趋势的方向以及是否会改变。前面我们学过，交易量一般地应该顺从市场趋势的方向并相应地增长，这也是验证所有价格形态是否完成的重要依据。任何形态在完成的时候，必有交易量的明显增长。但在顶部反转的早期过程中，这不是必要的。一般在价格形态完成后，向下突破时交易量会明显增加。在市场底部反转过程中，交易量的增长，则是绝对必需的。否则，整个价格形态的可靠性就值得怀疑。前面我们详细讲了交易量，这里就不举例了。再看第七。"

（7）必须有重要的阻力或支撑。简单概括为：**必有强支阻**。

第八讲 不变的特征——反转形态(上)

"一般价格形态在形成时，趋势的上升一定会遇到强大的阻力，从而停住上升的步伐。在下降的过程中，往往会有强大力量支撑住，从而停住下降的步伐。趋势不止步，价格形态的形成无从说起。这就好像受惊的马车，如果驾车人控制不住的话，不撞到物体上是不会停止的，而且这个物体必需具有强大的被撞击的力量。

"我们看个实例：如图8—6所示。

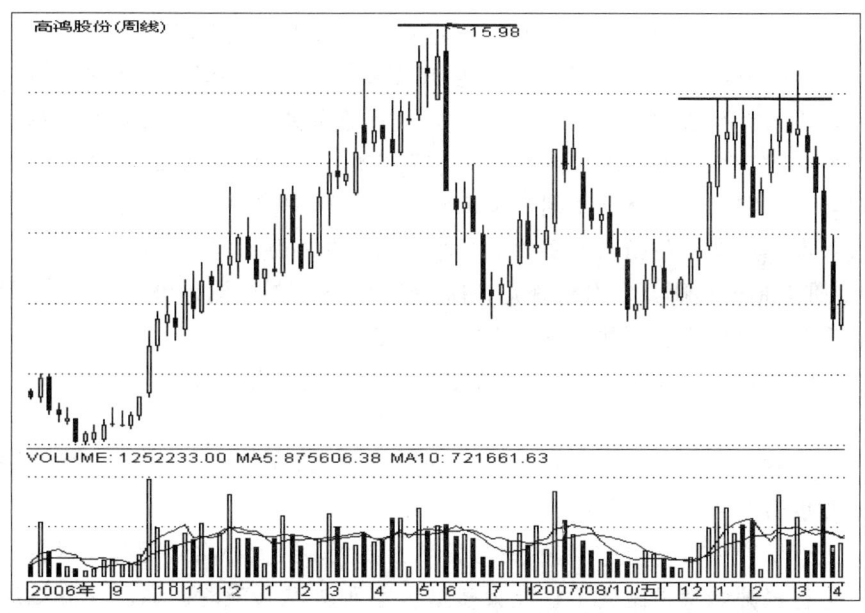

图8—6 重要阻力起阻挡作用实例图

"高鸿股份的周线图，在2007年6月形成历史高点15.98之后，便成为重要的阻力位。在2008年1月的上冲中，股价到了14元左右受阻，价格根本就上不去。形成双顶形态后开始下跌，最终说明阻力在反转形态形成时起到很大作用。这个图形有一定的说服力。对第七点大家能理解吗？"

赵平说："看来趋势也有不撞南墙不回头的习惯。"

王老师笑着说："看来赵平明白了，你们呢？"此话一出逗乐了大家。

"好，下面讲第八点。"

（8）价格反转形态有一定的测算作用，可以确定最小的价格目标。简单概括为：**预测最小值**。

"正因为反转形态事先必须有趋势可反，它才具备测算意义。反转形态可确定出最小的价格目标，即反转形态的高度。测算的最大价格目标就是趋势的起点，即 100% 回撤。"

王老师对大家说："上述几点是反转形态将要形成时的应具备的共有条件，在实际的交易中我们应当如何去使用它们，这是我们应该思考的。"

三、股市交易的第二大原则

1. 永远在下降过程中找买点，永远在上升过程中找卖点

王老师说："学习技术分析就是要知道买什么，在哪买，买多少。明白了这三点，入市问题就解决了。这三点实际上是**解决了我们怎么买的问题**。反转共性中的：事先确有趋势的存在，它对我们入市的指导意义是什么？我们可以将它确定为一条交易原则：永远在下降过程中找买点；永远在上升过程中找卖点。这是一条相当重要的交易原则，因为不跌不涨，不涨不跌。"

"难点是跌到哪儿，涨到哪儿，这是学问。"小刘突然领悟道，"难怪股市中那么多人都是追涨杀跌，就是不懂这条交易原则。"

李刚说："追市的人太多了，说是站在少数人一边，太难了！"

2. 逆向思维

人类有从众心理，所以有法不治众的说法。股市中从众心理更盛，说是要站在少数人一边，这需要有很大的勇气。

王老师说："这就是典型的**逆向思维：在大多数人心喜过望考虑做多的时候，你已经开始考虑做空了；在大多数人悲观失望看空时，你已经开始思考何时做多了。**"王老师说的这段话很有份量。

"记得我们刚开课时做的训练吗？等大家学完技术分析，就会理解到心态的重要性。在思想意识与技术分析之间，技术分析更像是物质，但是，不学好又不行。反转形态好不好学？我的观点是：学来容易做起来难！我经常想到明朝的王阳明的'知行合一'的理论观点。首先要知，知道要做的，什么都不懂不行。然后是做，做你知道的。而且要把'知道要做的，做你知道的'二者真正地结合起来，做到完美的统一。但是，在股市中，先知再做就很不容易。"

赵平深有感触："相反，不知道去做太容易了。"

王老师说，先休息一会儿，大家放松放松。

人一自由起来，精神也会放松。仁人深有同感：今天的交易原则太难做到，没有坚强的心理素质是做不到的。跟着别人跑容易，从奔跑的人流中逃

出来都难，更别说逆着去做了。王老师说："学习的过程不仅是长知识、学技能，更重要的是提高心理素质。技术分析本身就包含有原则、纪律、心理。只不过心理素质的提高不容易，需要时间长，平时要多注意训练自己的坚定心理，日久便会有收获。"

"下面我们来学习第一个反转形态——头肩顶。头肩顶是反转形态中最有名的，也是最可靠的。我们要花费比较多的时间来讲解它，因为它很重要，同时它又是榜样，其他的反转形态一般可以看作是它的变体。"

四、最重要的反转形态——头肩顶

王老师继续讲解。

头肩顶形态也可以看成趋势概念的提炼。在上升趋势中，一系列依次上升的峰和谷把上涨势头逐渐放慢，而后上升趋势开始止住。此时，买卖双方的力量处于相对平衡，一旦此平衡完成，横向交易区间的支撑被打破，市场确立了下降趋势，反转形态随即形成。

1. 头肩顶形态的形成过程

（1）上升趋势依然不止，价格产生一轮强劲的上涨，多少带有暴发性。随着价格强劲的上涨，交易量也相应增大，这是市场正常的反映。如图8—7所示。

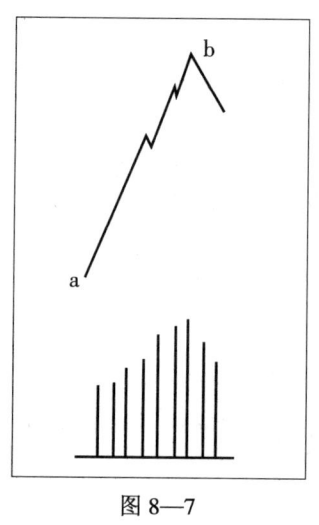
图8—7

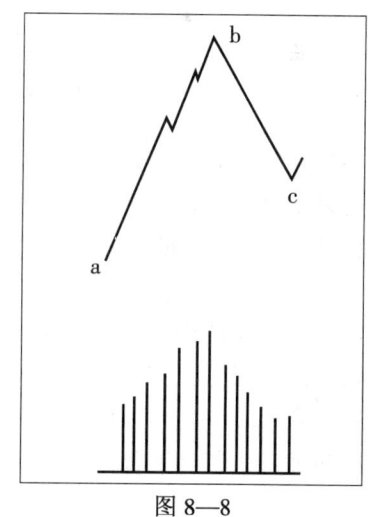
图8—8

"左肩"形成示意图

在图 8—7 中，价格由 a 到 b 产生一轮强劲的上涨，交易量也相应增大。

（2）紧随而来的是一小幅度的价格回调，交易量相应地比价格上升时有所减少。这就是"左肩"。如图 8—8 所示。

在图 8—8 中，由 b 到 c 的价格回调时，交易量比价格上升时有所减少，从而形成左肩。

（3）又是一轮强劲的上涨，在这次上涨时，突破了前面高点 b，达到高于左肩顶部 b 一定的幅度，价格上升到 d 点，而交易量比前一轮价格上涨的交易量有所减少。如图 8—9 所示。图中由 c 到 d。

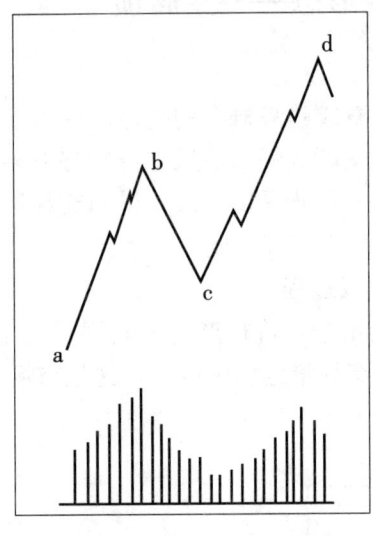

图 8—9 "头部"形成示意图

（4）这时，我们应该对这个变化警觉起来。然后，价格的另一个回调开始，交易量减少，价位下跌到前次回落的底部附近（必须低于左肩高点 b）。图中由 d 到 e。这就是"头部"。如图 8—10 所示。

大家注意，在上升趋势中，前高点 b 应当起到支撑作用，但这次下跌，它却没起到相应作用，这就警示我们：该趋势出现了问题。

（5）当第三轮上涨时，价格又一次上升，如图 8—11 所示。

在图 8—11 中，由 e 到 f。交易量明显低于左肩和头部，而且上涨明显乏力，没能涨到头部 d 的高度。这又是一个值得注意的信号。

第八讲 不变的特征——反转形态(上)

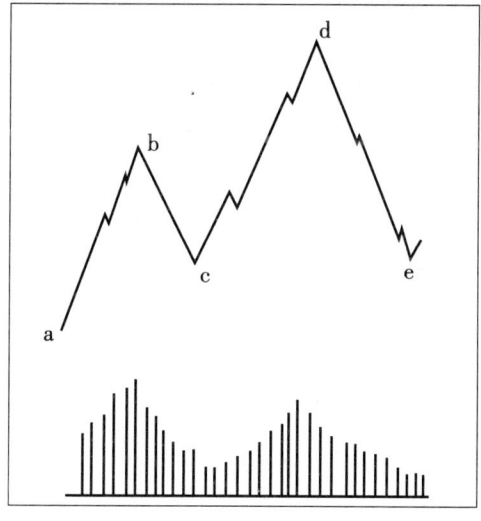

图 8—10 "头部"形成示意图

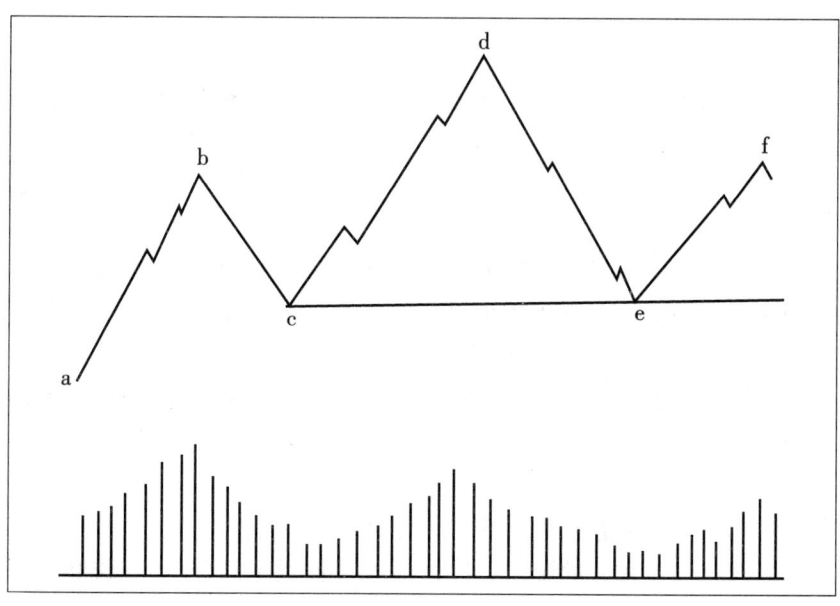

图 8—11 "右肩"形成示意图

（6）而后，第三轮下跌回落，价格下跌，如图 8—12 所示。

在图 8—12 中，由 f 到 g 的下跌过程中，交易量再度减少，这就是"右肩"。

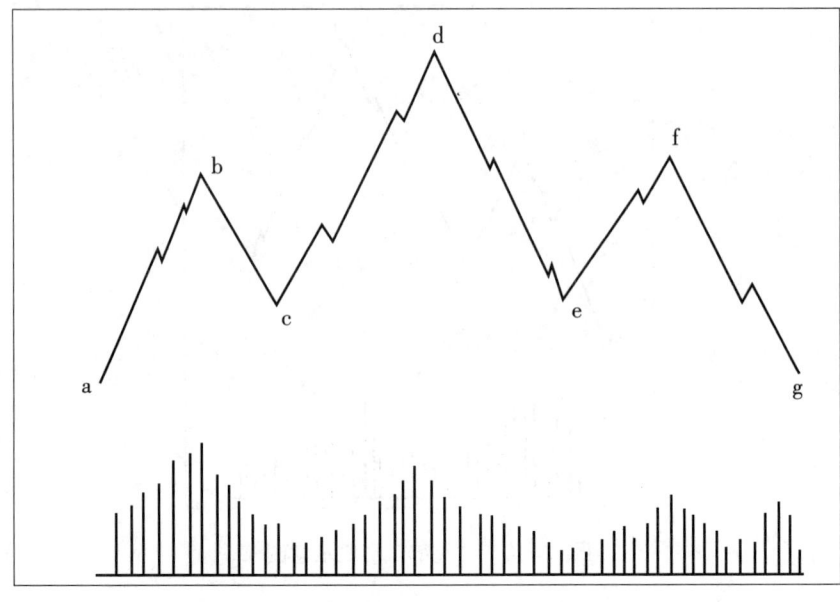

图 8—12 "右肩"形成示意图

（7）突破颈线：颈线是由头部向下引出的两条线的低点连成的直线。如图 8—13 所示。

图 8—13 中，是由头部 d 向下引出的两条线的两个低点 c、e 连成的直线而形成的颈线。颈线一般向右侧上方有些倾斜。

大家注意，头肩形态只有在颈线被价格跌穿并达到决定性的幅度时才会有效，即收市价格于该线以下近似 3% 左右的幅度。在形态刚形成后，价格向下突破时交易量的增加并不是特别重要。

（8）反抽：突破颈线后，价格通常会出现反抽现象，如果突破颈线时交易量较轻，价格会出现反抽，它会再次向上回抽至颈线附近。如图 8—14 所示。

在图 8—14 中，由 g 到 h 反抽时交易量较小。

如果突破颈线时交易量较大，价格出现反抽概率则降低。反抽时交易量较小。

2. 交易量的重要性

一般来说，头部的交易量比左肩减少，右肩的交易量比左肩和头部明显减少（这是必要条件）。在突破颈线时，交易量扩大，在价格反抽颈线时，交易量减少。如果还持有股票，则这是最后的出逃机会。反抽一旦完成，价格

第八讲 不变的特征——反转形态(上)

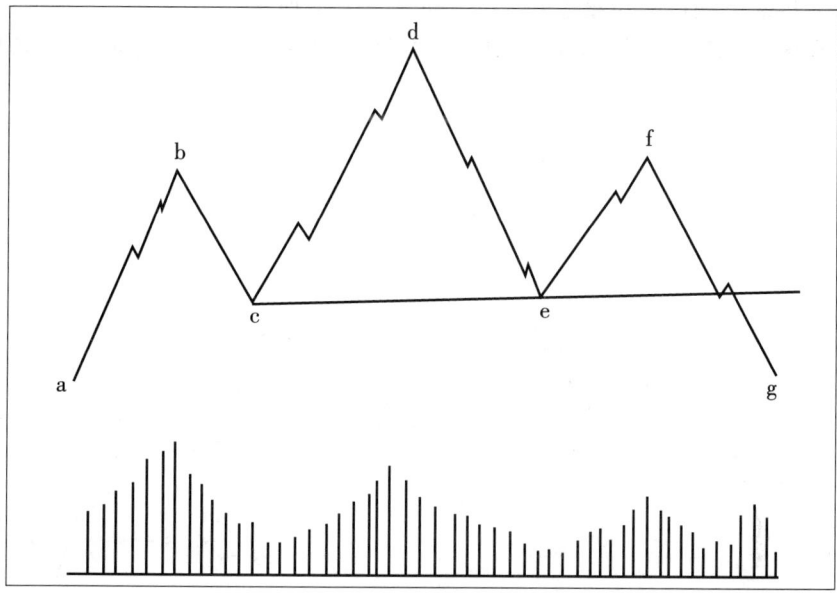

图 8—13 头肩顶颈线突破示意图

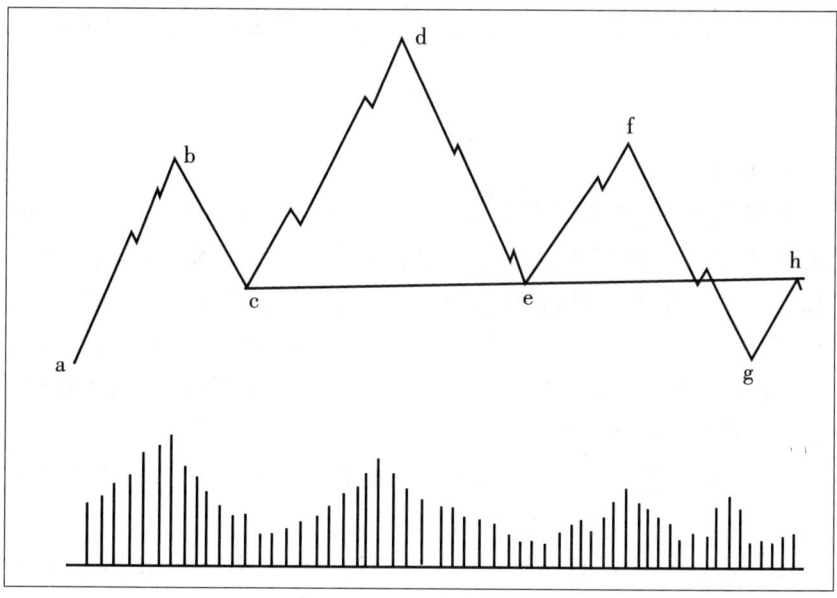

图 8—14 头肩顶价格反抽示意图

很快会再次下跌，交易量急剧放大。如图 8—15 所示。

在图 8—15 中，价格由 h 到 i 的下降过程中，交易量比前谷 g 点明显增大。

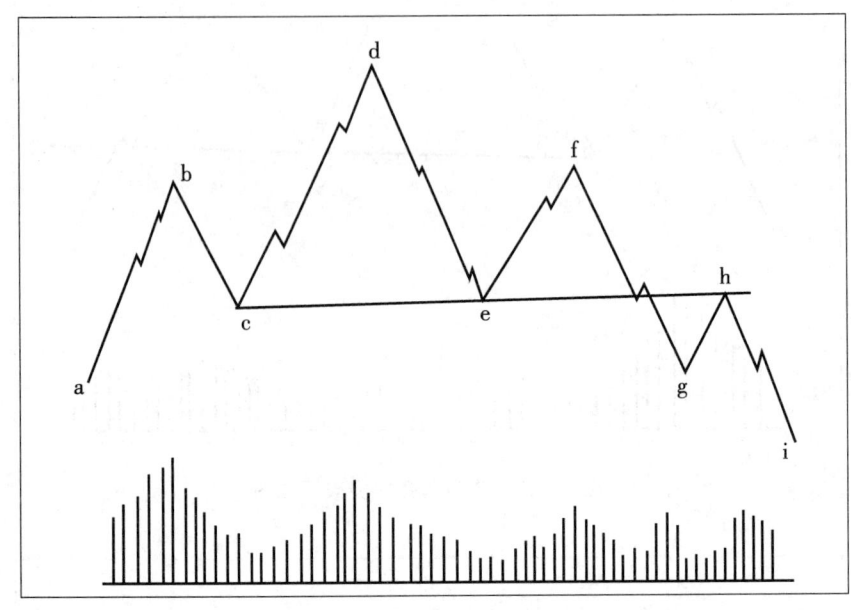

图 8—15　头肩顶交易量变化示意图

3. 测量规则

从头部的顶点竖直向下到颈线之间的点数，然后，从紧随右肩形成之后价格最终穿透颈线的地方向下测量同样的距离，这是价格下跌运动最小可能的目标点，测算的最大价格目标就是趋势的起点。如图 8—16 所示。

在图 8—16 中，由 d 到 m 是从头部的顶点竖直向下到颈线之间的点数，为 H，h 到 j 是穿透颈线的地方向下测量 d 到 m 的同样距离，也大致等于 H，这是价格下跌最小可能的目标。

王老师一口气把头肩顶形态讲完，看着仨人问道："大家有不理解的地方吗？"仨人相互看了一下，谁都没提出问题。

王老师总结道："没有办法，还是要慢慢记住消化。我们用了一节课的时间来学习头肩顶形态，目的就是打下基础，只要把这个形态学好吃透，下步学习就容易多了。势如破竹，数节之后迎刃而解。下面举个头肩顶的实例。"说着，王老师打开投影仪，仨人看到的是中国玻纤的图形，如图 8—17 所示。

然后说，"在这副图中，顶部是一个完整的头肩顶形态。李刚，你把这个头肩顶完整分析一下。"

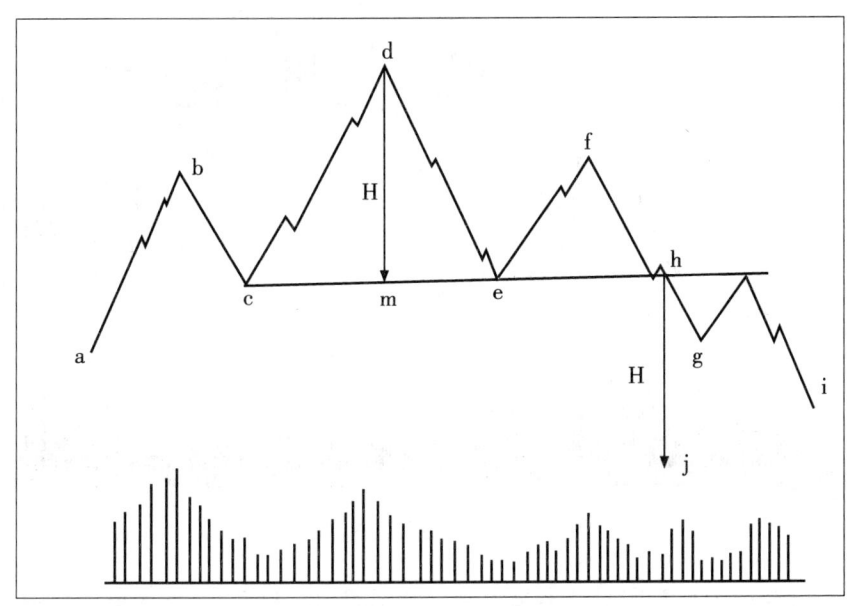

图8—16 头肩顶测量规则示意图

李刚说道："在图8—17中，先是一轮强劲上升，交易量虽说不是特别大，但还是较多，价格由a上涨到b，然后是回调性下跌，价格由b到c，交易量减少，这是左肩。紧跟着第二次上升，由c到d，而后是回调性下跌，由d到e，此时交易量再次减少，这是头部。第三次上升由e到f，价格、交易量二者都低于头部，而后价格迅速下跌由f到g，并突破颈线，这是右肩。虽有小幅度反弹，由g到h，但没有成功，最终价格开始下降，反转成功。总体来看，反转前价格基本呈上升趋势，而交易量明显是下降趋势，量与价产生了背离，交易量起到验证形态的形成及趋势变化的作用。"

王老师表扬李刚讲得不错，又问大家就这个例子有什么问题。

赵平说："我感觉交易量虽逐渐下跌，但变化似乎不是很明显，在上升前的倒很大。"

王老师解释说："其实，第一个上升趋势是从图中最下面开始的，图中应从这里标记，因为a前有个峰，怕看不明白才这样标的。但交易量总的来说

图 8−17 头肩顶形态实例图

还是符合规律的。看实图是不是没有示意图明白，赵平？"赵平点头。王老师告诉他只有多读图，慢慢地就会感觉容易了。

王老师接着说："今天主要学习了反转共性，这很重要，大家一定记牢。还学了头肩顶形态，一定复习到位。回家后，大家多从电脑中找一找头肩顶形态的图形，好好练习练习，多看才能理解。

"我们还初步树立了一个理念：**不要企图买在最低点，不要企图卖在最高点。**澄清了风险与收益的关系：回报与风险永远成反比。同时，了解了一个新的交易原则：**永远在下降过程中找买点；永远在上升过程中找卖点**，留神下次提问。请大家注意：交易原则是多年实践经验的提炼，可能一时还不能完全理解，不用急，这些逐渐都会掌握的。今天就到这里。"

第八讲 不变的特征——反转形态(上)

本讲纲要

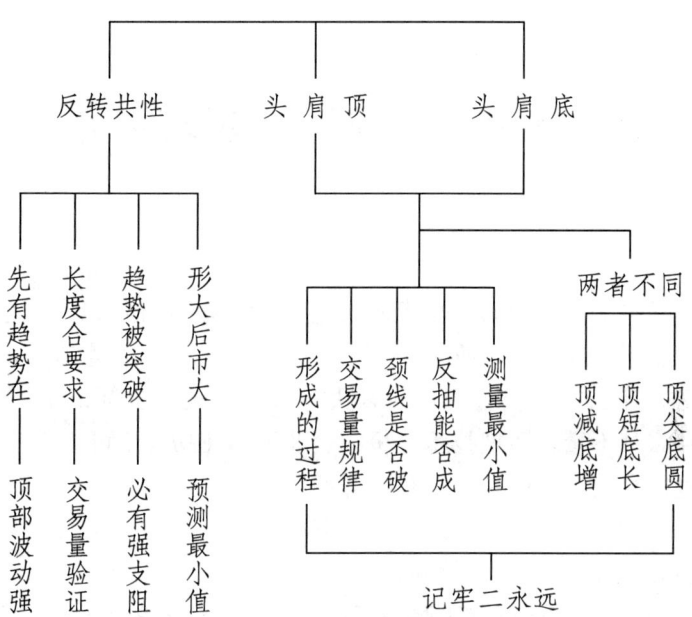

第九讲 不变的特征——反转形态（中）

头肩顶是赵平学习的第一个反转形态，学习技术分析以来，他一直想着如何入市，学了头肩顶后，感觉似乎对入市有些明白。在家有空时便拿出笔记仔细复习，什么左肩、右肩，什么头、颈线等概念全都记了下来。他想，自己以前什么都不懂，要把技术分析学会非下点儿功夫不可。

时间过得真快，新的一次课程又开始了。

"上次我们学了反转共性、头肩形态，讲了一条重要的交易原则，谁知道？"王老师一如既往，上来就问。

赵平立即答道：**"永远在下降过程中找买点；永远在上升过程中找卖点。"**

"很好，"王老师对回答正确的总是这么表扬，"谁能把反转共性简单叙述一下？"王老师见赵平回答问题积极，便因势利导说，"赵平你接着说吧。"

赵平说道：

①必须先有趋势。

②趋势的长度应与近期基本面的要求相符合。

③重要的趋势线被冲破。

④反转形态的规模大市场价格运动也越大。

王老师说："停下。李刚接着说。"

李刚在赵平说的时候看了笔记，回答并不费劲：

⑤顶部形成的时间一般比底部短。

⑥颈线被突破时交易量有重要的验证作用。

⑦必须有较强阻力或支撑。

⑧有一定的测算作用。

王老师说："好，看来你们复习得还不错。谁能用简单概括的形式说一下？小刘你来。"

第九讲 不变的特征——反转形态(中)

小刘有点儿像背书:"先有趋势在,长度合要求,趋势被突破,交易量检测。形大后市大,顶短波动强。必有强支阻,预测最小值。"

"很好,记住这40个字,就等于记住了反转共性。我们学的是主要内容,回答时用自己的话表达最好,因为这说明你理解了。赵平你到前面来把头肩顶形态的示意图画出来。"

赵平认真地画了出来。如图9-1所示。

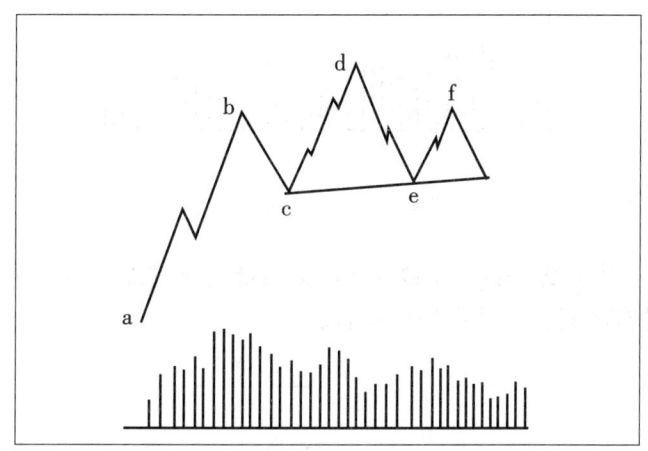

图9-1 头肩顶示意图

"还行,交易量配合得也很好。谁能指出问题?"李刚、小刘都摇头。

"这个形态成立吗?这个头肩顶的颈线没破能算成立吗?"仨人都说不能。王老师用笔改了一下赵平画的图,使价格跌破了颈线,如图9-2所示。说:"只有冲破颈线,并且反抽无效才能算成立!请大家把这点记住。"

"下面要学的是头肩底,它是头肩顶的反向。"王老师紧接着开始讲课。仨人马上提起了精神。

一、头肩底形态

头肩底形态也称倒头肩形,具有三个明显的谷底,其中间的谷底是头,略低于左右两肩。

1. 形成过程

(1) 一轮大规模下跌,交易量明显增加,随后一轮小幅反弹,交易量有所减少,这是"左肩"。如图9-3所示。

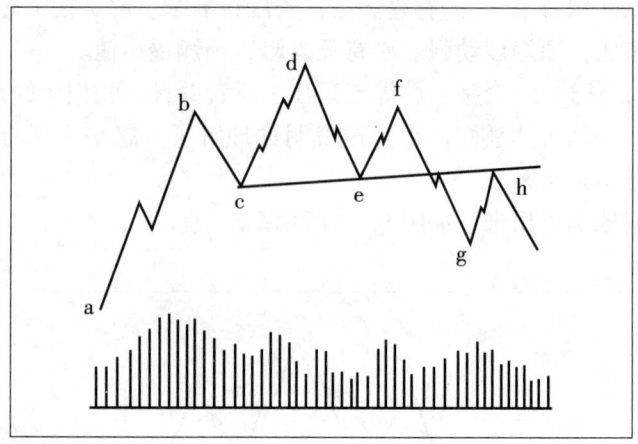

图9-2 头肩顶示意图

在图9-3中,先是由a下跌至b,交易量明显增加。后一轮小幅反弹到c点,交易量有所减少,从而构成左肩。

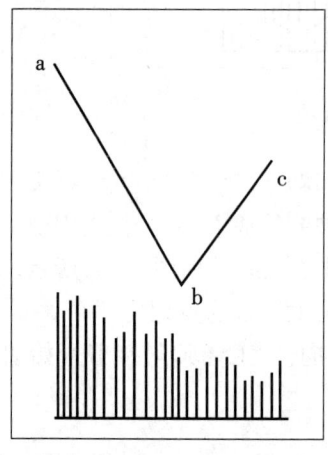

图9-3 "左肩"示意图

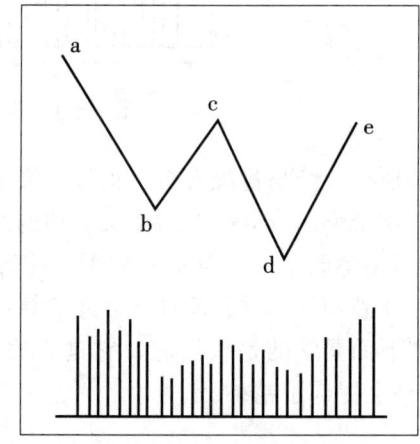

图9-4 "头部"示意图

(2)另一轮下跌,价位低于左肩底部,交易量略有增长,但一般不会超过左肩底,再一轮反弹,使价格涨到左肩水平之上,交易量增大,超过左肩反弹时的量。形成"头部"。如图9-4所示。

在图9-4中,先是由c下跌至d,交易量有所增加。后一轮反弹由d至e,并高于左肩,交易量明显增大,从而构成头部。

（3）第三次下跌，交易量明显低于左肩和头部，价格未能达到头部最低点。形成"右肩"。如图9-5所示。

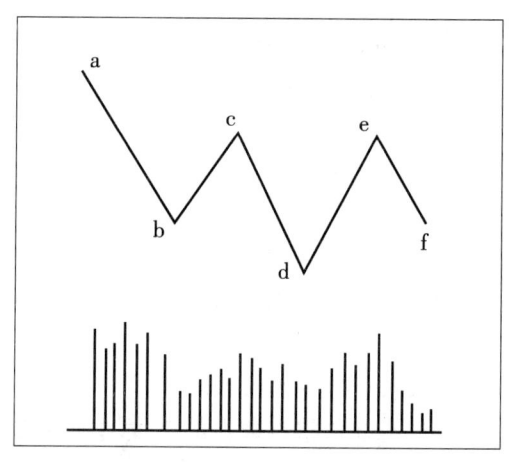

图9-5 "右肩"示意图

在图9-5中，我们看到，价格由e下跌至f，却高于头部，但交易量明显低于左肩和头部。

（4）最后一轮上涨，伴随交易活动明显增长，向上穿越颈线，收市价达到股票价格约3%水平，且穿越颈线时，交易量异常放大。如图9-6所示。

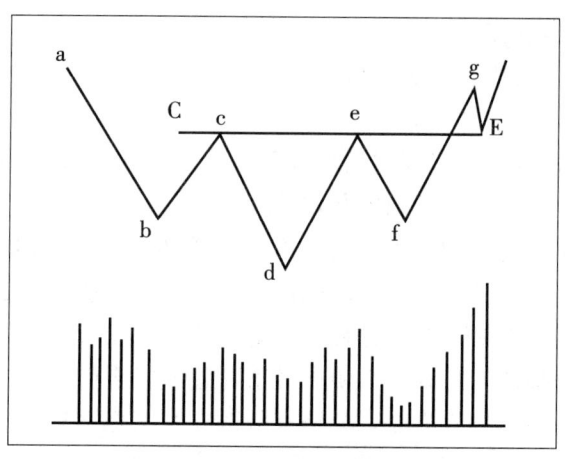

图9-6 穿越颈线示意图

在图9-6中，我们看到，价格由f上升至g，并穿越颈线CE，交易量非常大，穿越后价格回试颈线CE受到支撑转为向上，最终这个头肩底形态形成。

王老师讲到这时停下来问："怎么样？是不是和头肩顶的形成过程差不多，只不过是反向而已。赵平你往下读。"

赵平读道：

2. 头肩底形态与头肩顶的几点区别

（1）头肩底的交易量在头部形成时会显现增长趋势。

交易量在头部反弹中会极为明显地增长，而在右肩的反弹中更加活跃。在颈线突破时，必须表现出很活跃的交易量，价格会习惯于回试。简单概括为：**顶减底增**。

（2）头肩底形态一般较长且较为平缓。

比起头肩顶来，随着形态在价格点数上的深度增加，**它需要更多的时间**。简单概括为：**顶短底长**。

（3）因为它需要更多的时间，头肩底的反转更趋于"圆形"。简单概括为：**顶尖底圆**。

王老师说："这是底与顶的三点不同处，成交量的增多在头肩底的形成过程中是必要的。底的形成时间更长，没有那么尖锐，很多像锅底。这些好理解吗？"仨人认同。

王老师接着说道：还有两点需要注意。

（4）两点需要注意：

①头肩底测量规则：同头肩顶。

②头肩底形态的失效。

头肩底形态形成后，只要之后的任何一个收市价重新返回颈线之下，则表明这次突破可能是无效的，必须引起注意。

"在刚才的学习过程中，大家有没有什么感悟？"王老师提示道。见仨人摇头后，进一步讲道，"在头肩顶形成过程中，量价关系是不是已有了下降趋势的味道？而在头肩底形成的过程中，量价关系也已经有了上升趋势的先兆？"经王老师一提醒，仨人马上明白过来，急忙连连点头。

王老师接着说："用心去品，会悟有所得。大家感觉头肩底学起来是不是轻松多了？"赵平说跟复习头肩顶一样。"大家只要记住两者的不同就够了，一定抓住重点。从教的角度看，教的应该全面，因为大家在实际交易中，形形色色的图形都会遇见，而且远不如讲课中的标准，学的扎实了就会判断更准确，更有利于操作。"

"小刘，你来说一下头肩底形态的形成过程。"

小刘说道："头肩底，是头肩顶的反向，也称倒头肩形，有三个明显的谷底，其中间的谷底是头，价位略低于左右两肩。它的成交量：头部的价格上冲成交量高于左肩，右肩的上冲成交量高于头部。向上穿越颈线时，交易量异常大。回试颈线未果，头肩底形成。"

小刘讲到这里时王老师叫他停下，说："叙述细致，精练。学头肩形态的重心是顶、底区别，谁用简单概括的形式说一下二者区别？李刚。"

李刚简单概括道：

（5）头肩底、顶的区别：

①顶减底增；②顶短底长；③顶尖底圆。

（6）头肩底、顶的相同：

①顶底同测；②回试不成功。

王老师说："李刚总结得很好，不但归纳出不同点，同时把二者的相同点也总结出来，等于替我工作了。这种方式虽然读的时候不顺口，但确实把原义简化了很多。用这样的方式还能起到提示我们的作用。像底与顶的三点不同处，只用12个字就可以记下，而且不容易忘。大家认为这样的方式还可以的话，自己也要学会归纳简括。好，我们今天继续上次的内容，讲新的反转形态多重头肩形态。"

二、多重头肩形态

1. 多重复合头肩形态简介

王老师说："常见的多重复合头肩形态是由两个大致相等的左肩，一个头部和两个大致相等的右肩构成，右边形态在长度规模方面和左边大致是对称的。也有一些形态两个头部，在头部两侧有两个或两个以上的肩部。

"下面看个实例，如图9—7所示。实例没有我们画的示意图标准。有了现在的基础，大家要逐渐适应看实例图了。

"在图9—7中，是个多重复合头肩形态，图中a、b是左肩，c是头部，d、e是右肩、AB则是颈线。小刘你来解释一下。"

小刘解释说："价格在一轮上升趋势后达到a点，然后下跌，第二次上升没有力度，只达到b点，低于a点。这两点分别构成头肩顶形态的两个左肩。第三轮上升价位达到新的高位c点，但交易量明显低于a、b两点，构成头肩

图 9-7　复合头肩顶形态实例图

顶的头部。而后两次上冲已无力冲过头部，只达到 d 点和 e 点，交易量更加明显弱于头部，构成两个右肩。价格最终向下击穿颈线 AB，其后虽然有小的反抽但没有成功，至此，这个复合头肩顶形态构成。"

王老师说："好，很简洁。赵平你来把下面这个实例讲述一下。"如图 9-8 所示。

赵平讲述："在图 9-8 中，这个复合头肩顶开始是一轮上升趋势，由 a 点到 b 点，交易量较大。随后由 b 点回调到 c 点，这就构成第一个左肩。在交易量较小的情况下又由 c 点上升到 d 点，但这个肩没能超过前肩，而后回调至 e 点，形成第二个左肩，这时构成了复合左肩。其后价格在较大交易量的支持下强劲上升，由 e 到 f，形成两个头之后再次下跌至 g，这就构成头部。最后，价格由 g 到 h、i 到 j，连续两次上冲，到达前面 fg 一半的位置就止住了，交易量也很低，构成了复合的右肩。价格突破颈线后，反抽颈线时根本没有力度，最终形成下降趋势。"

王老师点头笑道："已经有了一定水平，分析得仔细到位，包括形成过程、头、肩、颈线，还有交易量及反抽都分析一遍。连不常见的两个头部都讲得很清楚，这样下去能替我讲课了。这种形态在基本趋势的底部、顶部出现得很多。

第九讲 不变的特征——反转形态(中)

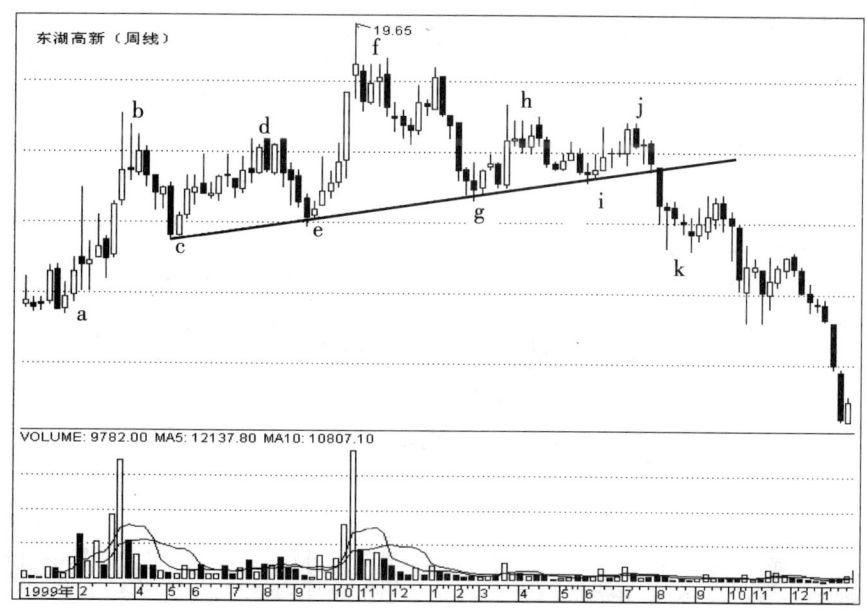

图9-8 复合头肩顶形态实例图

"我们再看一个底部实例。如图9-9所示。李刚,你把这只股票走势图解释一下。"

李刚仿照赵平说:"价格在一轮下跌后跌至a、b两点,交易量很低,这是复合头肩底形态的两个左肩。随后价格再次下跌到c点,明显低于a、b两点,交易量也低于a、b两点,这是头部。然后价格开始带量上升,又有两次回调,分别是d点和e点,明显高于底部c点,且交易量大于底部很多。随后,价格迅猛上升,击穿颈线AB,连回试都没有。总体看,头部c点左侧交易量明显低于右侧,至此复合头肩底形成。"

王老师笑道:"又一个老师诞生了,李刚描述得真是不错。"而后,话峰一转,说:"复合头肩形态只是头肩形态的展宽,变体,我们来总结一下。"

2. 复合头肩形态特点

"**复合头肩形态特点是对称性明显**,单个左肩经常对应单个右肩,两个左肩经常对应两个右肩。颈线常不易画出,可画出的颈线总是趋于水平。一内一外两条颈线更常见。往下看:如图9-10所示。

"在图9-10中,就有两条颈线,ab线为内,cd线为外。同时我们看到交易量在趋势改变过程中逐渐增大的强劲动力,其中突破颈线猛增,回试时的无力表现得淋漓尽致。价格的突破是以向上跳空实现的,说明上升势头强

图9—9 复合头肩底形态实例图

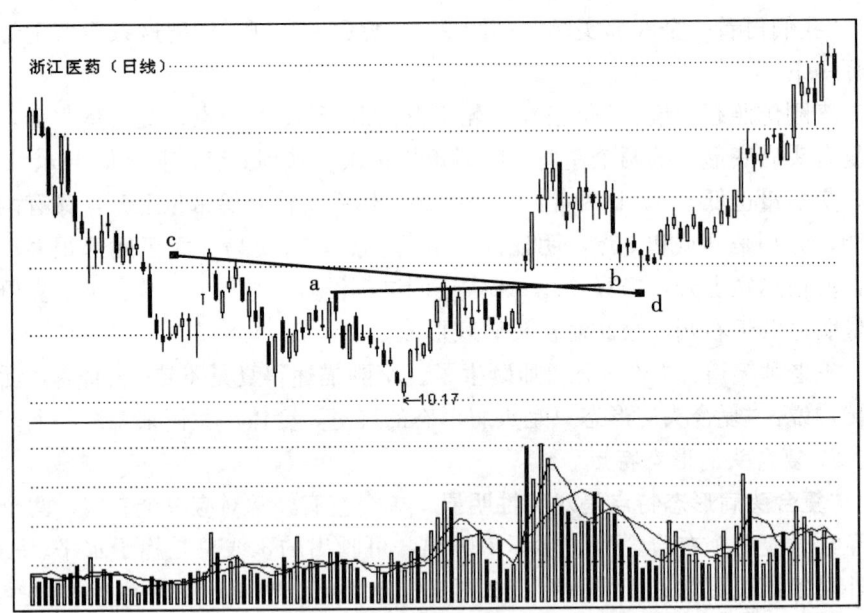

图9—10 复合头肩底示意图

劲。头肩形态到此就全部讲完了,下面我们开始一个新的形态。"

三、双重顶和双重底

双重顶或双重底是仅次于头肩形态的更常见、出现更加频繁而且容易识别的反转形态。如图9—11所示。

1. 双重顶或双重底形成过程

在图9—11中,一个是上升趋势,股价以活跃的交易涨到某一价格水平,由A到B,随后又以减缩的交易量跌到谷底C。

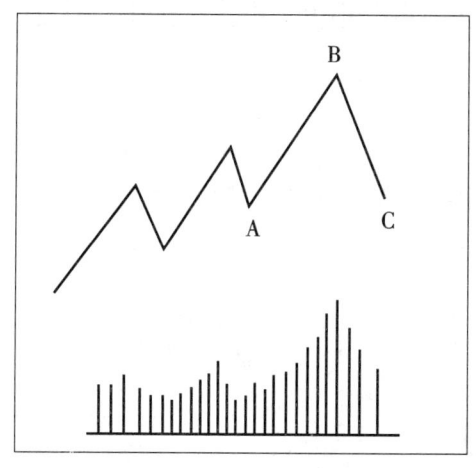

图9—11　左顶形成示意图

接着伴随交易量增加又重新上涨到与前面顶部价格附近,由C到D,如图9—12所示。但这时的交易量没有第一个峰多,随后又进行第二次反转,成为一个主要或实质性的中等下跌,由D到E,价格有效跌破颈线C,从而形成双顶。从谷底C点引出的水平线就是双重顶的颈线,随着它被有效跌破,它的作用由支撑变为阻挡。在价格跌破颈线C后,经常会有反抽,大家可以注意观察一下。

2. 双重顶的测量目标

在图9—12中,从颈线突破处开始测量,从顶部到颈线相同的距离d,就是价格下跌的最小目标。

从谷底C点引出的水平线就是双重顶的颈线,随着它被有效跌破,它的作用由支撑变为阻挡。在价格跌破颈线C后,经常会有反抽,大家可以注意

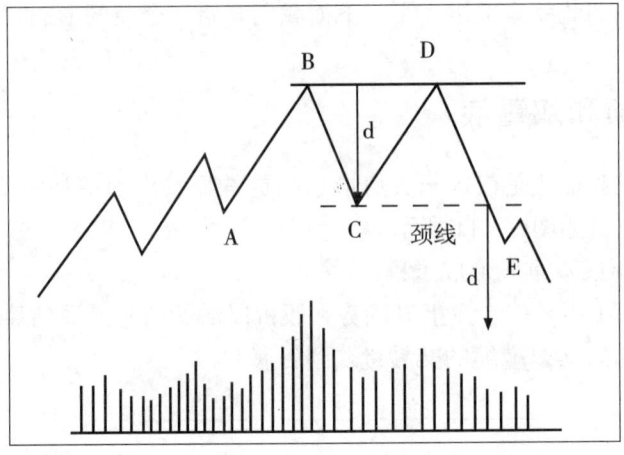

图 9—12 双顶形成示意图

观察一下。

下面我们看一个实例图：如图 9—13 所示。

图 9—13 双重顶实例图

在图 9—13 中，价格由 a 点向上冲到 b 点，此时交易量较大，而后由 b

点跌至 c 点，形成第一个顶，即左顶。然后开始第二轮上冲到 d 点，这时交易量明显低于左边的顶，紧跟着下跌到 e 点，至此形成了右顶。价格稍事调整后跌破颈线至 f 点。其后反抽至 g 点，没有成功，之后一路下降，反转成功。海南航空这轮下跌一直跌到了 2.35 元，远远超过了最小的测量目标。

3. 双重底是双重顶形态的倒置

在图 9—14 中，这是一个下降趋势，股价下跌，交易量也萎缩，由 A 到 B，随后又以略涨的交易量上升到峰 C，这个峰 C 的水平线就是双重底的颈线。

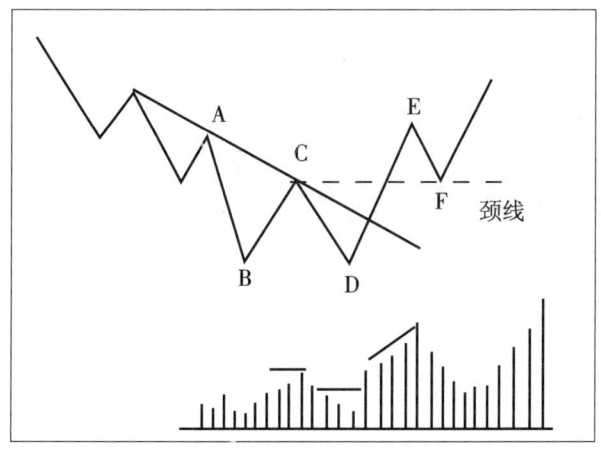

图 9—14 双重底实例图

接着伴随交易量减少又重新跌到前面 B 点价格附近，由 C 到 D，但这时的交易量没有第一个峰 C 多。最后又进行第二次上升，交易量明显增大，由 D 到 E 成为一轮主要的上升势的开始。其后价格进行回试，由 E 至 F，但没有冲破颈线，从而形成双底。

4. 双重顶、双重底的识别特点

讲到这里，王老师说："李刚，把双重顶、双重底的识别特点读一下。"

李刚大声念了起来：双重顶、双重底的**识别特点**：

（1）双重顶的交易量倾向于在第一个峰时较多，而在第二个峰时较少。在第一个峰出现以后，价格重新上涨到先前高度附近时，明显缺乏活力，交易量较小，双重底则相反。简单概括为：**顶前多后少，底前少后多**。

（2）第一和第二两个峰之间的价格回落比顶部应该减少至少 20%。简单概括为：**峰颈差 20**。

(3) 绝大多数双重顶形成一个月以上至三个月或更长的时间间隔。时间因素比回撤的深度更关键。简单概括为：**时间更关键。**

(4) 当价格决定性地收市于双重顶的谷点之下时，并且交易量较大，则市场往往反抽突破点。简单概括为：**量大有反抽。**

"小刘往下读有效性。"王老师点小刘。

小刘认真念到：

(5) 双重顶、双重底突破的有效性：突破颈线的价位至少3%，或连续两日收市价都穿过了颈线，说明此双重顶或双重底被有效突破。

双峰或双底之间持续的时间越长、形态的高度越高，则反转的潜力就越大。

(6) 预测的目标价位：自突破点开始到与形态高度相等的距离。

"是不是感觉与前面的区别不太大，有些简单？"王老师问。仨人点头。"这就是势如破竹，数节之后，迎刃而解的效果。"然后，王老师接着往下讲道："下面再接着看一种类似于双重顶和双重底的形态。"

四、三重顶和三重底

(1) 三重顶可以看做头肩形态的变体，它的三个峰位于大致相同的价位上。

(2) 三重顶与头肩形态的主要区别。

它的顶部相当宽且顶部之间常有深而且圆滑的市场回调。交易量在第二次上涨中比第一次要少，在第三次上涨中更少，第三次上涨常常没有明显的交易量，表明买方的力量在逐渐减弱。如图9—15所示。

三重顶的中间两个低点的连线是其颈线。三重顶只有在颈线被向下突破后才能成立并起作用。

(3) 三重顶的形成过程。

这次王老师又让赵平试着解释三重顶的形成过程。

赵平说："在图9—15中，先是一轮上升趋势由A到B，这时交易量较多，然后是回调，价格由B到C点，交易量减少，随后是连续两次上升，价格接近B点附近水平，都没有创出新高。但交易量却是D峰比B峰低，F峰比D峰低，最终价格向下突破颈线，价格由F到G，反抽无效，从而形成三重顶。"

(4) 三重底形态形成过程。

王老师点点头："不错。三重底则正好相反，是三重顶的倒转，第三个低

第九讲 不变的特征——反转形态(中)

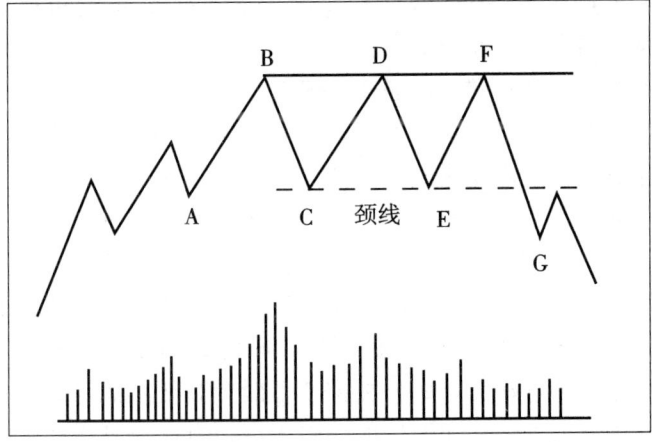

图 9—15 三重顶示意图

点交易量应较少，其后的上涨必须表现出交易量决定性的增加，使价格决定性地高过颈线，如图 9—16 所示。李刚，你按照赵平说的，解释一下三重底形态的形成过程。"

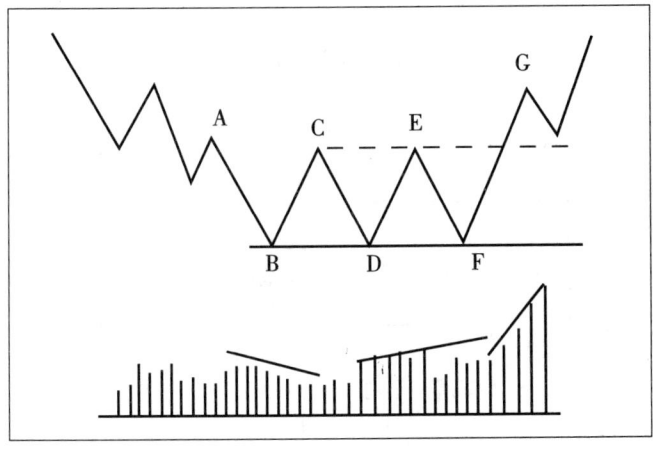

图 9—16 三重底示意图

李刚认真说道："在图 9—16 中，先是一轮下降趋势由 A 到 B 点，这时交易量较少，然后是反弹，价格由 B 到 C 点，交易量减少，然后跌至 D 点，接近 B 点附近的水平，交易量比 B 点略多。然后是再次上升，由 D 到 E 点。后来反弹达到 F 点附近，仍然没有创出新低，但交易量却是谷底 D 点比谷底

B点高，谷底F点比谷底D点高，交易量迅猛增长，最终价格向上突破颈线，回试很浅的幅度，从而形成三重底。"

（5）三重顶和三重底交易量的变化规律。

李刚讲到这里，王老师示意停下，问道："谁来总结一下顶部和底部在形态形成的过程中，交易量变化的规律？"

小刘说："我来。顶部反转形态形成的过程中，交易量一峰比一峰低，是呈下降趋势。而在底部反转形态形成时，交易量一谷比一谷高，则是呈上升趋势，这是两者的不同。相同的是突破颈线交易量比较大，而反抽时则比较少。"

"非常好，"王老师赞许道，"大家把这个规律用笔记下，这是一个高度的概括。下面的几个形态好学一些。在家复习时就是要多思考，这样才能消化知识，特别是总结很重要，课上讲的比较零散，自己总结提炼后就会成为精华。还有，在课上要多提问，一定别把问题压在心里。今天的课先讲到这里，下次课时，我们把反转形态讲完。"

李刚一站起来伸了伸胳膊，晃了晃头，冲小刘说："你还真有两下子，刚才总结得挺棒的，有水平。"

小刘说："别吹捧了，正巧我在家想了想这个规律。"

本讲纲要

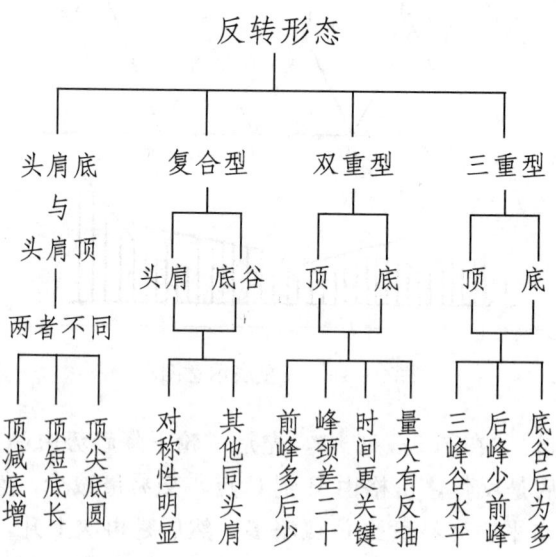

第十讲 不变的特征——反转形态（下）

新的课程应接不暇，转眼时间又过去了一周。虽然每周才上半天课，仨人还是感到学习的紧张，又感到生活充实了许多。由于是第一次学习技术分析，有的知识不是一下子就能记牢。在股市里都说买股票容易，可经过这阵子学习，赵平自己感觉买股票一点儿也不容易，看来钱真是难挣。下次上课抽时间得问问王老师这个问题。

这天的课又开始了。王老师上来就先让小刘把 V 形反转读一下。小刘大声地读了起来。

一、V 形反转

V 形反转出现时，最难判断但是却很常见，它代表着市场强烈地反转。在它发生时，几乎毫无先兆而趋势却出人意料地反转，而后价格向相反的方向剧烈运动。但其身后没有形态可循。它经常孕育在单日反转或岛形反转之

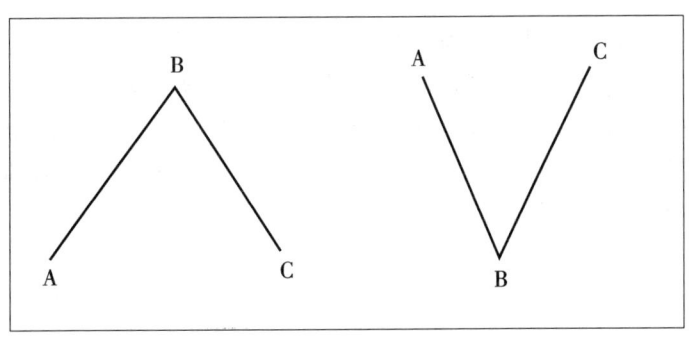

图 10-1 V 形反转示意图

中！如图10－1所示。

V形反转形成的主要条件是有陡直的趋势，其转折点以关键反转日或岛形反转为标志，同时伴有巨大的交易量。

王老师问："在图10－1中，B点位置会有巨大的交易量产生，因为这里往往是多空双方必争之地。所谓兵败如山倒，一方失败后，往往被胜方打回老家去，这就是V形的形成过程。能理解吗？"见仨人点头，跟着说道："下面看一个实例，如图10－2所示。"

图10－2　V形反转实例图

"图10－2中，先是一轮强劲的上升趋势，而后达到顶点。达到达顶点后，紧跟向下是个跳空，顶部形成一个岛形反转（即市场顶部孤立的几根K线，随后是一轮大幅下跌，我们在下一次课中会详细讲到）。最终价格跌至前面上升趋势的起点附近，至此，V形反转完成。不要忘记：在顶部是个倒V形。好，赵平来读一下圆顶和圆底。"

二、圆顶和圆底

1. 形态特征

（1）此形态代表着趋势平缓的、逐渐的、十分对称的变化。

（2）圆底形态常出现在低价股中，形成平底形状，一般需数月甚至一年以上才能完成。圆顶形态一般所需的时间较短。

（3）圆形形态持续时间越长，则未来价格运动的潜力越大。

2. 圆顶

圆顶的交易量顶端连线呈现碗状的弧形，往往与上面价格形态的反扣的碗形大致平行。如图10—3所示。

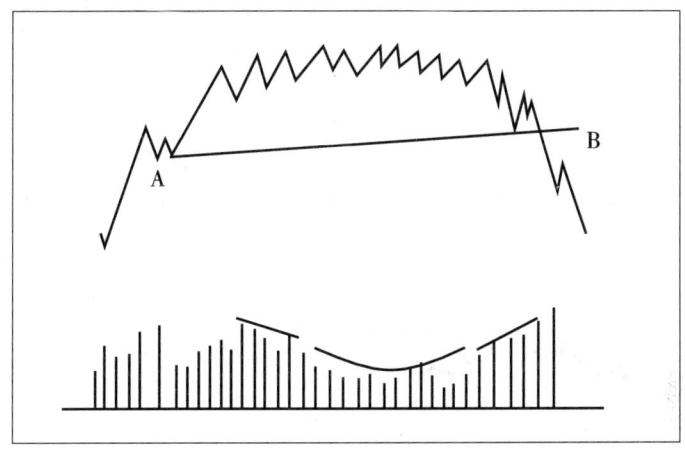

图10—3　圆顶示意图

颈线一般在碗沿附近，如图10—3中AB一线。当大规模上升之后出现了这样的形态，就更为重要，这总是意味着主要趋势的反转。

3. 圆底

圆底与圆顶大致相同，只是交易量形状与价格走势基本一致，呈逐渐放大的弧形。如图10—4所示。AB为其颈线。

王老师说："我们再来看个实例。如图10—5所示。"

"在图10—5中，我们看到价格在这个宽度内形成一个圆底，下面对应的交易量也呈同样的圆弧线，二者同步，图中A—B为圆底的颈线。价格突破颈线后交易量迅速放大。这个形态比较简单，容易理解，我就不多讲了。好，

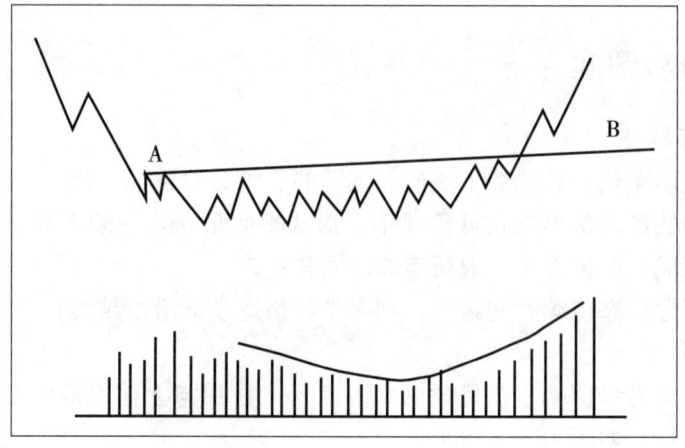

图 10—4　圆底示意图

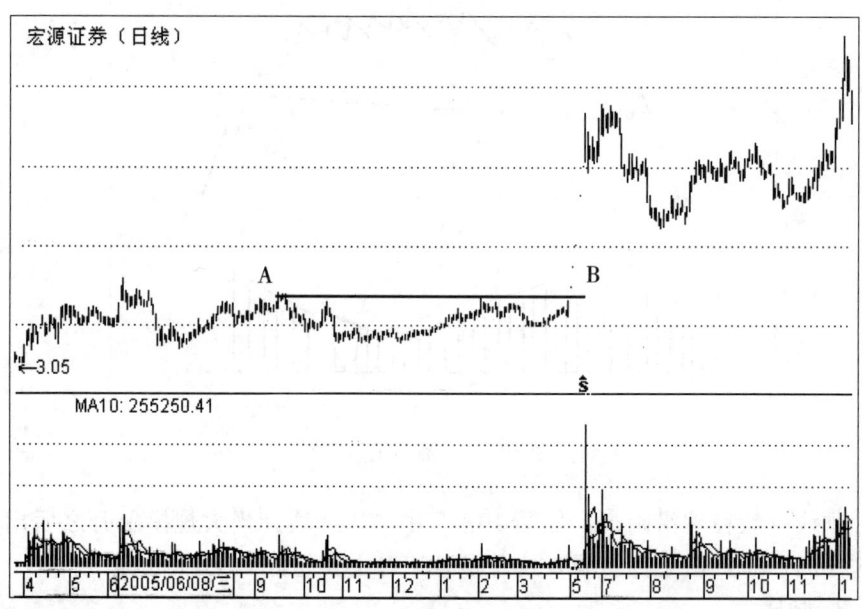

图 10—5　圆底实例图

下面李刚来读一读扩散三角形。"李刚马上读了起来。

三、扩散三角形

1. 形态特征

价格以极窄的波动开始后，价格在两条岔开的直线之间变宽扩大。此形态暗示了一个缺乏才智的人发起的失控的市场，多出现在长期牛市的末尾或最后阶段。

2. 交易量

一般保持很高且在生成过程中没有规则。

3. 形态突破

其内的价格行为提供了突破方向的提前暗示。如果即将脱离扩散区域，最后一轮反弹可能达不到前一轮反弹的高度，从而打破了形态内部顶部逐渐升高的规律，形态内最后的回撤，已不可能将价格拉到前一轮回撤的水平。

扩散三角形顶部有三个渐高的峰，且峰之间有两个底，第二个底比第一个底要低，一旦从第三个峰的回撤将价格带至低于第二个底时，它就要起着重要的反转暗示作用。如图10－6所示。

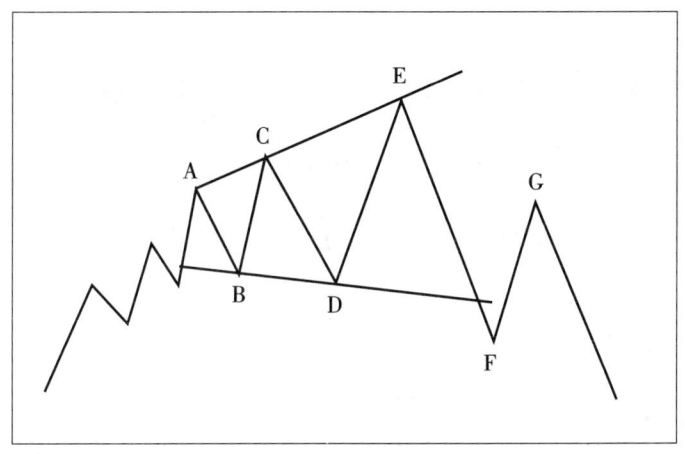

图10－6　扩散三角形示意图

王老师解释道："扩散三角形如同一个反三角形，随着时间延长，越来越宽。在图10－6中，A、C、E是三个渐高的峰。B、D是两个底，D低于B。第三个峰F的回撤将价格带至低于第二底后，重要的反转即将形成。能理解吗？大家还愿意看实例吗？"见仁人又点头，便说："那我们来看一个扩散三角形的实例：如图 10—7 所示。

"图中 AB 一线是上边线，有三个依次上升的峰，CD 一线有三个价格大致一致的谷，这是底边线，二者构成了扩散三角形。最后第三个峰之后的下跌到 CD 一线后向上的反弹力度很弱（到 F 点就止住了），价格很快就向下突破了底边线 CD，反转形态完成。

图 10—7 扩散三角形实例

"这个形态我们不多讲了，小刘你来读一下楔形形态吧。"

四、楔形形态

1. 形态特征

价格波动被相交的两条直线所限定。上升楔形的两条边线都从左向右上倾，但由于两线相交，下方线必须比上方线要陡峭。下降楔形中，情形正好相反。

（1）上升楔形是投资兴趣衰竭的表现，价格虽然上升，但每个新的上升波动比上一个波动要弱，最后需求失败，趋势反转。它代表了逐渐变弱的形势。如图 10—8 所示。

（2）上升楔形的形成：在前面已存的上升趋势中发展成一种顶部变细的

第十讲 不变的特征——反转形态(下)

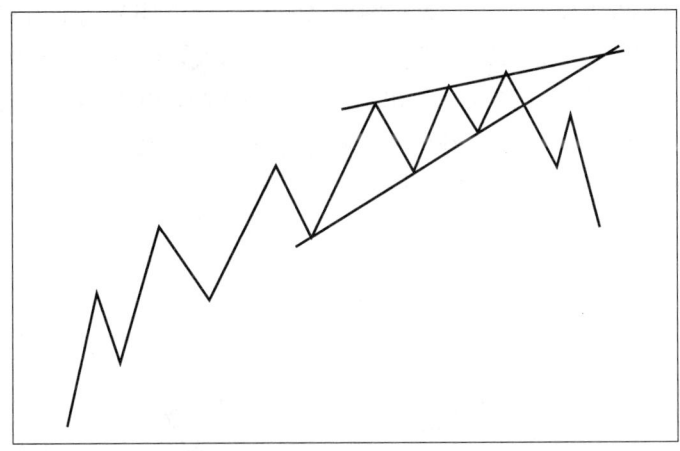

图 10－8　上升楔形示意图

形态，或者在前一轮下跌趋势的正底部开始形成。它通常需要 3 周多时间完成。价格总是波动于楔形中从底部至顶点至少 2/3 的区域。

王老师叫小刘停下，然后说道："我们看上证指数的周线图，2001 年 6 是一个重要的转折高点，也是当时沪指的历史高点。我们往前从 1999 年开始

图 10－9　上升楔形实例图

看，1999年到2001年6月份，周线图中就走出了一个明显的上升楔形，如图10－9所示。图中由 AB 一线构成上升楔形的上边线，CD 一线则构成下边线。在上升过程中，指数向上不断地创出新高，但突破幅度越来越少，交易量随着指数上升不断地减少，最终指数向下突破下边线，反转成功，形成下降趋势。

（3）下降楔形的形成：同上升楔形。如图10－10所示。

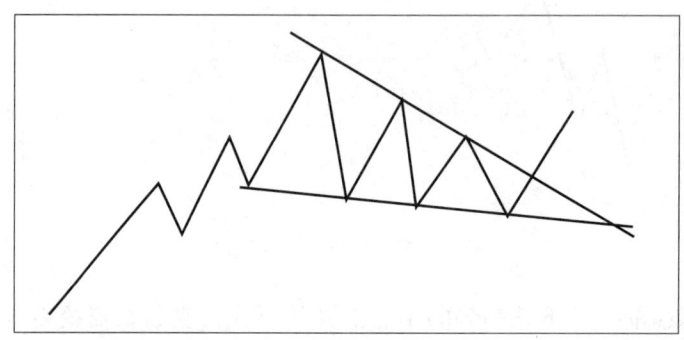

图10－10　下降楔形示意图

"下降楔形一般预示着向上突破，它经常作为底部反转形态的一部分出现，或者作为上升过程中的持续形态出现。总之，楔形是比较特殊的一种形态，在有些书中将其归纳为持续形态，我采用的是反转形态的观点。楔形至此讲完，谁有疑问？"

五、碟形

小刘提问道："我在有的书中看到过'碟形环绕'一词，不能理解。您能给讲讲吗？"

"很好，能提出问题，说明又进一步。"王老师肯定小刘，然后接着讲道："我先说一下什么是**碟形**，碟形是多个圆形连续在图中的不同位置的出现，一般为中继形态。往往是几个碟形连续出现，且价格运动越来越小。由于是多个碟形连续出现，像是一种声波的围绕感觉，有的书中才有了这个'碟形环绕'的讲法。"

李刚说："您能举个例子吗？"

王老师说："图10－5中是圆底举例，其实这个圆底不止一个，已经是双圆底，因此可认为构成碟形。我把它移到这里，如图10－11所示。

第十讲 不变的特征——反转形态(下) 133

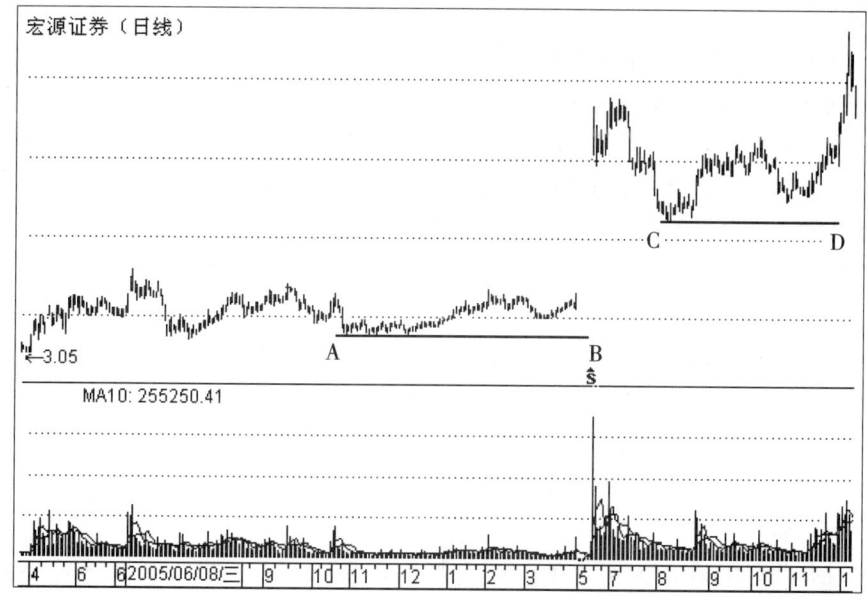

图 10—11 碟形实例图

"图中 AB 线上是两个圆底，合在一起构成碟形。待价格上升一段之后，马上又出现了一个双圆底形态，即 CD 线上，在此纯属中继，构成碟形。大家切记，碟形必须连续出现两个以上才能形成。反之，圆顶也是如此，只不过是向下扣着而已。虽不常见，但别成为书到用时方恨少。"

六、交易原则——买入凭耐心，卖出凭勇气

这时，赵平想起自己要提的问题，见王老师不是很累，说："王老师，我原以为买股票挺容易的，可学了这几个反转形态后，感到挺不简单的，这是为什么？您帮着分析分析！"

王老师没有直接回答，却问小刘："小刘，你现在认为是买股票容易还是卖容易？"

"当然是买容易。"小刘答道。

王老师说："对，不但是你们这样认为，很多股民都有这种想法。你在股市中经常会听到这种说法：我会买，但不会卖。"

小刘问："您说这是为什么？我有这种感觉已很长时间了。"

王老师笑了："买比卖容易，我们换个说法就清楚了。是挣钱难还是花

钱难?"

赵平接道:"当然是挣钱难。钱难挣,屎难吃。"

"这就对了,卖好比是挣钱,而买像是花钱,当然是买容易。我们学了这么半天反转形态,学的到底是什么?学的是耐心,学的是等待。学的是要有耐心去等待。等待什么?等待时机!买入凭耐心,就是这个道理。**机会是给有准备的人准备的**!但是我们在股市中经常看到没有耐心,甚至失去理性的人,草率决定,轻易入市。"赵平心想自己买股票时的行为不就是这样吗。

"我们再来看花钱就真的容易吗?也不容易!现在社会上有多少花钱买当上的。买容易卖难,这个观点对吗,你们说?"仨人都不敢回答,怕答错了。"不对!在股市中,在我看来买远比卖难!因为买是第一位的,先买后卖。买不容易,就在于买对很难。只有买得对,才能卖得好。试想,如果在2000点入市,到了5500多点,请问赵平,你会不会卖?"

赵平脱口答道:"闭着眼都会。"

"但是在6000点入市,你怎么卖都不容易。这时只有一条,缴枪不杀!所以说自己会买不会卖,只是自我安慰罢了。许多人根本不会买,更不要说卖了。"

"如此看来,赔就赔在买上了。"小刘感慨地说。

"我们再来看卖。卖也不容易,那么多人都赔在卖上。没买好这是前提,卖的时候又犹豫不决,一亏再亏,企盼着大盘好转,股价上升,多少年都在企盼中渡过。如此看来卖也不易,只是和买相比才是容易的。卖出需要勇气。而在卖这个问题上,勇气往往没有了。再来看看一般人的交易行为是什么样的:买入非常有勇气,胆子非常大,在哪都敢买,就好像是敢死队员。而卖出时极其有耐心:盈利后不愿意平仓,怕价格再涨,自己挣的少,不知道落袋为安的道理。亏了又舍不得止损,怕自己有损失,没有英雄断指的精神。总之,正好把两种交易心理弄反了。"

"买入凭耐心,卖出凭勇气。这真是一条重要的交易规则。"小刘说。

赵平说:"舍得舍得,只有舍才能得,这个道理平时都明白,一到自己这儿就糊涂。"

李刚说:"舍得舍得,其实是愿意别人舍,自己得!"

小刘说:"这舍得也有几个档次,一是舍不得;二是不舍,得;三是舍而得;四是舍,不得。能达到这第四种境界的人就少之又少了。"

王老师道:"小刘这四条有点儿水平,能做到这第三种就不错了。岳飞云:兵家之事,在乎一心。以后是舍是得,全凭你们自己一念之间。好,再看下一个比较简单的形态。"

七、休眠底部

1. 形态特征

它是圆形的变异，延伸圆底而形成，极具特征地表现在小盘股中，在数周，有时数月当中，交易量极少，处于休眠状态。然后，价格一步步地上升，直到最终形成一轮连续上升的趋势。

2. 技术意义

这是一种重要的建仓形态。遇到这样的形态，交易者必须要有耐心。因为当你入市之后价格不一定马上开始上升，而是需要等待一段时间。这种心理可以叫等轿子。人们交易行为一般可分为三种：坐轿子、等轿子、抬轿子。还有一种是追轿子，这是最可怕的，因为往往会追到陷阱里。我更愿意等轿子，这样比较稳，入市价格低一些，更容易被人抬轿子，而且不容易被震出来。难点是必须要有耐心，因为价格上升启动需要时间。这就好比坐公交车，在终点往往是空车，上车还可以找好座位，人多的我不坐，可以等下一趟。而中途乘车就没有这些优点。我们看下面例子：如图10—12所示。

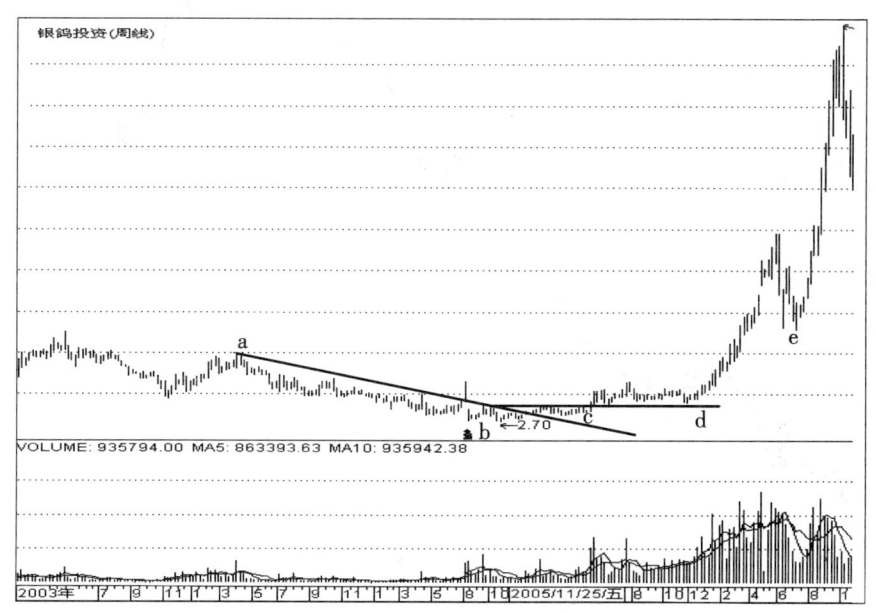

图10—12　休眠底部实例图

在图 10—12 中是个休眠底部，如果于 c 点入市，要到 d 点价格才开始上升，如果 b 点入市等待时间还需扩大一倍，在这两点附近入市属于等轿子。而 e 点入市马上会有一轮强劲上升，在这点附近入市属于坐轿子。但是，e 点入市后，价格震荡激烈，可能就会被震出来，意志不坚定不行。所以，你的性格也会直接影响到你交易的风格与成绩，我会用点时间帮助大家充分认清自己性格的特质，以利于交易。

好，最后我们来学两个简单的反转形式作为反转形态这部分内容的补充。

八、反转日

1. 单日反转

这是一种特别的图形，如：顶部反转日，底部反转日。

（1）顶部反转日：在上升趋势中，某日的价格达到了新的高位，但当天**收盘**价格却低于前一天的收盘价，这是顶部反转。举个实例，如图 10—13 所示。图中的价格仅在顶部停留一天，便开始下跌。

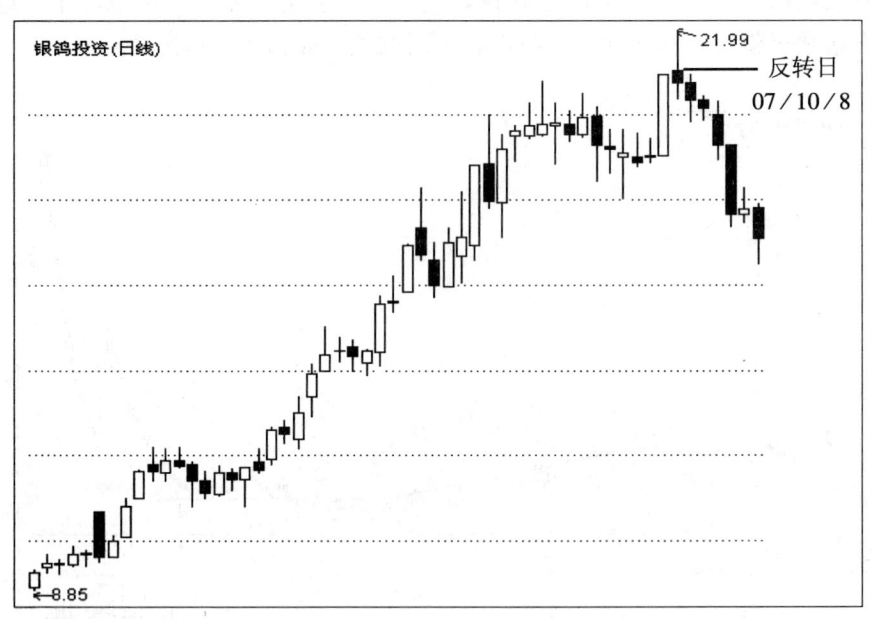

图 10—13 顶部反转日实例图

（2）底部反转日：在下降趋势中，某日的价格达到了新的低位，但当天收盘价格却高于前一天的收盘价。大家回去可以找找实例。

2. 双日反转

反转需要两天完成的叫双日反转。

在上升趋势中,前一天的价格走出新高,且收盘价接近当天的高点,次日,价格开盘于前一天的收盘价附近,但无力持续上升,而收盘价跌至前一天的低点。下降趋势中反之。如图10—14所示。

图10—14 双日反转实例图

大家注意,反转日的价格变化范围越大,交易量越大,则反转的分量就越重。

王老师问小刘:"你没感觉这与K线的图形有相似之处?"小刘说自己的K线学得不好。而赵平、李刚基本不太懂K线。

王老师说:"K线中有的反转信号与这个单日反转、双日反转很相似,等到学K线时再说。谁来总结一下今天学习的内容?李刚,怎么样?"

李刚说:"我来试试看:①多重头肩形态,一般会有两个大致相等的左肩和右肩,也有两个头的。②双顶双底,顾名思义,它们有两个头或底,成交量则顶底相反。③休眠底部、单双日反转。④碟形。⑤三重顶和底,与双顶双底雷同,只是多一次反复。"

待李刚说完后，王老师说："为什么会反复？历史会重演，**太阳底下没有新的事物。**反转形态还是比较好学，用时难度不小。好，今天学的多了些，并且零碎，总结不容易。前面小刘做的成交量的概括也很重要，再有就是'买入凭耐心，卖出凭勇气'这个交易理念，一定要记牢。还有一点，就是入市时，你先想一想自己这个行为是等轿子还是坐轿子？或是追轿子？

"至此，我们已经把西方技术分析中的反转形态学习完毕。在这其中，头肩形态最为重要，其次为双重顶形态、三重顶形态、圆底等。在实际图表中，虽然这些形态会往常出现，但往往存在很大的变化，与所讲解的有许多不同。要想充分掌握这部分知识一定要多下功夫，在电脑中认真分析图表，大量实践，锻炼自己识别能力。我们在以后的综合训练中会有大量的练习，不过，这仍不能代替你自己的学习。要把读图作为一种常态，养成习惯。今天就到这儿。"

本讲纲要

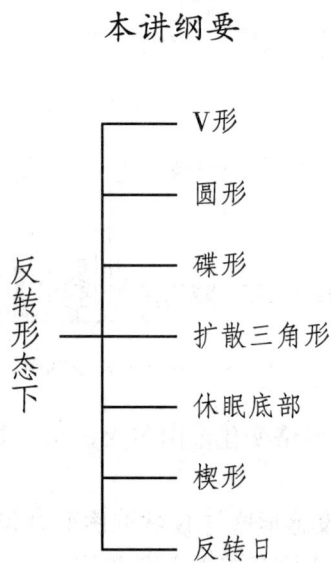

第十一讲 市场暂时的平衡——持续形态

反转形态学完了，赵平仨人松了一口气。算算也上了十几次课，知识学了一大堆，赵平心急，快点学好吧，我也想真刀真枪地练练，奠定一下决心。王老师说要给大家做一个测验，不知是怎么个考法。多准备准备，回答不上来挺没面子的。小刘自己感觉没白花时间，过去的许多疑问王老师都给解释清楚了。特别是貌似真理实是误人的话，还有似是而非的观念都被澄清。自己增加了判别对错的能力，再回到股市，肯定有了抵抗力。倒是李刚，白天忙着公司事务，晚上还得抽时间复习，对所学的知识还没顾得上细细体会。

王老师说现阶段主要任务就是记牢学的知识，自己先做到这点再说，看来自己离真正交易的要求还相差很远。

这次开课，王老师直接问道："李刚你能把我们学的反转形态一一说出名称吗？"

李刚说："我试试看。首先学了头肩顶形态，然后是它的反向头肩底，复合头肩形。然后，是双顶、双底，还有圆顶、圆底，以及楔形。"王老师示意李刚停下，并让赵平补充。

赵平说："还有三重顶（底），扩散三角形。"

"小刘你给完善。"王老师说。

小刘说："单日反转、双日反转、休眠底部。还另学了一个碟形。"

王老师说："好，基本上你们仨人把反转形态的名称都说了出来。学习也要一步步来，前几次东西多点儿，能把名称记全就不容易。记住所学也要逐步进行。"

在复习完反转形态后，王老师向仨人一笑，问道："你们有什么问题吗？"

"老师，"赵平问道，"我们学了这么多反转形态，但是有了反转形态趋势就一定反转吗？"

王老师说:"那不一定,更主要的是看这个反转形态能不能确立。你比如说,突破颈线的幅度够不够3％以上?它的反抽是否成立?反抽成立就一定转势吗等等。这些问题都是我们应当思考的。凡事多提出疑问,多提出一个可能吗,这样我们就可以尽可能少地犯错误。毕竟我们是在真金白银地买卖,血汗钱来的也不容易。"

小刘说:"王老师,您说那么多人在赔钱,钱都让谁赚了呢?"

"我们只能说是市场赚走了。其实,这样的问题我们完全没有必要去想它。因为首先对手是谁你就不知道,何必自寻烦恼。"

李刚说:"王老师,那您说为什么有了反转形态趋势不一定就反转呢?这里有没有什么道理可言?"

王老师说:"10年前我对这个问题也百思不得其解,因为正在讲课,有人也提出过类似的问题。当时,我还没能从理论上回答这个问题,看了很多专业书籍,都没有这方面的明确回答。后来翻看书籍,无意中拿出了过去学过的《逻辑学》,我想,反转形态应当与逻辑关系一样,一定会有规律可循。你们应当学过《逻辑学》,真假关系,包含关系、并列关系等都不足以回答'有了反转形态为什么不反转'的问题。我们常说,做事要符合规律,要符合逻辑。那么你们说,符合逻辑的就一定对吗?"仨人摇头。

王老师说:"逻辑学上有个原则:**符合逻辑的不一定对,违反逻辑的肯定是错**。看到这句话,使我豁然开朗。我们学习的各种形态、技术分析的知识,不是都在试图寻找趋势反转的规律吗?历史会重演,不就是说,形态的确立是有规律、有逻辑可循的吗?既然反转形态的出现是符合逻辑的,那么它首先要符合逻辑的原则。符合逻辑的不一定对,违反逻辑的肯定是错。这本身就是一个逻辑原则。我们把它套用到反转形态这里:**有了反转形态不一定对,没有反转形态一定是错,这是一个交易原则。**"

小刘深有体会,"您的这种解释真给我解决了一大难题,这句话,真说到点子上了。这也正是许多书中没有的精华。"

"这个原则告诉我们什么,是比这句话本身还重要的东西。李刚,你说说看它对我们交易股票有什么指导意义。"

"只有有了反转形态再入市。"李刚说。

小刘说:"在熊市进行很长时间后,反转形态,也就是我们学的各种底部形态出现是我们的最低入市要求,在没有反转形态时还是要看空,不能着急,我们可以把它引申为:**在底部有了反转形态不一定买入,没有反转形态坚决不去买入。**在牛市进行了很长时间后,如果出现反转形态,要果断地撤出,然后再观察市场的变化。"

王老师乐了:"对,这又是一条重要的交易规则。大家想想,这句话在学习知识的过程中许多地方都可以套用,可以引申出许多警语。比如:'**有了交易量价格不一定涨,没有交易量价格肯定不会涨。**''**破了阻力价格不一定上涨,不破阻力价格肯定不会上涨。**'"

李刚说:"**跌破支撑价格不一定下降,没跌破支撑价格肯定不会下降。**"

王老师说:"说得很好。随着学习的深入,知识面的扩大,大家要多动脑筋,去认真思考,多总结这方面的警句、格言,对交易会有很大帮助。"王老师接着往下讲道,"书归正传,今天我们主要要学习持续形态。

"**持续形态**是图表中的价格横向运动的形态,表示当前趋势暂时休息,而后价格运动仍将与前一趋势的运动方向一致。持续形态通常时间较短,在大多数情况下,属于中等趋势以下的形态。"

一、三角形及其特征

1. 三角形

是由上下两条逐渐合拢的趋势线构成,并于右侧相交。**左侧的宽口垂直距离表示形态的高度,称为底边;右侧相交点称为顶点。**如图 11-1 所示。

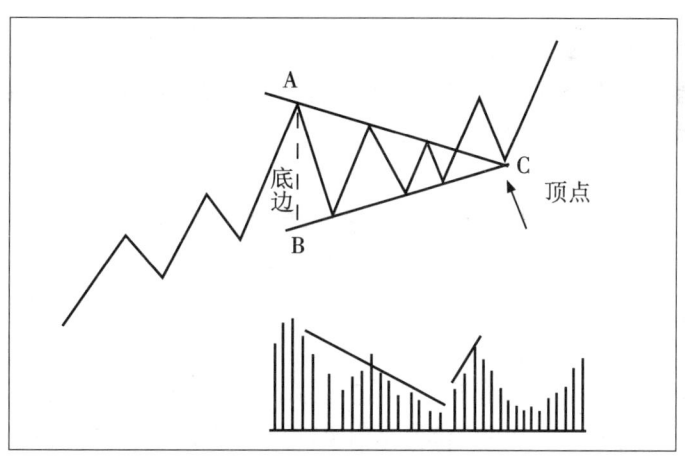

图 11-1　三角形示意图

在图 11-1 中,三角形由 AC、BC 两条趋势线于右侧相交组成,其中,AB 为底边,C 为顶点。

2. 共同特征

(1) 一般要求形态中至少有四个转折点。因为，两点才能连成一线，要形成两条线趋势，市场价格在一根趋势线上至少必须有两次转折。如图 11-2 所示。

图中 A、C、E 是三角形中价格到达上面趋势线处的转折点。B、D、F 价格到达下面趋势线处的转折点。

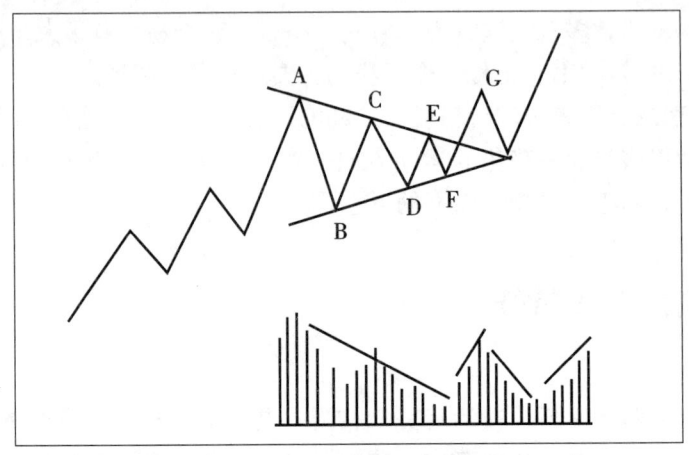

图 11-2 三角形转折点示意图

(2) 形态的完成具有时间极限，这就是顶点。一般而言，价格应在三角形横向宽度的一半至 3/4 之间的某个位置上向原趋势方向突破。横向宽度是底边到顶点的距离。如图 11-3 所示。

横向宽度是三角形中 BD 的距离。

突破的有效性是以收市价穿越某条趋势线为原则。 图 11-3 中，价格于三角形横向宽度 BD 约 3/4 处，E 点向上穿越趋势线。

(3) 趋势线被穿越而形态的完成时，交易量明显增大，在随后的反抽中则较轻。如图 11-2 所示。

图中趋势线被穿越是由 F 到 G 完成的，交易量明显增大。

(4) 价格测算，预测的价位值是由突破点测量出与底边的高度相同的距离。

从开始形态的第一个反弹顶部（形态左上角）A 点出发，做一条平行于底部边界线的直线，它会向右滑，离开形态，价格可望一直上升到达这条线，且突破后价格上升的角度、速度与进入形态之前的趋势特征相同。如图 11-4 所示。

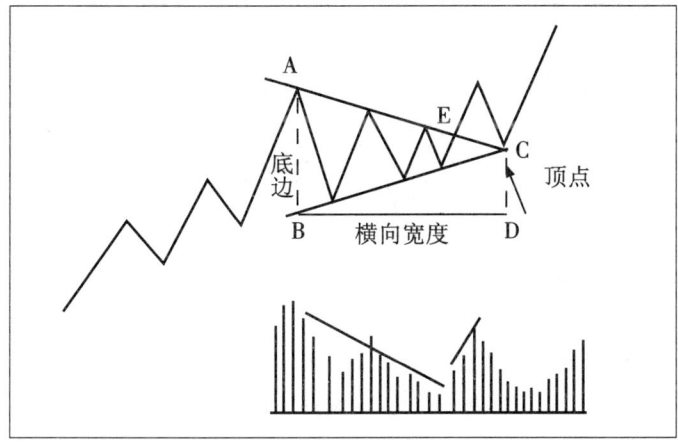

图 11－3　三角形突破示意图

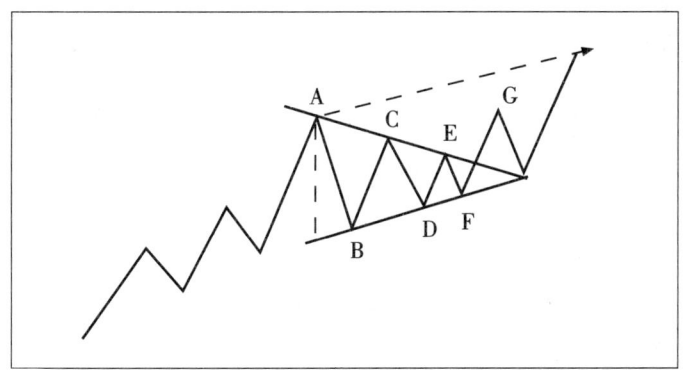

图 11－4　预测示意图

测量目标是从突破点开始向上测量底边 d 的距离。如图 11－5 所示。

另一种情况是，突破延迟到价格已挤进顶点，三角形就会失去效力，我们就不再考虑它作为持续形态出现。

（5）支撑和阻力：三角形的两条边的延长线会成为以后价格的支撑或阻力，三角形的顶点也会成为支撑或阻力。如图 11－6 和图 11－7 所示。

在图 11－6 中，三角形的边线 BD 的延长线成为了由 G 点下跌的支撑。
在图 11－7 中，三角形顶点 O 成为了形态突破后由 G 点下跌的支撑。

以上是三角形的五点共同特征，如果按照顶点的斜倾方向，一般可以分为对称、上升和下降三种形态。

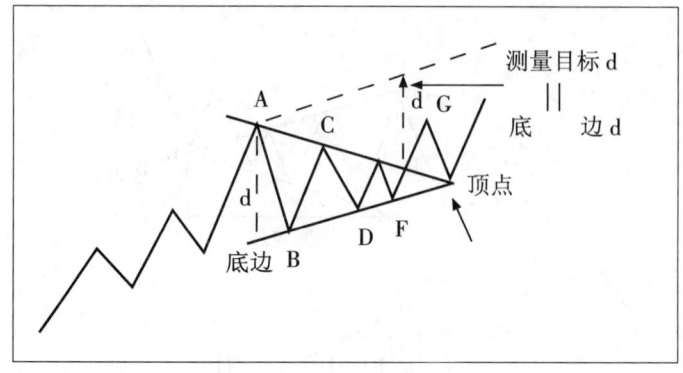

图 11—5 测量目标示意图

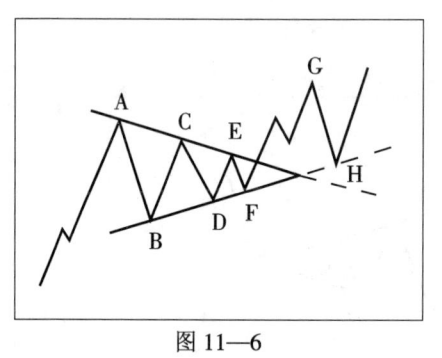   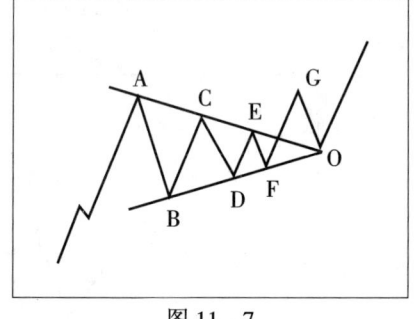

图 11—6   图 11—7

三角形构成支撑、阻力示意图

二、对称三角形

1. 形态特征

由一轮价格波动组成，每一个波动比前者要小，每个细小顶部都不能达到前一反弹的高度，而且每一细小回撤都停在前一底部的上方。结果成为一种横向价格区域交易范围，它的顶部可用下倾边界线较精确地界定，它的底部则用一条上倾线来界定。

2. 交易量特征

在对称三角形价格收缩过程中，交易量呈收缩状态，靠近顶点时，交易量减至极低，然后价格伴随交易量显著陡增而突破三角形，以一种强烈的方式迅猛跳离开，这种运动倾向于与该形态形成前的上升或下跌运动力度相近。

交易量在向上突破时比向下突破时更重要。如图11—8。

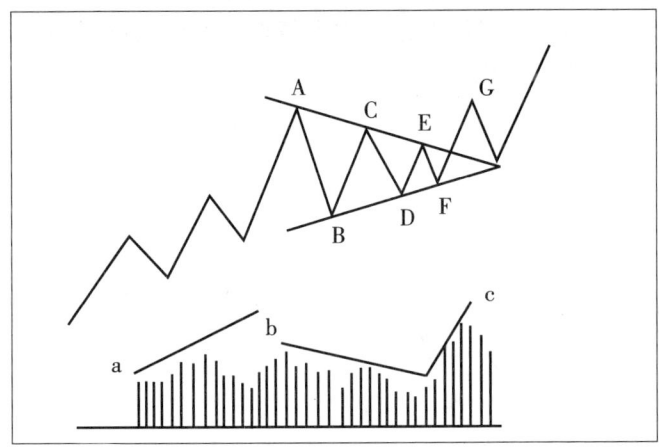

图11—8　对称三角形交易量示意图

在图11—8中，对称三角形形成前交易量略呈上升，但其形成后交易量反为下降。随后被FG向上突破形成上升，此时的交易量猛增。

3. 运动方向

对称三角形在大部分情况下是作为持续形态出现的，但有时也会出现在牛市的顶部，因此作为保守的交易来说，必须要有耐心看到价格向哪个方向突破。注意：一定不要主观臆断，一定要有足够的耐心等待形态的形成和有效突破，否则就容易遭遇损失。

图11—9是对称三角形作为顶部反转形态的示意图例。

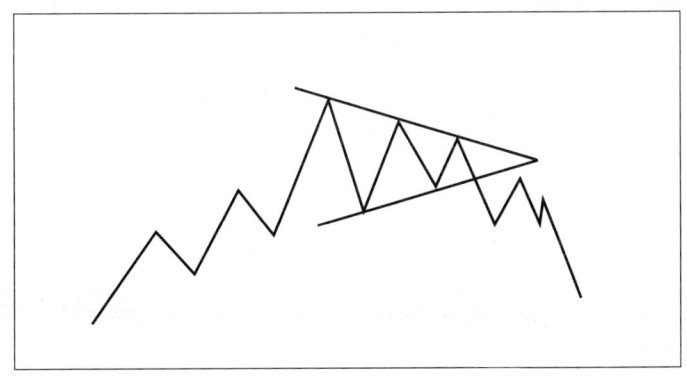

图11—9　顶部反转示意图

4. 有效突破

价格突破有效点在从底边到顶点的水平距离 1/2~3/4 处。如果价格在 3/4 处未突破三角形，而朝顶点方向越走越近，或以一种沉缓的渐弱方式移过顶点，则形态失效。如图 11—10。

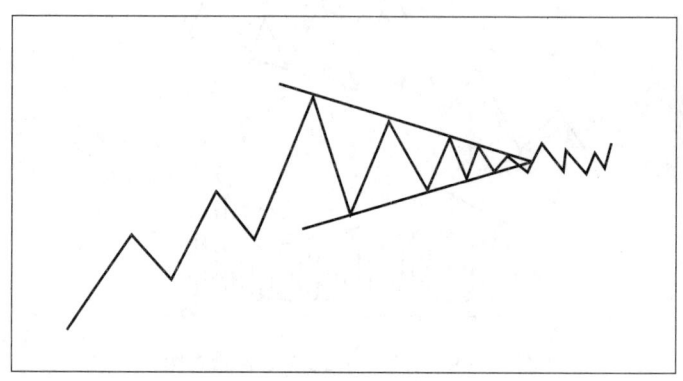

图 11—10 形态失效示意图

下面大家看个实例，如图 11—11。

图 11—11 有效突破实例图

在图 11—11 中，价格在向上突破后略有回调至 a 点，然后上升至 b 点，在上下两条趋势线的夹击下，幅度越走越窄，经过 c、d、e 三点转折后，最终于 f 点向上突破，在形成过程中，交易量呈逐渐下降趋势，而价格在向上突破后交易量急剧增大。至此，对称三角形形成。实际上，它是钱江摩托在 2005～2006 年底部形态完成之后，趋势继续上升的中继形态。由此之后，股价开始一路上扬。

注意对称三角形作为上升势中的持续形态被向上突破时，价格上冲必须要有交易量的明显增加，缺少交易量，不能认为是有效的突破。但在对称三角形被向下突破时，不需要交易量的增加来证实。我观察过很多这类的图例，虽然绝大多数情况下交易量明显上升，但在大多数股票跌破时，价格可能要比突破处低一些，这时候交易量才会达到明显的增加。讲到这里，王老师说："大家回去可以多看看实例，总结一下。

"下面看上升三角形。赵平你把下面读一下。"赵平轻松地读了起来。

三、上升三角形

形态描述：当对某只股票增长的需求遇到大量的以某个固定价格出售的抛盘时，上升三角形以最简化、最规范的形式描绘了整个过程。这类市场行为表明拥有大量股票的股东想在某价格了结头寸的一种预谋的行动。

（1）形态特征：上边趋势线保持水平，下边趋势线则上升，通常以向上突破为标志。它表明买家更加积极主动。如图 11—12。

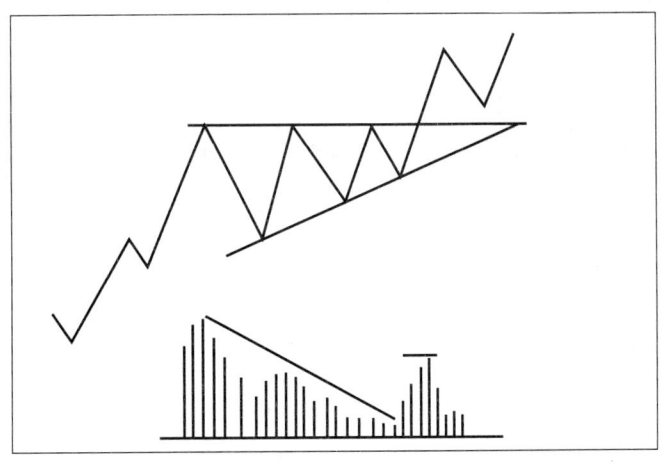

图 11—12　上升三角形示意图

(2) 交易量：在形态形成过程中交易量逐步萎缩，向上突破时伴随有明显增大的交易量。

(3) 突破后的反抽相当普遍，此时交易量较弱。

(4) 上升三角形一般作为上升过程中的持续形态出现，**预测看涨**。

王老师叫他停下，说道："下面举个实例：在图 11-13 中，先是一个上升趋势，价格升至 a 点，随后回调至 b 点，经过 c、d、e、f 点的几个波动，最终向上突破至 g 点。但这时有个假的回扑至 h 点，虽跌破支撑线，但没能跌破前面支撑 f 点，下面的交易量比较弱，也符合上升时回抽的规律。看交易量图中，由 A 点至 B 点逐渐下跌，突破时（从 f 到 g）交易量明显增大（方框中所示），g 到 h 的小回调过程中交易量减小。而后，股票开始了价升量增的阶段（由 C 点至 D 点交易量迅速增大），这个上升三角形形成。"

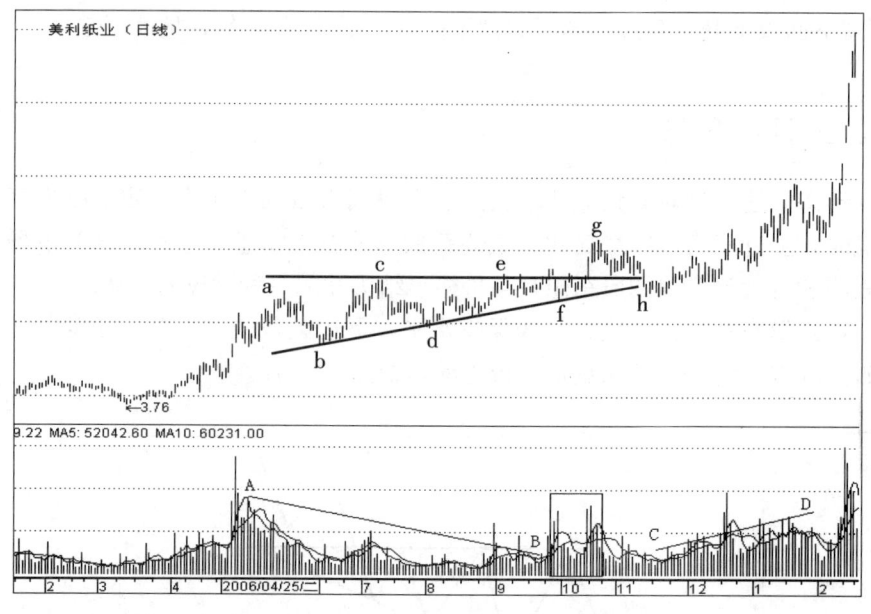

图 11-13　上升三角形实例图

四、下降三角形

"上升三角形容易理解，大家回去多找找实例。还有一种三角形和上升三角形很相似，大家看图形 11-14，这是下降三角形。

第十一讲 市场暂时的平衡——持续形态　149

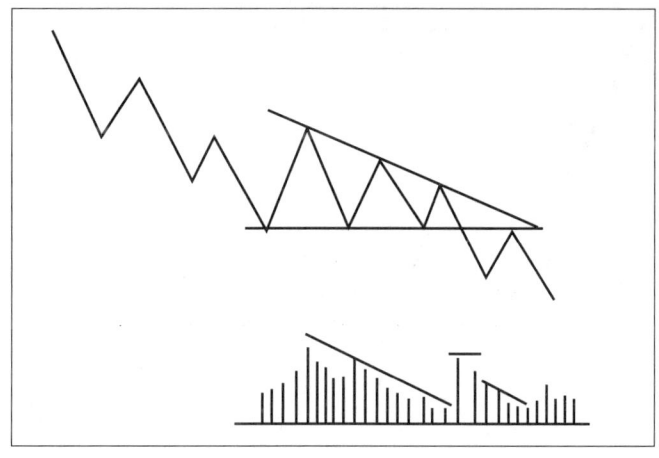

图 11—14　下降三角形示意图

"它和上升三角形正好相反，可以看作是下降趋势中的持续形态。谁来简单分析一下？"小刘走到白板前，说道："它是由一条较低价格的水平线和一条向下倾斜的直线构成，它说明卖家更加积极主动，通常以向下突破为标志。再看交易量：在形态形成过程中交易量逐步萎缩，向下突破时伴随有明显增大的交易量，但这不是必然的。"

王老师示意停下，说道："下面举例：如图 11—15。小刘你接着来讲解。"

小刘指着图形说道："在这个图中，先是一轮下跌至 a 点，然后价格回调至 b 点。随后价格的波动越来越小，经过几个转折于 f 点下跌并突破了由 a、c、e 三点构成的支撑线，到达 h 点，随后有小幅反抽（至 g 点）但力度较弱。交易量在三角形中逐渐萎缩，突破时交易量也并不大。"

在小刘讲述完后，王老师开导大家说："好，说得比较准确。让大家讲述图表，就是培养读图能力。你能把形态地准确讲出来，说明基本上已经掌握了相关知识。在实例中往往会有些变异，和示意图不同。这就更需要大家多动脑筋。这个实例与上升三角形的交易量就有些不同，前者变化明显，一看就明白。而后者就含糊一些，交易量变化不大，而这也正是上升与下降的不同。对此大家一定要思考，并且多方面验证一下。好，到休息的时间了。"

自由活动中，小刘深有体会地说："当着大家讲一遍比自己看三遍都强，什么都不能忽略，自己看也不知对是错。"李刚说："这就是教学相长，教别人一遍等于自己学好几遍。"

图 11-15 下降三角形实例图

王老师笑道："只要你们别说我偷懒就行。你们学得如何，其实自己完全可以检测，不看书，不看图是不是能把知识点都讲出来。我们学习一个形态一般会包括几个要点：形态描述，形态特征，形成过程，识别方法等，按照这些要点把一个形态复述下来，说明已经记住了，否则还需要再学。由单个形态扩展到一类形态进行复述能不能做到？由一个类别扩展到一个理论，进而扩展到一本教材。这样通过复述不断地检查自己的学习，进步会很快。还是老话说得好：招术好学，功夫难下。"

赵平说："大学时有个教授就说过，学一门课先把目录背下来，等于整个构架都存在脑子里。然后背每章纲要，随后是概念、原理。学完后按章按节能背下来就学好了。我试过，挺管用，不过就是没养成习惯。"王老师说："这就是提纲挈领，纲举目张。抓住核心，利用联想帮助记忆。"

休息过后，开始上课。王老师说道："今天后半部分的内容相对比较容易，我们先从矩形开始吧。我们看一下图 11-16，发现有什么特点？是不是像我们以前讲过的横盘势？只不过作为持续形态它的时间较短，我们来分析一下。"

五、矩形

1. 形态描述

由一系列横向价格的波动组成，这些价格波动的顶或底都可用水平线来界定。如图 11—16。

在图 11—16 中，矩形上方水平线 AB 构成阻力一线，使价格运动无法向上穿越。同时，价格多次向下运动，也被 CD 一线支撑住，而无法下跌。经过几次上冲无效后，最终向上击穿水平线 AB 构成的阻力一线，继续开始上升趋势。

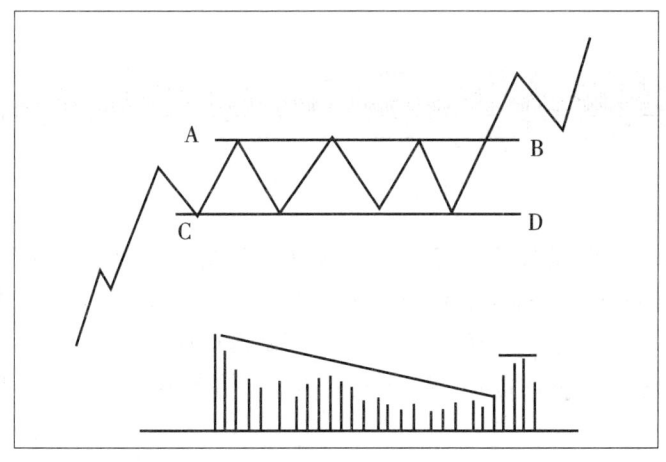

图 11—16 矩形示意图

任何相当紧凑的价格形态在供需意义上都代表着矛盾，矩形描述了多空双方势均力敌的群体之间的竞争。直到其中的一条防线被决定性地突破，这种势均力敌的局面才被打破。

2. 交易量

与三角形相同，随着矩形延伸，交易量逐渐减少。向上突破时交易量较大，向下突破时交易量有时会放大，有时没有明显的变化。如图 11—16 所示。讲到这里，王老师说："再看下面实例，如图 11—17。赵平讲一下。"

赵平讲道："在数源科技这幅日线图中，价格从 2007 年 5 月份的高点 18.54 点，下跌至 a 点 7.5 元左右，后回调至 b 点 12 块钱左右，形成一个双顶。价格之后几次上冲至 d、f 两点没有突破 12 块钱的阻力位。向下跌了两

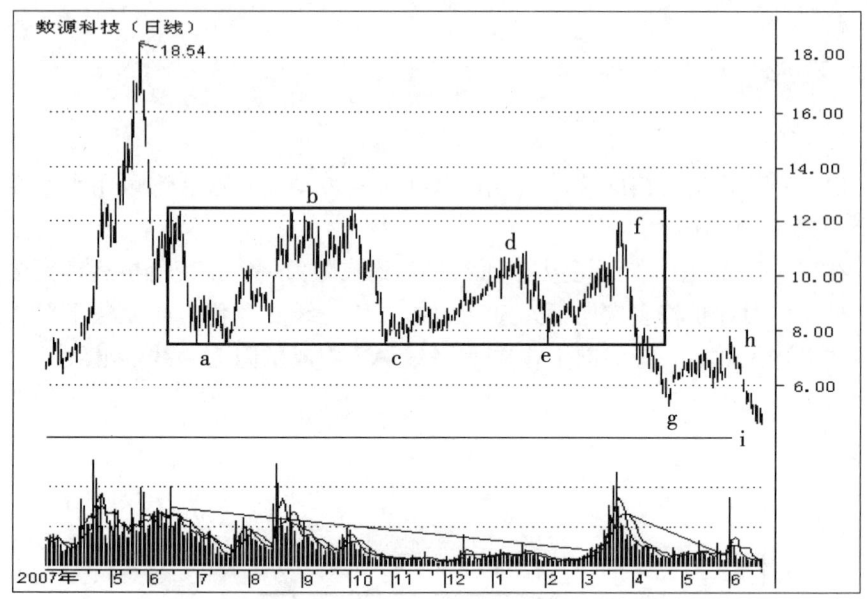

图 11—17 矩形实例图

次至 c、e 点，也没能跌破前谷 a 点 7.5 元的下边线，这时候矩形形成。最后，价格由 f 点向下跌破下边线至 g 点，然后反扑至 h 点没有成功，继续下降。交易量于 a 点对应处开始呈下降，直到矩形形成。"

王老师说道："描述很好，矩形比较简单，好理解。下面看旗形。"

六、旗形

1. 上升旗形

（1）形成过程：通常形成于一个产生近乎垂直或相当陡峭的价格快速而且大规模的上涨趋势后。在旗形中，每次前进和后退需要三到四天的时间，很少需要更多的天数。其形态越宽，完成形态中每次的波动所需的时间越长。如图 11—18。

在图 11—18 中，先是一轮强劲的上升趋势，价格由 A 上升到 B。随后，形成了一个下飘旗的形状进行价格整理。在价格向上突破后，继续会有一轮大规模的上升趋势，图中由 C 到 D。

（2）交易量的变化：价格由 A 上升到 B 时交易量很快增加，之后在形态的整理过程中，交易量呈下降趋势。随着整理的完成，价格向上突破旗形，

第十一讲 市场暂时的平衡——持续形态 153

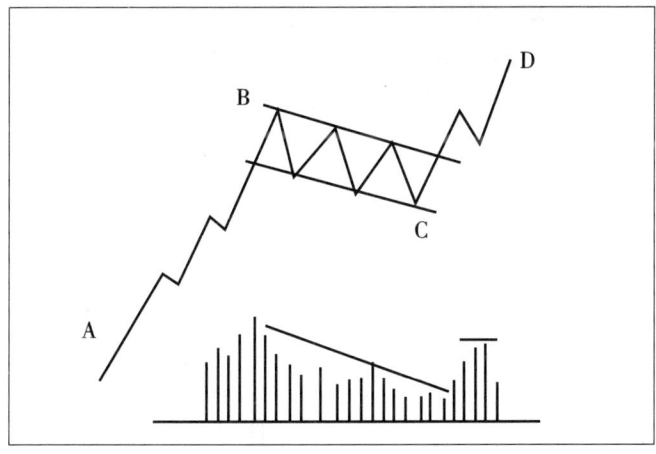

图 11-18 上升旗形示意图

交易量又随着价格的快速上涨迅速放大。这点和三角形的交易量变化很相似。

（3）测量规则：如图 11-19，从趋势的突破点 A 到 B 点的距离，是"旗杆"的长度 d，我们从旗形完成后的突破点向上测量同样的 d 的距离（C 到 D），就是向上的测量目标。当然这个测量只是一个大概，不能像数学中的那么精确，多点少点都是正常的，同时还要参考其他的技术工具综合分析。

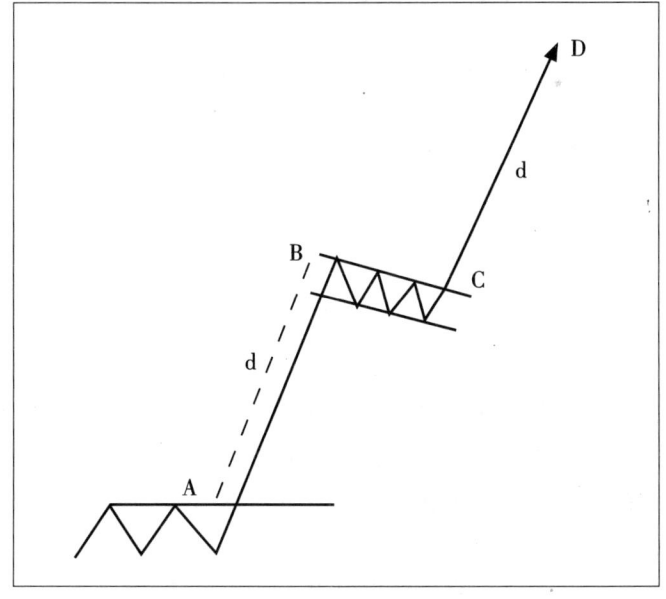

图 11-19 测量规则示意图

我们来看一个实例，如图11—20。在本图方框中，是个上升旗形。先有一轮强劲上升趋势，交易量明显增大。随后市场举步缓慢，逐渐形成一个不大的旗形，交易量减少。待旗形形成以后，交易量再次迅速增大，把价格不断推向新高，并且价格超过了测量目标。

图11—20 上升旗形实例图

这样的形态在价格暴涨的股票中经常见到，是一种强势特征。旗形还有一种变体——三角旗形，很容易理解。王老师让赵平读一下三角旗形。赵平读了起来。

2. 三角旗形

（1）形态特征：

①必须发生在一轮"直线"运动之后。

②在形态形成过程中交易量显著持续性减少，并继续减少直至价格突破。

③价格需在四周内脱离旗形（在预期的方向）。

（2）形态描述：以收敛的边线定界，是一种小而紧凑的斜三角形。通常在迅速上涨或下跌之后形成，且在形成期间交易量显著减少。与旗形相比，其小波动要少些，它的形态价格区域非常短而"坚固"，呈水平或倾斜，方向与之前趋势大致相同。如图11—21。

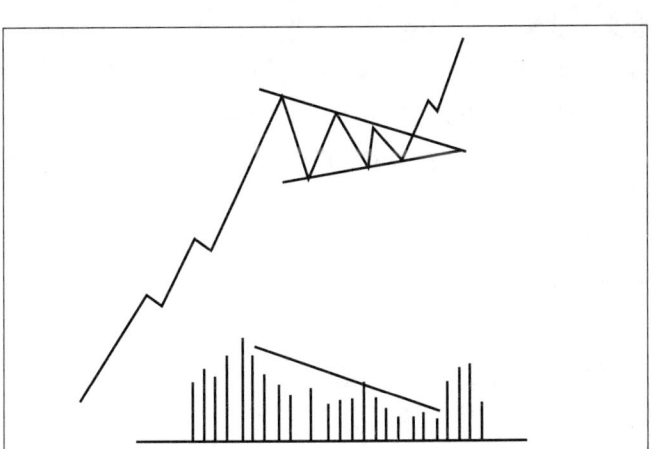

图 11-21 三角旗形示意图

（3）突破特征：以渐进方式，交易量逐渐增加而不是在突破时突然暴发。

（4）测量规则：同旗形。

"好，先读到这里。"王老师说，"下面我们看个实例图。如图 11-22 所示。谁来给大家分析一下。"

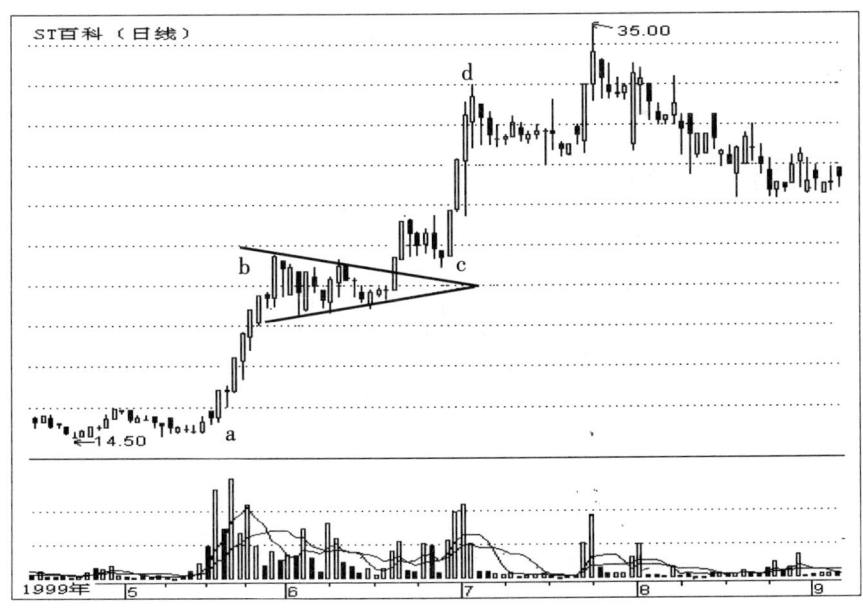

图 11-22 三角旗形实例图

李刚说我来，走到投影前说："在本图中，价格于 a 点开始上升，交易量明显增大。到 b 点后开始有个小幅调整，形成三角旗形，用了大概 14 天的时间，交易量由多变少。形态被突破后，价格再次迅速上涨，至 d 点，交易量也明显增加。从测量目标上看，由突破点 c 点至 d 点，与 a 至 b 点的价格幅度大至相等。"

"很好，讲得很全面。"王老师高兴地说，"到这里持续形态我们就全部讲完了，它们有很多的共性，大家把共性和个性认真总结一下，这算是一个作业。

"最后一部分内容是跳空，有的书上叫缺口。它是独立的一种理论，但内容较少，我们把它放在这里一起学习。"

七、跳空的方式与作用

（1）价格跳空是指在图表上两图之间发生的没有交易的区域。在有的书中，**把跳空又叫作缺口**。

我们看图 11－23：在上升趋势中，第二日的最低价高于前一日的最高价，从而在图表上留下一段当日价格没有覆盖的区间。

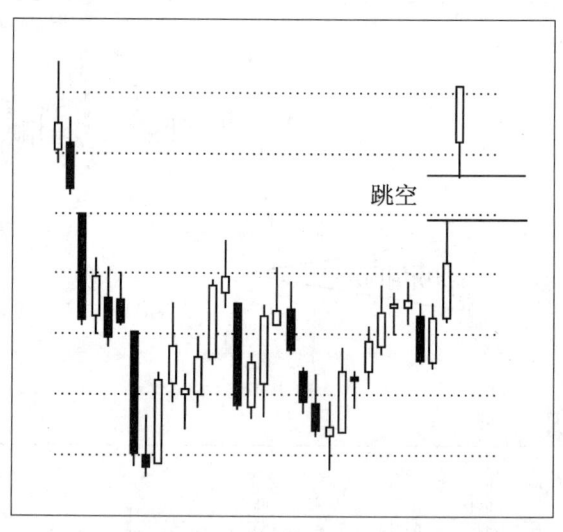

图 11－23　向上跳空实例图

在下降趋势中，如图 11－24。

第十一讲 市场暂时的平衡——持续形态

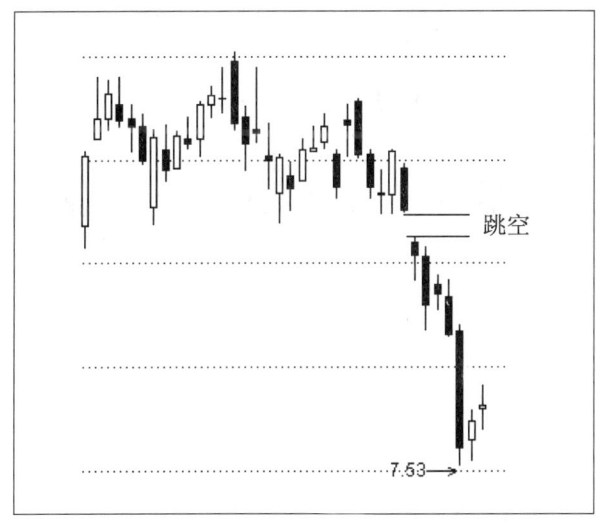

图 11-24 向下跳空实例图

(2) 跳空类型：跳空因其类型及出现的场合不同，具有不同的预测意义。一般地讲，跳空有四种类型：

①普通跳空。它预测性最低，通常发生在很小的交易量的情况下，因为它往往发生在不重要位置。如图 11-25，图中的跳空 1、2、3 都是发生在价格区间中间，没有构成实质上的区域性的突破，并没引发价格的剧烈运动，所以意义不大。

②突破性跳空。突破性跳空发生在重要的价格运动完成之后，即反转形态形成之后，或新的重要运动之前，并且通常是在较大的交易量中形成的。突破性跳空的突破很重要，一般而言，它往往突破形态的颈线、较强的支撑阻力、重要的趋势线等。

如图 11-26 中的跳空 1。这个跳空突破的就是反转形态双底的颈线，并引发价格再一次发生跳空，价格在跳空之后开始了大幅上涨，交易量迅速放大，预示着趋势未来的强度。所以这类跳空非常重要。

③中继跳空。当新的价格运动发生一段之后，大约在整个的运动中间，价格将再度跳空，或一系列跳空。图 11-26 中，跳空 2 就是中继跳空。由于此类跳空经常发生在整个价格运动的中间或者是突破跳空之后，具有一定预测价位的价用，所以又叫测量性跳空。

在图 11-26 中价格以突破性跳空（跳空 1）的形式突破了反转形态双底的颈线，随后价格上升。紧接着价格又以中继跳空的方式（跳空 2）继续上

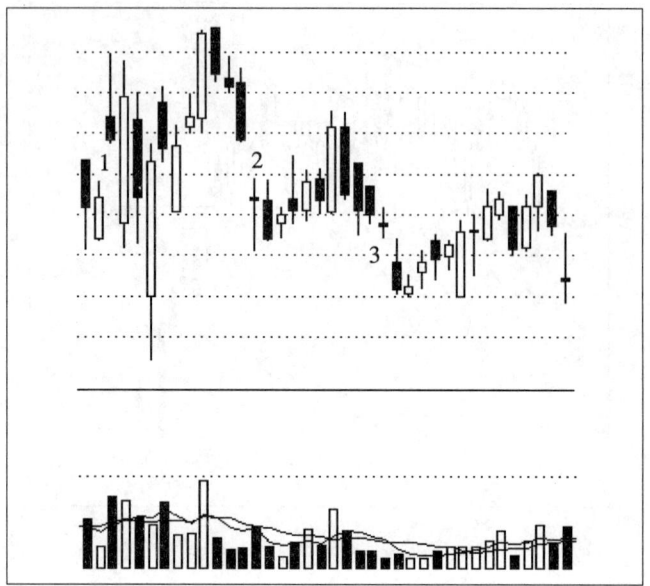

图 11-25 普通跳空实例图

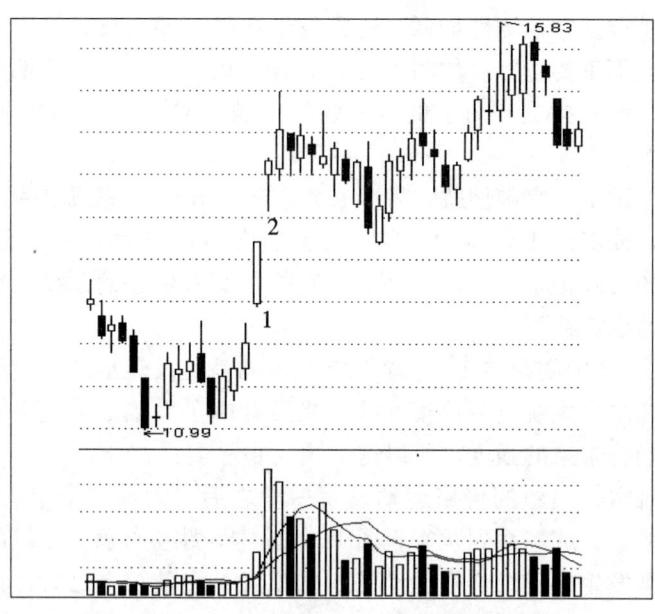

图 11-26 突破跳空、中继跳空实例图

升。然后价格回调，被跳空 2 支撑住以后，价格再次上升。由颈线（跳空 1）至跳空 2 的价位与跳空 2 至上升高点的价位大体相等。说明测算还是有一定的意义。

④衰竭跳空。它往往出现在市场价格运动的尾声，预示一个趋势有可能即将结束，这个时候 K 线图和成交量也会出现一些反转信号，如图 11－27，图中最后一个跳空就是衰竭跳空，之后是个岛形反转。这幅图中突破跳空和中继跳空也都非常清楚。

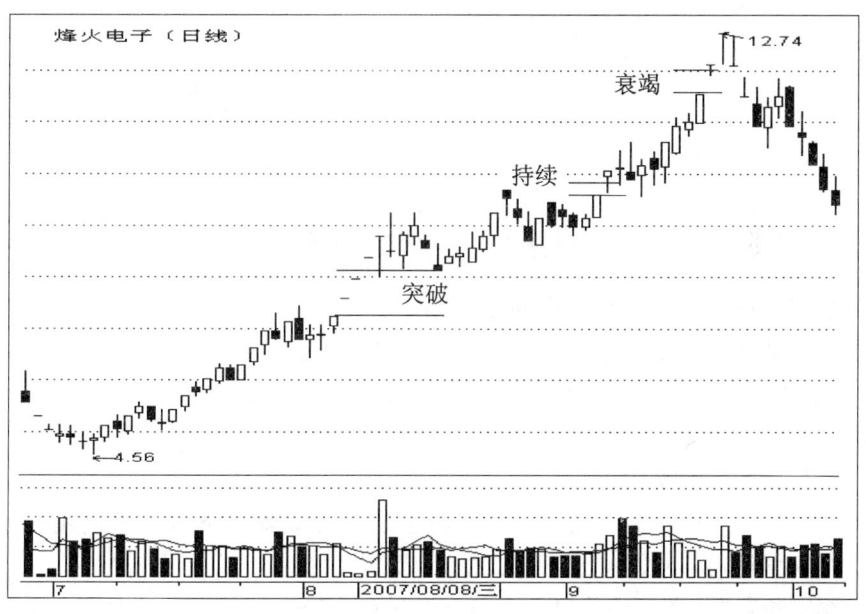

图 11－27　衰竭跳空实例图

（3）岛形反转：有时衰竭跳空之后，价格在其上方小范围拉据数日，然后向相反方向跳空。衰竭跳空上方小范围的价格变化在图表上像个岛屿，即为**岛形反转**。岛形反转可能构成对原来趋势的反转预测。如图 11－28。

在图 11－28 中，前后两个跳空，在其方框中价格的变化在图上形成个岛屿，使价格运动形成对原趋势的反转，价格由上升转向下跌，趋势由此改变。

（4）日内跳空：日内跳空属于普通跳空范畴，可参考上述跳空类型加以运用。一般而言，我不主张以日内图形作为分析行情的依据。**在时间周期上，任何行情的分析应该严格遵循先长期、后短期的原则进行，即用月、周、日**

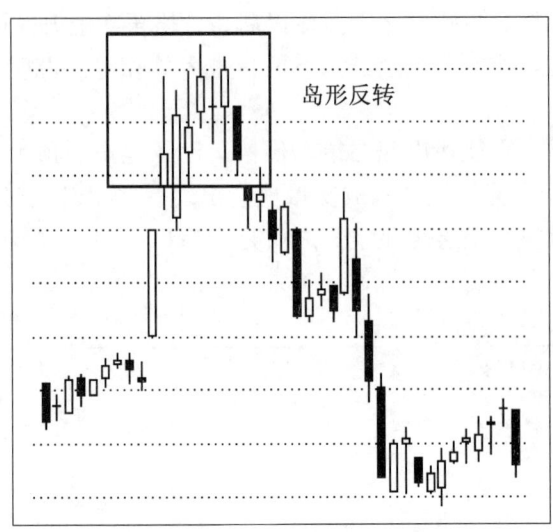

图 11—28 岛形反转实例图

这个顺序来进行，这也是一个交易原则。这样可以过滤掉许多不确定的因素和图形，使我们的交易把握性更大一些，风险更低一些。

"由于价格之间存在着空白，所以，跳空这个图形不难识别，一眼就可看明白。三位对跳空有何高见？"王老师讲到这里看着赵平仨人问道。

"挺简单。"赵平说。

小刘说："中国股市跳空有时挺厉害的，开盘就往下跳，一点儿辙也没有。今天学习后，对跳空也不那么怕了。"

李刚说："跳空，比趋势、趋势线好学点，概念性的东西不太多，原理也容易。"

王老师笑着说："看来你们都明白了，那我们来一个临场发挥如何：谁能说出这几种跳空之外的跳空。"仨人一脸茫然。

"这里专家已经总结得差不多了，要创新很难。"李刚说。

王老师说："分析问题要心细，因为刚学，发现新的问题、新的形式不容易。这样吧，留一个长期思考的问题，大家回去有空想想：有日内跳空，有日间跳空，有没有其他跳空。这个问题是我的发现或心得，我给它起了新的名字，也算一个新的理论。

"好，持续形态基本讲完了，总体是，形态形成过程中交易量逐渐减少，而在突破时有所增大。在预测价格上也以形态的高度为基础进行测算。这些形态没有反转形态那么鲜明，需要我们细心体会。这块回家要多复习，以达到牢记的目的。西方的形态理论至此学完了，我把今天的内容列了一个框架，大家看一下。"

本讲纲要

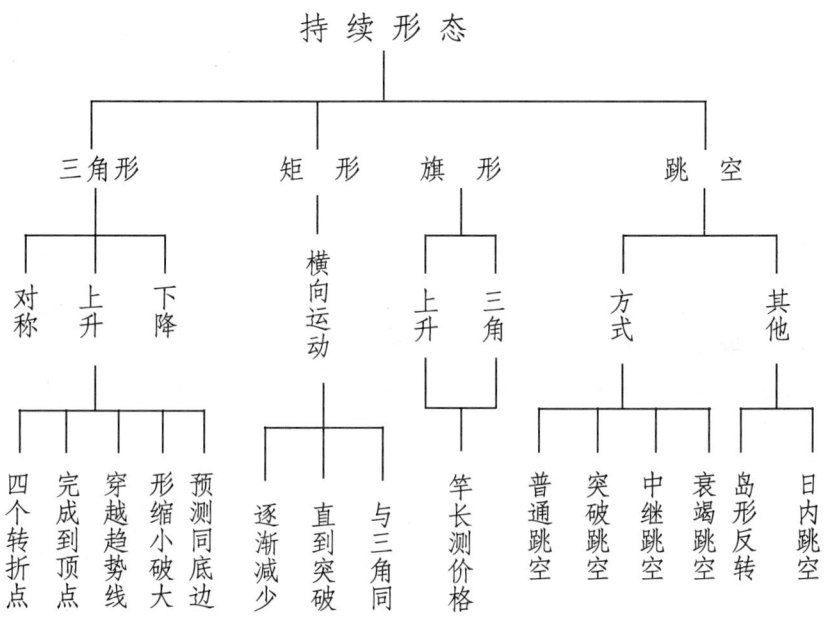

第十二讲 弯曲的趋势线——移动平均线

又要开课了。这次上课比上次多隔了一周，间隔了半个月，因为王老师去外地出差了几天，要往后推迟一下。这段时间也给三个学生充足的时间去消化一下所学的课程，毕竟要记、要总结的内容很多。在7月底的这个周末，师生四人又聚在王老师家里，开始了新的课程。

王老师说道："趋势线是直线，这点在前面讲过。先说说趋势线为什么是直的？赵平，你来讲解一下。"

赵平说："因为它连接两点。"

王老师说："对，两点连一线，许多价格的高低点虽然都被趋势线囊括进来，但它们却没有与所有价格的高低点相连接，与之连接只是价格运动过程中的某些低点或高点。也就是说，要想连接所有的低点或高点，趋势线必须是弯曲的。但趋势线有没有弯曲的呢？大家请看，"王老师在白板上画了价格趋势图，并标上趋势线，如图12—1。

王老师说："在这幅图中，用AB标出的是上升趋势线，我们可以看到有许多蜡烛图的低点没有与该趋势线接触。"

王老师继续说："如果把每天的低点都连接起来，会是什么样子？李刚你来画一下。"说着，把刚刚标在趋势图中的趋势线擦去。李刚把趋势图中价格的低点连成了一条线，如图12—2所示。

王老师接着说："我们看，这条线是曲线，与原趋势线大不相同，但它仍然起到支撑价格的作用。李刚画的线是价格低点的连线。从图中第一天的价格开始，如果我们把相邻的10天的最低点相加再除以10就会得到一个平均值，对不对？从第二天的价格开始，再往后推10天，除以10平均一下，又会得到一个新值。以此类推，每10天为一组，就会得到许多新的平均值，我们把它们连成一条线，这就是今天要讲的移动平均线。"

第十二讲 弯曲的趋势线——移动平均线

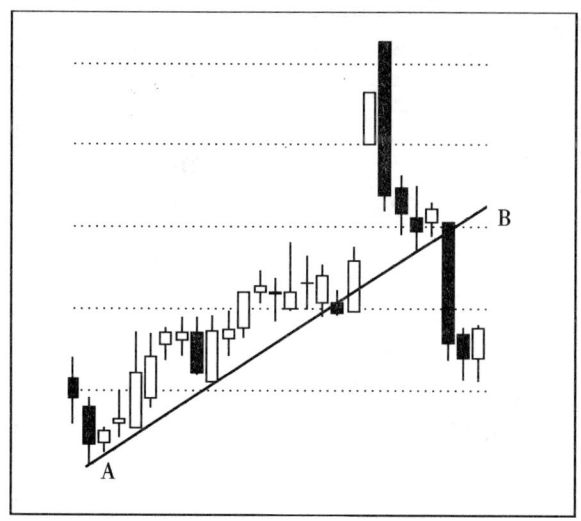

图 12-1 上升趋势线示意图

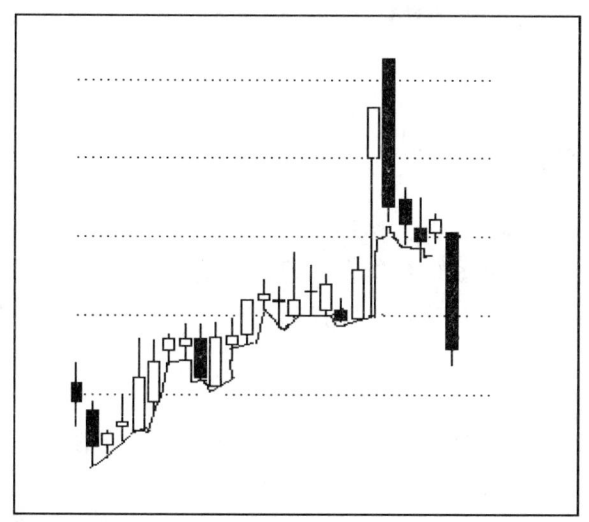

图 12-2 低点连线示意图

王老师边说边点新值，而后连成一条线，如图 12-3 所示。

王老师接着说："移动平均线是个技术指标，它具有相当的灵活性，用途广泛，构造简单，更容易定量检验。因此，它成为了绝大多数自动顺应趋势系统的运作基础。图表分析在很大程度上依赖分析者的主观意愿，但从移动

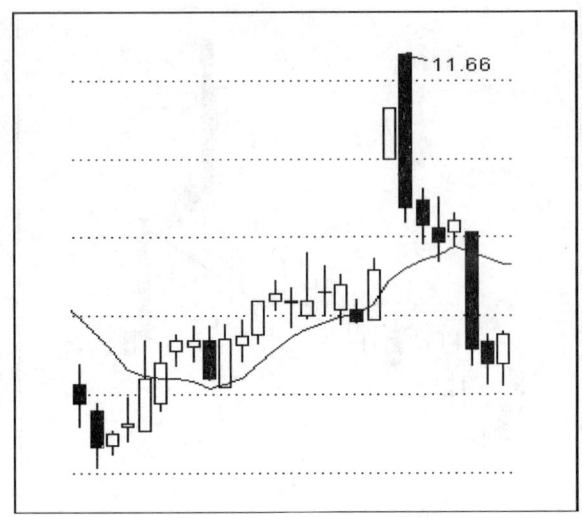

图 12-3　移动平均线示意图

平均线得出的信号往往比较精准，不因分析者的主观意愿而改变。我们先来详细了解一下它的定义。"

一、移动平均线的定义

以 10 天移动平均线为例：移动平均线中的"**平均**"是指最近 10 天收市价格的算术平均值。"**移动**"是指在计算中始终采用最近 10 天的价格为一组数据。随着新的交易日的更迭逐日向前推移，把新的总和除以 10 而得到新的平均值。

1. 定义

移动平均线是把以单位交易日为组的数据的平均值随交易日向前移动得出新的平均值而连接形成的线。

大家注意，平均、移动这两个词。平均的是 10 天的收盘价，移动的是这个平均值，在股票图中一般在左上角用 MA10 表示，后面是具体的数值。

2. 移动平均线性质

移动平均线实质上是一种追踪趋势的工具，运用移动平均线的目的是发现趋势反转时的机会，又可称为弯曲的趋势线。图表分析从来不企图领先市场，移动平均线也不会超前市场，其本质是滞后于市场变化的。大家请看图，如图 12-4。

第十二讲 弯曲的趋势线——移动平均线

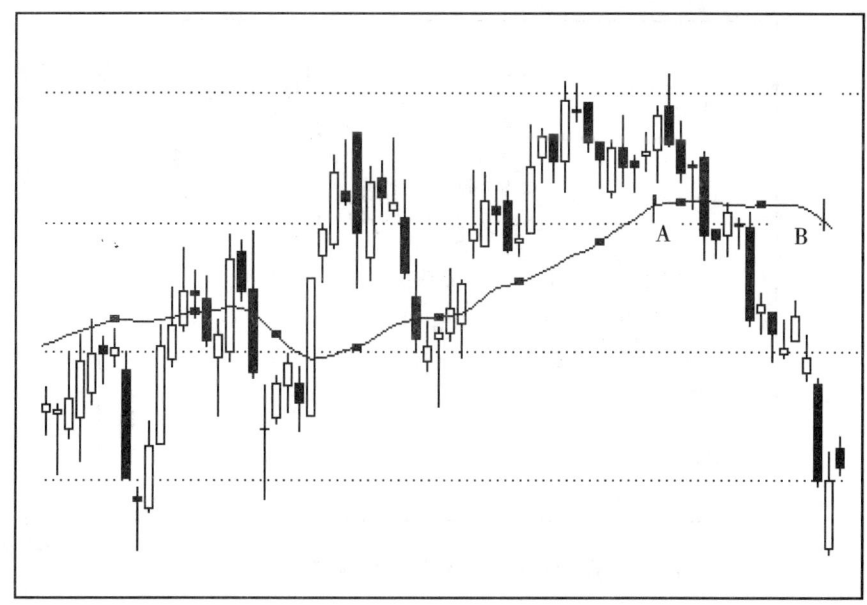

图 12-4　移动平均线的性质是滞后于市场变化的

在这个图中，价格已于 AB 处向下穿透移动平均线，而且价格已迅速下跌，但移动平均线依然高高在上，这说明它比价格运动慢，且具有一定的滞后性。

较短期的移动平均线更贴近价格的变化，所以更加敏感，但是，信号较多，容易产生虚假的信号。大家看图，如图 12-5。

这是 5 日移动平均线，图中价格于 A、B、C 三处向下击穿移动平均线，但都没有形成下降趋势，上升趋势还是没有改变。如果交易的人缺少经验和耐心，很容易被这些假的信号欺骗。5 日移动平均线一般称为快线，虽然它紧跟价格，反映市场较快，但提供的信号具有不确定性和虚假性，使用时务必注意它的这些特点。

讲道这里，王老师停下问仨人有什么感受。赵平说："短期移动平均线表示的买卖信号虚假过多，那么让投资者不敢使用。第一个信号虚假，第二个又是错的，那到第三个信号是真的，我又不敢信了。这不是反倒错过机会了吗？"

李刚笑道："有点儿像说谎的孩子，喊了半天狼来了也没有狼，等狼真的来了人们都不信了。"

王老师说："也没必要那么恐惧。因为任何事情都有一定的度，超过度，就否定了自己。假的太多，真的就会出来，这是否定之否定规律。在刚才举

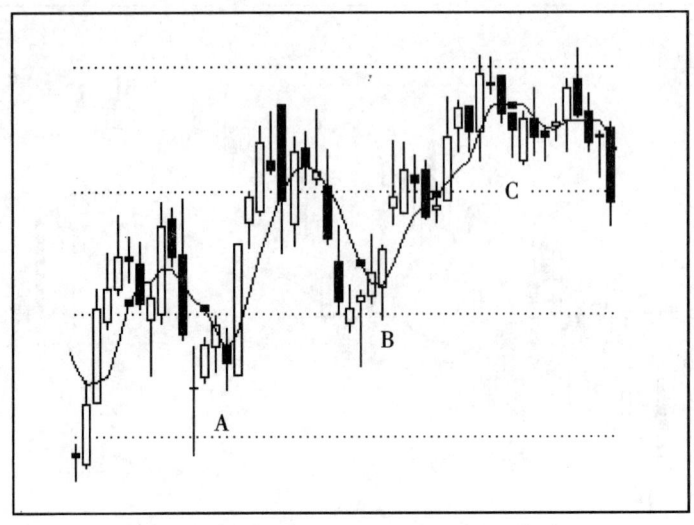

图 12-5　5日移动平均线实例图

例中，第三个信号就是真的。你不敢信，说明自己功夫不到家。凡事向内求，多下功夫。我们在用任何一种技术分析时，一定先熟悉它的特性、功用。没有哪一个技术百战百胜。不同行情、不同时间、不同位置，需要使用什么样的技术，这靠经验和习惯爱好，这些不是一朝一夕可以形成的。作为老师我只能教会大家知识、技能，与交易的实际需要相比，是非常有限的。**功夫得靠自己练，而且只有自己才能练，他人无法替代。**这有点儿像学武功，师傅只可以教徒弟武打招式，他也没办法帮助徒弟下功夫。这就是为什么一个师傅教的徒弟的武功水平有高有低，除去天资之外，区别主要在下的功夫不同。好，短期的平均线缺点不少，我们来看长期的移动平均线。"

王老师接着往下讲："长期的移动平均线产生真实信号较多，因而对市场反映慢些。如图12-6。

"在图12-6中，由于移动平均线的取值时间较长，它已经明显滞后价格的变化。我们看到，一旦价格突破长期移动平均线后，往往引发比较大的行情。在A处突破后连续下跌至C点，行情已很大。由突破点处跌到前面支撑位B点，这些都说明长期移动平均线给出的买卖信息是比较安全可靠的，虽然有些价位已经走完。这正是符合稳健投资的风格，因为任何时候的入市选择，安全永远是第一位的。

"再看图中，价格在跌至C点后有一轮较强的反弹，但没有冲过上面阻力DE一线，随后继续下跌。这同样在说明长期移动平均线的稳定性和真实

第十二讲 弯曲的趋势线——移动平均线

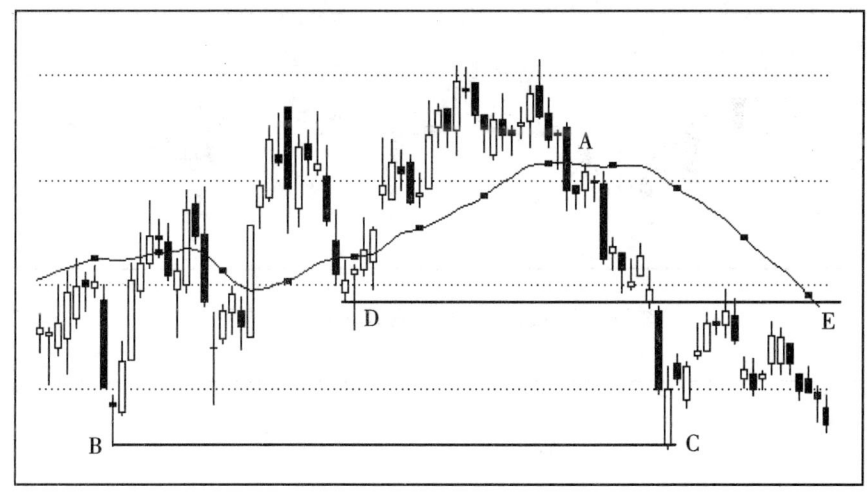

图 12-6　长期均线实例图

性。赵平,你对长期移动平均线有什么感想?"

赵平说:"我听着长期线不错,用起来放心。我是有点儿赔怕了。"

小刘说:"长期线的滞后性把有的机会放跑了,短线又缺乏安全性,看来鱼和熊掌不可兼得。"

李刚问道:"有办法把二者的优点结合在一起吗?这样不是可以增加胜算吗?"

王老师点点头,说道:"问得好。我们刚看的图 12-5、图 12-6,大家看是不是相似?这是一幅图为说明问题的两用:前者说明快线,后者说明慢线。我们把二者相互对比,不难看出价格向下突破几乎在同一位置。这说明二者是有共同点的。只要抓住共同点,把它们的优点发掘出来,为我所用,就会有很好的效果。对此,我后面会详细讲解。

"我们先研究一下短期的平均线,当价格处于横向延伸的区间时,短期移动平均线的效果较佳。因为在这样的行情中,价格基本上没有上、下趋势可言,所以用较短期的均线能够及时抓住市场的机会。大家看图,如图 12-7。

"在图 12-7 中,A、B、C 三点均为阻力,而移动平均线在这些阻力位附近向下,发出卖出信号。D、E、F 三点均为支撑,移动平均线在这些支撑位附近向上,发出买入信号。当然是否入市还要看别的条件,除去技术分析以外,还要看这个矩形的价格幅度有多大,我们入市后有多少盈利空间。

"在市场运动时,一旦趋势形成,无论上升还是下降,长期移动平均线的效果比较好。大家看图 12-8。

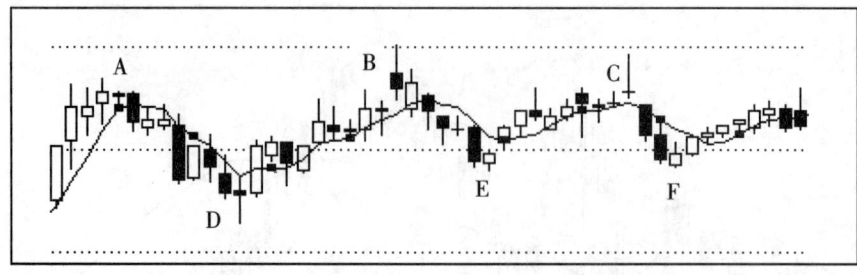

图 12-7 横盘势中短期移动平均线的应用

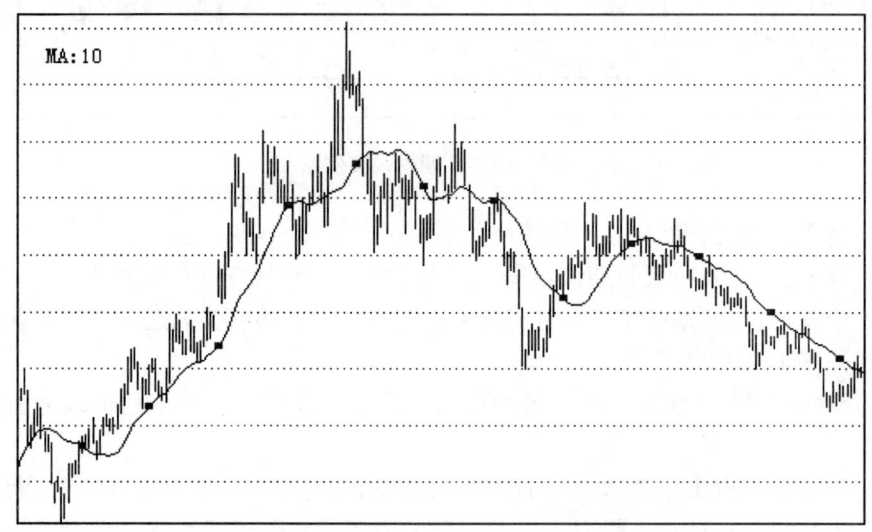

图 12-8 长期移动均线效果实例图

"在图 12-8 中，当趋势处于上升时，10 日的移动平均线一直紧密地跟踪着这个趋势，直到这个上升趋势结束。随后，当趋势开始转变为下降后，10 日均线也调头向下，虽然中间有一次价格的回调，但是均线的作用依然不减，直到趋势继续下降。这几点有问题吗？"王老师停下讲解，问道。

赵平想了想问："趋势形成后，追踪趋势是移动平均线效果好还是趋势线好？"

王老师说："从长期上看两者差不多，但短期看还是趋势线好一些。移动平均线有一个时间设定因素，有时还要根据行情重新设定，还有使用习惯等问题。而趋势线没有，它依图划线，运用更灵活简便。你把下面均线的特征念念。"赵平念道：

3. 移动平均线的特征

（1）追踪趋势：移动平均线能够表示股价的波动趋势，并追随这个趋势不会轻易改变。

（2）滞后性：在股价原有趋势发生反转时，由于移动平均线的追踪趋势的特性，它的行动往往过于迟缓，调头速度落后于趋势，这是移动平均线的一个很大的弱点。

（3）稳定性：从移动平均线的计算方法可知，移动平均线的变动不是一天的变动，而是几天的变动，一天的大变动被几天一平均，变动就会变小而显示不出来，因而比较稳定。

（4）助涨助跌性：当股价突破了移动平均线时，无论是向上突破还是向下突破，股价有继续向突破方向再走一程的愿望，这就是移动平均线的助涨助跌性。

（5）具有支撑和阻力的特性。移动平均线对股价有支撑和阻力的作用，它是弯曲的趋势线。所以支撑和阻力的功能对移动平均线而言仍然是有效的。

"这几个特性大家能够理解吗？"王老师问仨人，见大家没有疑问，王老师讲道："这里，我们把移动平均线特征的第5点仔细讲一下。大家看图，如图12—9。

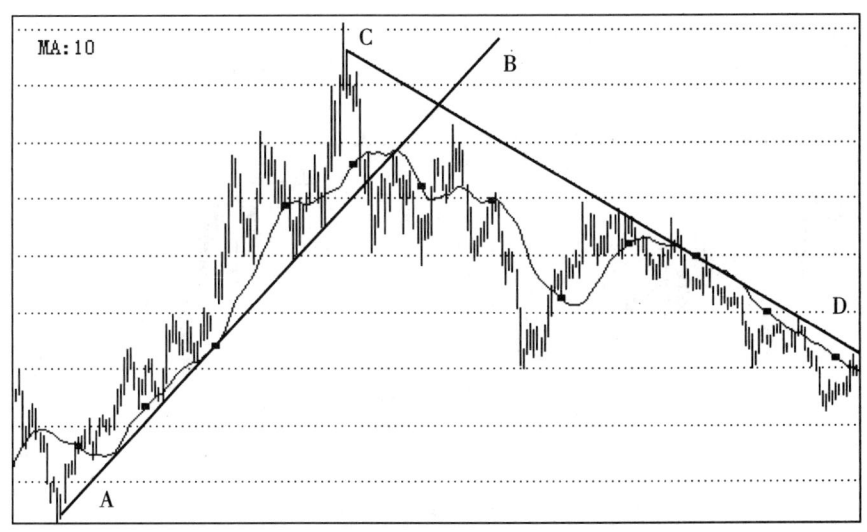

图12—9　移动平均线具有支撑和阻力的特性

"在图12—9中，用的是10日的移动平均线，上升时移动平均线与趋势线 AB 几乎同步，同样起到了较强的支撑价格的作用，凡是接近趋势线 AB 的点位，都是支撑位，起到助涨的作用。当移动平均线被价格向下有效击穿后，趋势开始转变为下降。同样，当趋势转变为下降后，移动平均线与趋势线 CD 一起，起到了对价格的阻力作用，凡是接近趋势线 CD 的点位，都是阻力点，也起到助跌的作用。"

王老师接着讲道："下面的知识就是回答前面大家提出的疑问，也就是快线好还是慢线好，两者的优点怎样兼得等问题，一句话：移动平均线怎样应用？"

二、移动平均线的应用

一般而言，采取两条移动平均线，可以起到及时发现市场转折的机会的作用。其中，一条时间较短，我们称之为**快线**；一条时间较长，我们称之为**慢线**。在实际应用中，常用 5 日均线作为快线，10 日均线作为慢线；在股票交易软件中，一般自动设定为 5 日、10 日、20 日、60 日四条均线，我们可以根据需要调整指标参数。

1. 判定原则

当快线向上穿越慢线时，则构成买入信号。当快线向下穿越慢线时，则构成卖出信号，如图 12—10，图中用的是 5 日均线和 10 日均线。左图 5 日快线于 A 点向上穿越 10 日慢线，构成了比较清楚的买入信号，右图 5 日快线于 A 点向下穿越 10 日慢线，构成了比较清楚的卖出信号。

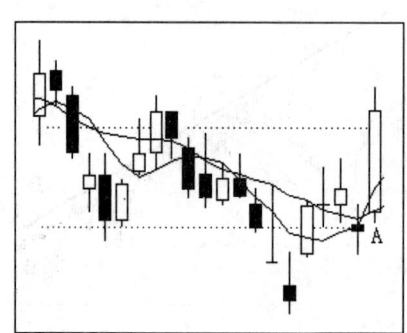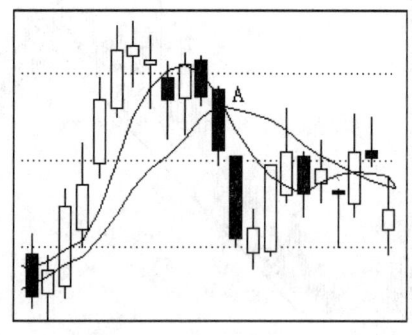

图 12—10　快线和慢线应用的判定原则

王老师说："快线的穿越是有前提条件的，一般应该和反转形态结合来用，我不主张追势。也就是说，当价格已经走了一段，即使有了买入信号也不入市，这时风险已加大。"

赵平说："那价格还往上涨怎么办？这不是失去机会了！"

王老师说："从这点上说有一定道理，但这时不入市最多失去半个机会。我们为什么不去学会抓住整个机会？为什么不在反转形态形成时及时入市，而非等价格走了一半再入市？我认为应该多考虑如何在第一时间入市，而不是追势。"

小刘说："第一时间入市风险会很大。"

"我们假设盈利空间 0～100 之间，我问你，是 50 风险大还是 10 以下风险大？"王老师问。

小刘回答："当然是 50。"

"那你为什么会认为第一时间风险大呢？追涨思维在作怪。许多人在第一时间不知道是机会，上升到一半时又不敢入市，到第三阶段犹豫加后悔，第四阶段死了都冲进去！小刘你说大部分股民是不是这样？"小刘笑眯眯地点头。

王老师接着说："前面我们谈到过投资与投机的不同。不可以有投机心理，但一定要敢抓机会，这是我们要练就的功夫。大家一定记住，胆略胆略，胆是第一位的，关键时候胆量起到决定作用。两军相逢勇者胜！诸葛亮为什么不能恢复汉业？与他谨慎胆小有很大关系。我们不去冒险，又如何取胜？人生最大的风险是不敢冒险。众多事实已证明这一点。但是，我们不应为冒险而冒险！知道有险还去冒，这已经不是在冒险，而是拿自己的钱去赌博，不珍惜自己的资本。赵平在 5000 多点入市实际上已属于玩命一类，虽然他对股市一无所知，所谓：'无知者无畏'就是这个道理。"

赵平一边听着王老师的话，一边心理琢磨着，什么是第一时间，等王老师停下来，马上问道："王老师，您说的第一时间是不是买入点，也就是您在博客中说的六点之一。"

"是，那六点是个总结，还有待完善。"

"不要盲目冒险，但股市却又是个到处充满风险的市场。二者是不是有些矛盾？"李刚问。

"风险具有两重性，知道的风险不是风险，因为我们会有准备，有了克服风险的策略和方法。真正的风险是未知风险，因为我们没有准备，是不可控的。'远怕水，近怕鬼'说的就是这个道理。你到了一个很远而且陌生的地方，见到河水肯定害怕，特别是夜间，因为不知河水是深是浅。而离你很近的地方出了怪事，你到那里就会疑神疑鬼。哪一个好解决？当然是后者，因为你事先已知道这里发生过什么事，回家时绕过去就行了。任何事物都是个对立统一体，我们要提高的能力之一就包含化解矛盾、降低风险的能力，冒最低风险才是智慧的体现。你们还记得第一次上课时做的那个测试吗？"

仨人点头。

王老师讲道："在学习了一定的知识后，对市场的思维或者称主观意识就会起到很大作用。不去冒险，是说不要把你的主观意识强加给市场。甘愿冒险是说在充分掌握住入市依据后敢于入市。我们从事的是风险行业，降低风险是大前提，从逻辑上讲，前提错误，结果一定错。我们首先想到的应是入市前的风险，这些风险是看得见摸得着的，可控制的。我们学习的技术分析在一定程度上已经告诉你如何入市，就等于告诉你如何规避风险。但不要忘记，它依然是在技的范畴。就风险这个问题谁还有疑问？"

小刘说："那入市后的风险怎么办？"

"入市后的风险是看不见摸不着的风险，也就是不可控制的风险，属陌生的河流，对这类风险只有一个办法最有效，止损！"王老师说。

仨人同时说道："止损？"

"对！"王老师坚决地说，"像这回6000点左右，只有止损才能把风险控制住，避免损失扩大。李刚让赵平卖出的行为，实际上就是止损。关于第一时间止损等方面的内容我们会在下一阶段的实战课中专门讲到。"看着仨人提不出新的问题，王老师说："有关风险止损的疑问先谈到这儿，到休息时间了，今天天气好，大家可以下楼活动活动。"

课间是自由而轻松的，赵平问李刚生意最近怎么样，李刚说马马虎虎。赵平建议："咱们学习一个阶段后，是不是放松一下，到郊区去玩个一两天，看王老师去不去。"

王老师倒是同意："好啊，一张一弛，文武之道嘛。你们三个先商量好时间地点，我安排时间。"

2. 移动平均线按照趋势的用法及意义

活动过后，大家坐好，王老师说："下面，我们按照趋势的不同，分类讲一下移动平均线的用法及意义。"

（1）在上升趋势中：只要价格保持在移动平均线之上就持有股票。如图12—11。当然这时不能用短期的均线，要用10天或20天的均线，太长期的均线像60日线变化就太慢了，适合作为支撑和阻力使用。

在图12—11中，价格始终在移动平均线之上，我们应当持有手中的股票，不要轻易抛出。

第十二讲 弯曲的趋势线——移动平均线

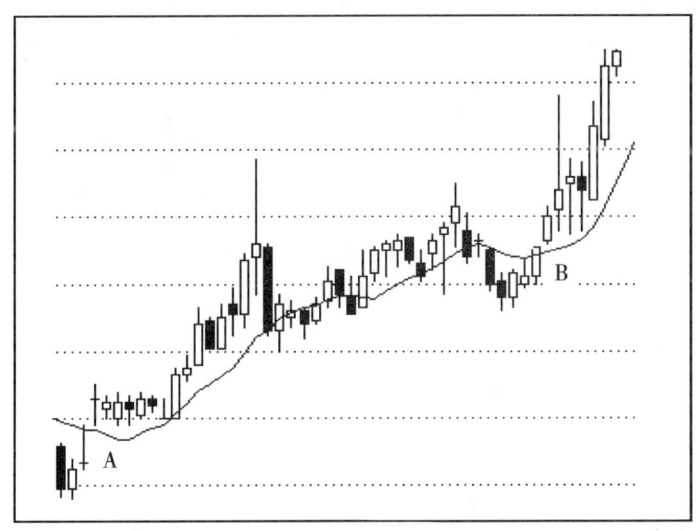

图 12—11 上升趋势中移动平均线的使用

当价格向上切入或穿透移动平均线时，产生买入信号。在图 12—11 中，A、B 两处皆是价格向上穿越移动平均线，这是明显的买入信号，而且 A 处还有一个向上跳空缺口，说明市场上升意愿强烈。这就给我们提供了入市依据。同理不能用短期（5 日）的均线，要用 10 天或 20 天的均线。

当价格处于 20 日移动平均线之上，但急速跌向该线而没有穿透时，是一个买入信号。如图 12—12。

在图 12—12 中，价格总体处于 20 日均线之上，但它又比 10 日均线要迟缓。图中有三轮向下冲击，速度较快，三轮向下冲击处分别是 A、B、C 三点。但都没有形成对均线的有效穿越，上升趋势没有改变。三轮向下冲击处 A、B、C 三点就是三个买入信号。

价格跌于移动平均线之下，但平均线仍呈上升趋势，也是买入信号。在图 12—13 中，B 点处有几天跌破了均线，是个买入信号。当然在实际交易中我们不能只用这一个依据，还要运用其他分析工具，相互验证、为准确把握入市时机做好准备。下面看下降趋势中的运用。

（2）在下降趋势中：只要价格保持在移动平均线之下，就不宜买入；当价格达到下个底部转而向上，并穿透移动平均线，这是个买入信号。这里也要用 10 日或 20 日的均线。

价格运行于均线之上，而均线仍然向下，这是个卖出信号。如图 12—13。在图 12—13 中，有三处向上穿越 10 日移动平均线，但均线所指方向依

图 12—12　上升趋势中 20 日均线发出的买入信号

然向下，价格运动没有改变原来的下降趋势，随后价格依然向下。这三处是 A、B、C 三点，分别形成了三个卖出信号。

图 12—13　下降趋势中 10 日均线发出的卖出信号

股价运行于移动平均线之下而涨向该线,但未能穿透该线并转而重新向下,是个卖出信号。如图12—14。

图12—14 下降趋势中的卖出信号

在图12—14中,有三处涨向移动平均线这三处是A、B、C三点,分别形成了三个卖出信号。图中的移动平均线,实际上已经起到了下降趋势线的作用,构成强劲的阻力。

价格穿透移动平均线时,伴随着对趋势线的穿透,此时按照其方向,可能是个买入或卖出信号。如图12—15。

在图12—15中,价格向上于A处向上穿越了10日均线,同时也穿越了下降趋势线,构成一个买入信号,事实证明价格向上走了一段行情,直到前面阻力止住。随后价格下跌,并于B处穿越移动平均线及趋势线,构成卖出信号,随后价格迅速下跌。

(3) 水平方向:价格做横向盘整运动时,我们常用变化敏感的5日均线,价格趋势将随着均线水平移动而上、下震荡,横盘区上限一般是卖点,价格在上限向下穿透移动平均线,可能是卖出信号。反之,价格在下限向上穿透移动平均线,可能是买入信号。如图12—16。

(4) 跳空:在快接近产生突破跳空缺口时,移动平均线容易被价格穿透,尤其是在中等趋势的开始阶段,经常产生突破跳空。如图12—17,产生突破跳空前5日均线被一根大阳线向上穿越。

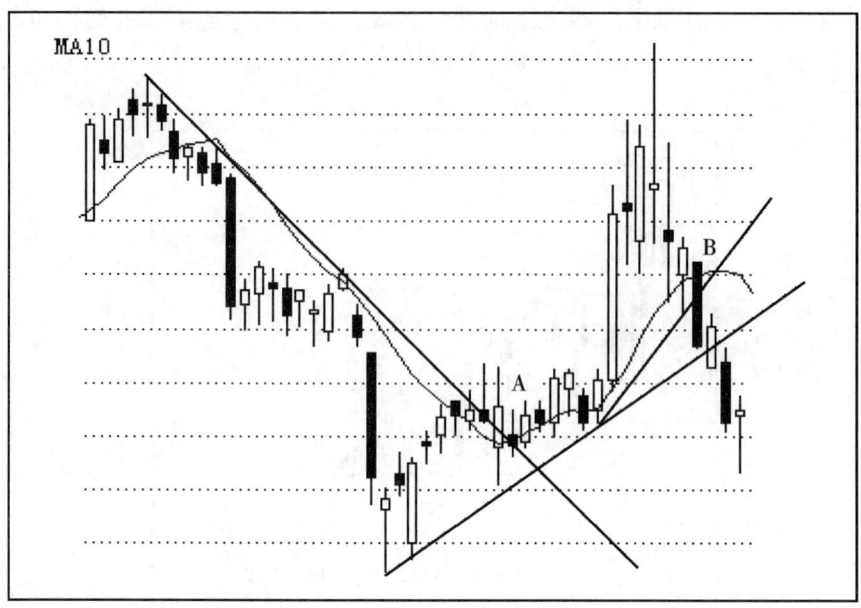

图 12—15　价格穿透均线发出买卖信号

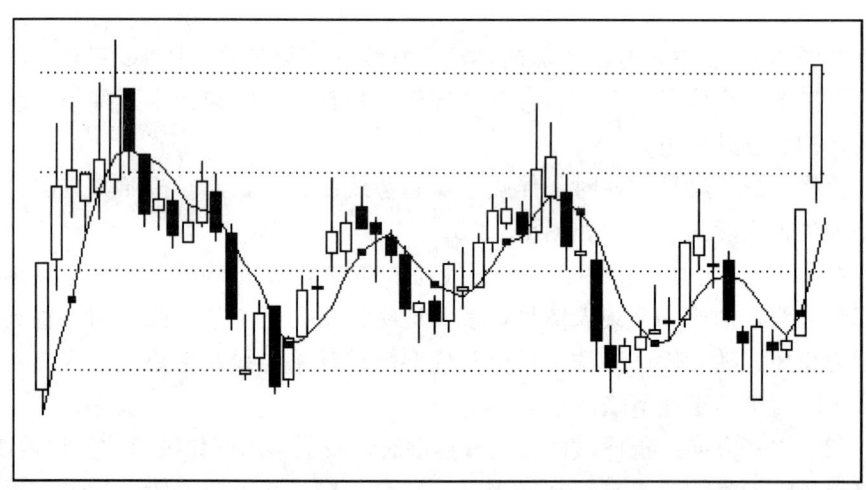

图 12—16　横盘势中 5 日均线发出的买卖信号

（5）两条移动平均线的运用。当短期平均线向上穿越长期平均线时，构成买入信号。如图 12—18。图中 5 日线于 A 点向上穿越 10 日线时发出买入信号。

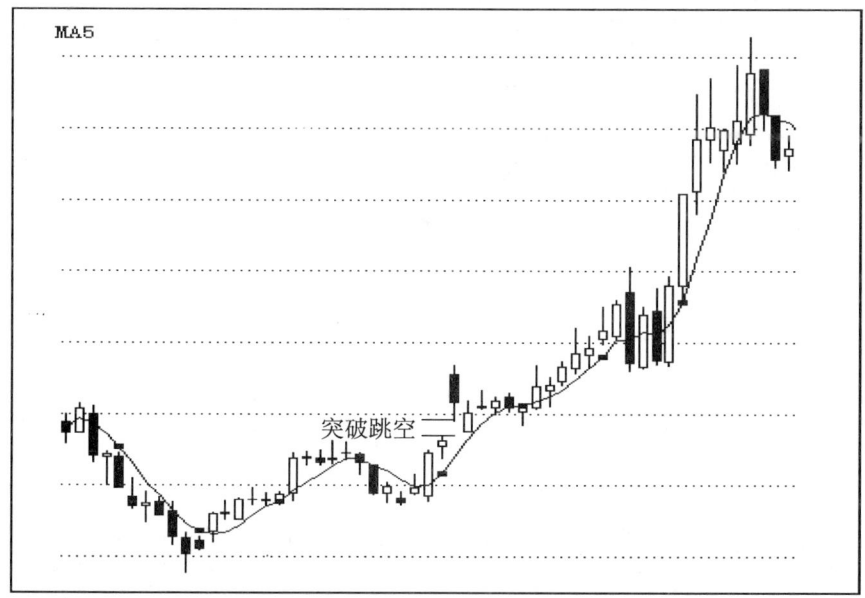

图 12－17

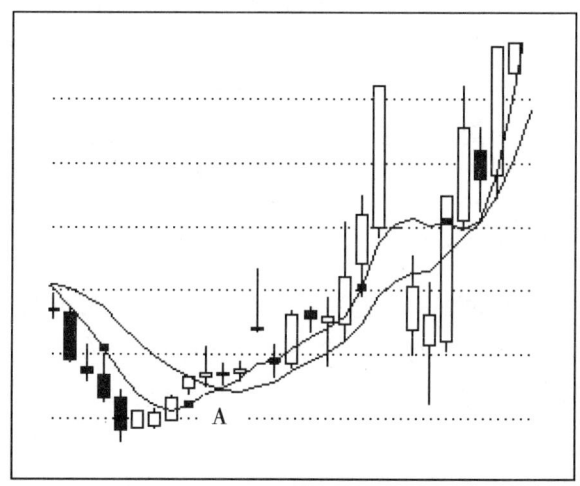

图 12－18　两条均线组合发出买入信号

当短期平均线向下穿越长期平均线时，构成卖出信号。如图 12－19，图中 5 日线于 A 点向下穿越 10 日线发出卖出信号。

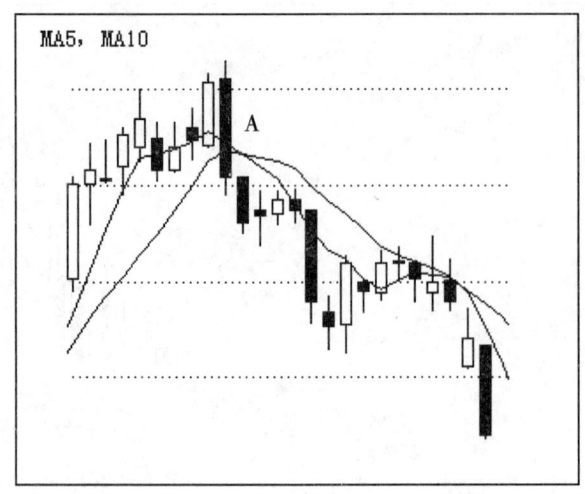

图 12—19　两条均线组合发出卖出信号

王老师问："这几个要点大家明白没有？"仨人都说没什么问题。"赵平，现在你说是快线好还是慢线好？"

赵平说道："我看还是快慢结合用最好，这样两者的优势都发挥出来了。"

王老师笑道："寸有所长，尺有所短。用哪个好，怎么用还要靠今后的实践。还有应用 3、4、5 条均线，统称多条。其用法及意义与两条相近，课后大家自己学习一下。小刘，你把下面移动平均线的优劣读一读。"小刘应诺。

三、移动平均线的优劣

每个市场、每段行情都有自己独有的优越的移动平均线，我们应该按照具体市场做出具体选择。没有哪种移动平均线在任何市场、任何行情的情况下，都能表现得出色。我们应该按照具体市场变化及时地来调整与其相适应的移动平均线。总之：

（1）较长期的移动平均线胜过较短期的平均线。简单概括为：**长期胜短期**。

（2）简单移动平均线胜过其他平均线。简单概括为：**简单胜复杂**。

（3）移动平均线适用于任何时间尺度。简单概括为：**适用时间广**。

王老师说："大家一定注意移动平均线'**长期胜短期、简单胜复杂、适用时间广**'这三大特点。我们今天主要学了移动平均线，它分析市场运动的意

第十二讲 弯曲的趋势线——移动平均线

义仅次于趋势线。当然也可以认为与趋势线是并列的，因人而定。我们分别从上升、下降、平行三个方向探讨了它的用法，最后对它做了15个字的总结。总之，不难懂。还是老话，一定要记牢，记牢是现阶段的主要任务。下面留一个思考题：到哪儿去效游？今天的课结束。"王老师一说完，仨人全笑了起来。

本讲纲要

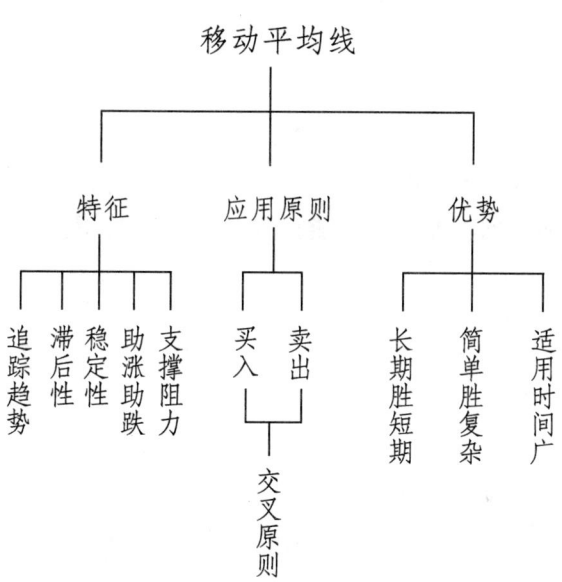

第十三讲　市场相对论——摆动指标（一）
相对强弱指标 RSI

这天刚开课，王老师说讲完摆动指标，西方理论的课程就结束了，大家应该出去放松放松。仨人非常认可。

随后，王老师提问李刚："你能把移动平均线的用法用 15 个字总结一下吗？"

李刚背道："长期胜短期、简单胜复杂、适用时间广。"

"好，讲了半天，你们只学了 15 个字，亏不亏？"王老师半开玩笑问。仨人笑起来。

赵平说："不但不亏，我认为还赚了，不用费劲，您都给总结好了。"

王老师又问道："快线穿越慢线一定买入或者卖出吗？"

小刘答道："不一定，还要与其他技术分析结合起来看，比如反转形态、趋势线等。"

王老师说："说得不错。要知道，**在上升趋势中，当快线向上穿越慢线时，有买入机会。同理，在下降趋势中，当快线向下穿越慢线时，有卖出机会。为什么？因为趋势是第一位的。买入或卖出，先看是什么趋势。我主张只有趋势改变后才能去做。我们的交易思路首先是顺势而为，这一点至关重要。**"

李刚问："王老师，什么是顺势而为，能有个定义吗？"

王老师回答："顺势而为是在上升趋势中坚决不卖，在下降趋势中坚决不买。道氏理论中对买入和卖出是怎么说的，谁来讲一下？"

赵平抢先说道："在上升趋势中，趁价格向下回调时逢低买入，在下降趋势中，趁价向上反弹时逢高卖出。"

王老师表扬道："赵平讲得很好，这么久没提道氏理论，他还记得这么清楚。这是一个典型的顺势思维，大家想一想，如果上升趋势没有改变，价格回调时间稍长一点的话，移动平均线是不是也会向下，我认为这是完全可能的。如果运用两条移动平均线，在回调的底部有可能会形成快线向上穿越慢线的情况，这就给我们提供了买入机会。在下降趋势中也是同样道理。你们说对吗？"仨人点头表示赞同。

王老师接着讲道："在此之前，我们学习的技术分析都是追随趋势的。之所以如此，是在于寻求新的趋势的产生，或是在新的趋势一出现就把它揭示出来。今天要学习与探讨的分折方法和以前不同，属于新的一种工具即**摆动指标**。"

一、摆动指标及对交易的指导作用

1. 摆动指标简述

王老师讲道："当价格运动进入无趋势状态时，常常在一个水平区间上下波动。在此情况下，原来学习的知识已不能完全发挥作用，而摆动指标却可以独具一格，对症下药，指导我们做出正确的判断。"

（1）摆动指标的用途。

王老师让小刘读下一页内容：诚然，摆动指标的用途并不局限在价格运动的横盘中，在趋势发展阶段，我们还可以把摆动指标与其他技术分析、价格图表相互结合、参照使用，会起到更佳效果。特别是市场出现短时的极端状态时，它亦能尽早地给交易者提示。同时，当趋势动力还正在减弱而这一危险尚未在价格上表现出来时，我们完全可以从摆动指标上找到信息，通过发现其相互背离来判断趋势可能即将结束。

摆动指标的分析运用必须建立在趋势这个前提之下。由此而言，它依然是第二位的。一般情况下当市场进入尾声时，摆动指标的价值就会充分显露出来。

（2）摆动指标在图表中的标识。

王老师示意小刘停下，自己讲解起来："摆动指标的构造方法有许多种，但它们的真正意义和作用是相差不多，而且摆动指标的曲线也很相像。摆动指标的图形在电脑图表中，往往放在下方，并局限在一条水平的较窄的长方形中。不论价格是升是降，或者平移，摆动指标的区域大体上是水平发展。如图13—1。

"在图13—1中，下方加黑的长条框中就是摆动指标图，这是相对强弱指

图 13-1 摆动指标实例图

标 RSI 图。电脑中的摆动指标是与上方价位同步变化的，已经有设计者给设定好了，不用我们操心。"

（3）揭示价格变化。

摆动指标的峰或谷往往与价格图表上的峰或谷同时出现。图 13-1 中，凡是价格图表上有峰的位置，在下面摆动指标也会形成一个峰，凡是价格图表上有谷的位置，在下面摆动指标也会形成一个谷。不同的是两者峰的高低变化是不一致的，而两者谷底的高低变化也不相同。**摆动指标揭示价格变化的奥秘就在于这峰或谷与价格图表的高低变化不一致上。**

根据计算方法的不同，在摆动指标的上下界点之内一般会标为 0~100。如图 13-2。

在图 13-2 中，右侧从下到上标有 0~100 的数值。上方第一行字，由左向右：RSI 是这个摆动指标的名称，后面括号内有三个数字，分别是：6、12、24，这是三条 RSI 线的设定值。如果你看的是日线图，它们则代表天数，如果你看的是小时图，它们则代表小时数，以此类推。后面有三组数字分别代表这三条 RSI 线的当前值：RSI1：37.07 是设定值 6 的当前值，RSI2：48.26 是设定值 12 的当前值，RSI3：52.49 是设定值 24 的当前值。在图中的三条曲线就是摆动指标 RSI 线，右侧末端下面的是 RSI1，中间的是 RSI2，

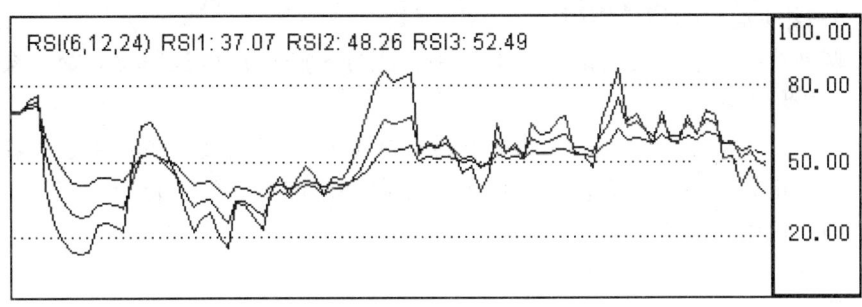

图 13-2 摆动指标 RSI 示意图

上面的是 RSI3，顺序为快、中、慢。

有些摆动指标设有中间值，将摆动指标的区间分成上下两部分，把中间值的水平线定为 0 度线。如图 13-3，图中右侧从下到上标有 0～0.30 的数值。

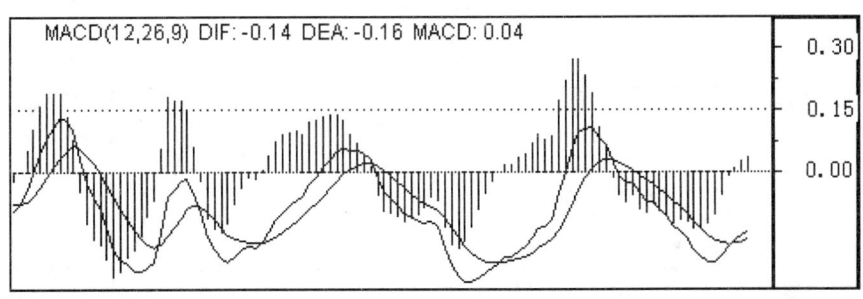

图 13-3 中间值实例图

(4) 揭示买卖时机。

以前我们曾经说过与图表沟通交流的话题，其实，就是指如何对图表进行研读。对摆动指标而言也有相应的问题。无论摆动指标达到了区间的上边界点，还是下面界点，都表明此时价格运动的幅度可能过大，速度快，市场行将出现不同的调整。

一般地说，当摆动指标进入区间的上界点附近时，应为卖出时机，当它进入下界点附近时，为买入时机。有的摆动指标设有 0 线点，对其或上或下的穿越则为买进、卖出的信号。

王老师边讲解边画示意图，每讲一个图总问大家能不能看懂。等到三个学生都没疑问，才继续往下讲。

2. 摆动指标的指导作用

摆动指标对价格变化的反映有三种，充分了解再加以运用，对交易会有很大的指导作用。

（1）当摆动指标的数值到达上下界点极限时最有意义。在它接近上界点时，市场正处于超买状态。在它接近下界点时，市场正处于超卖状态。简单概括为：**极限意义大**。如图 13-4。

图 13-4 超买超卖实例图

在图 13-4 中，RSI 快线于 A 处已在 10 以下，这是个超卖区，是可以买入的信号。在价格图表同样的对应位置 A 处已构成支撑，最终价格上升。RSI 快线于 B 处已在 90 以上，这是个超买区，可以考虑卖出。图表价格在同样对应位置处已构成阻力，最终价格下降。学习这点要注意，RSI 数值到了超买区不一定卖，到了超卖区不一定买，这只是买卖的依据之一，还要有其他的依据综合来判断买入和卖出。

（2）在摆动指标处于界点这个极限位置，且与价格变化之间出现了相互背离的现象时，通常已构成重要的警示信号。简单概括为：**注意两背离**。

顶部背离是价格向上走高，指标向下走低，发生了图表价格与指标数值不一致、运动方向不一致的现象，即相互间产生背离。由于是发生在顶部，所以是顶部背离。我们来看一个实际例子，如图13-5。

图13-5 RSI顶部背离实例图

在图13-5中，我们注意看安凯客车从2007年11月份到2008年1月底的价格图形：价格呈上升趋势，于A点之前与指标RSI的走势基本一致。但从B处开始，价格于B、C、D三处连续三次上冲，价格不断创出新高，但与价格相对应的RSI的B、C、D三处却依次下跌。这样价格向上走高，指标向下走低，发生了图表价格与指标运动方向不一致的现象，即相互间产生背离。由于是在顶部，所以是顶部背离。

底部背离会发生在市场底部，只是方向相反，也就是底背离。我们来看一个实际例子，如图13-6。

在图13-6中，价格分别于B、C两处向下试探前面支撑A处，都没有成功，但价格已非常接近A处。在下面的指标图中，B、C两处虽然向下试探，但远远在上，没有降到A处。这样价格走得多，指标走得少，两者运动的方向虽然一致，都是向下，但图表价格与指标数值的下降数量产生了不一致，即相互间产生背离，由于是在底部，所以称底背离。

（3）摆动指标顺着趋势方向穿越0线，极有可能是重要的买卖信号。简单概括为：**0线有穿越**。如图13-7。

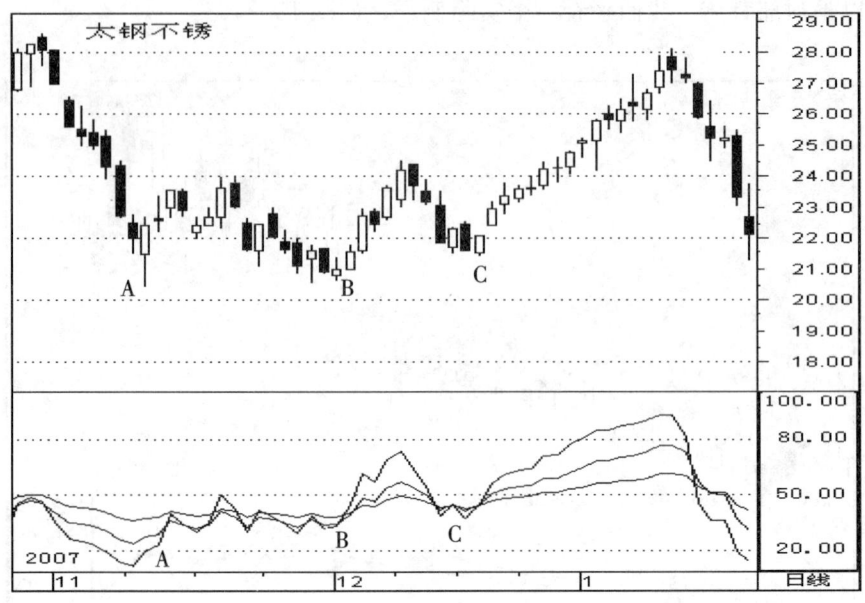

图 13－6 RSI 底部背离实例图

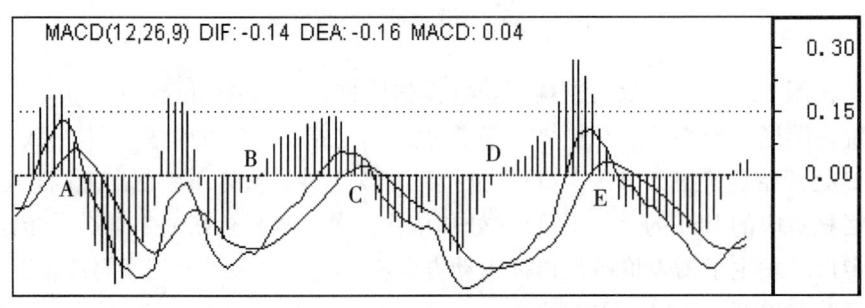

图 13－7 穿越 0 线实例图

图中是指标 MACD，在电脑中以 0 度线用红绿颜色分开。图中 A、C、E 三处是由上方向下穿越 0 线，这就形成卖出信号，同时，B、D 二处是由下方向上穿越 0 线，这就形成买入信号。

王老师讲到这里，说："**摆动指标把握入市时机一共有三大指导作用，一是超买超卖，二是相互背离，三是 0 线的穿越，**大家务必注意这些要点。下面把相互背离重点讲一下，赵平你来念下面内容。"赵平认真念了起来。

（4）揭示相互背离现象：指标曲线与价格图形。

相互背离是摆动指标最具分析和应用价值的现象。是指摆动指标曲线与图表价格方向不一致，相互背离，朝两者相反的方向延伸的现象。

（5）相互背离的意义。在上升趋势中，最常见的背离是价格保持上涨，但摆动指标已无力上升到新的高点，不能验证价格的趋势。此时已构成最佳的警示，价格上涨可能止住，我们把它称为**看跌背离**，如上面我们刚看过的图13－5。

在下降趋势中，最常见的背离是价格保持下降，但摆动指标已无力下降到新的高点，不能验证价格的趋势。此时已构成最佳的警示，价格下降可能止住，我们把它称为**看涨背离**，如上面刚看过的图13－6。

王老师示意停下，然后问道："赵平，我们刚才一共讲了几个背离？"

赵平想了想，说："四个，顶部两个，底部两个。一种是方向的背离，一种是数值的背离。"王老师说很好，叫小刘接着往下读。

3. 相互背离的几种现象

（1）相互背离现象应当发生在摆动指标的极限区或者附近。简单概括为：**背离在两极**。

这一点在前面的相互背离的示范图中已有，在此不再举例。

（2）摆动指标的形态常常与价格形态如双顶、双底、头肩顶、头肩底相似。简单概括为：**貌似形态学**。

举例：长征电气2008年5月9～20日的顶部，如图13－8。

图13－8 指标形态实例图

在图 13—8 中的方框部分，RSI 呈头肩顶，价格形态亦与头肩顶相似，二者非常一致。

（3）当摆动指标穿越了重复的峰值、谷值时，价格图形却尚未发生相应的穿越。简单概括为：**已过价未过**。如图 13—9。

在图 13—9 中，价格向下跌至 A 点，其后再次上升。而后下降到 B 点，这时价格没有跌破前面支撑位 A 点。但是，下方指标图中，曲线图在 A 点时与价格图的运动保持一致，但是后一轮下跌到 B 点却跌过前面支撑 A 点许多。

图 13—9　已过价未过实例图

（4）背离的方式小结。①指标超前价格。②指标滞后价格。③指标走向与价格虽一致，但背离的程度不同。④指标与价格方向不同。简单概括为：**背离有四式**。

王老师叫小刘停住，而后叫李刚读摆动指标特色。

4．摆动指标特色

（1）这类指标最大优点把数据变化幅度压缩在 0～100 之间，从而解决了数据偏离和不断调整上下界线的问题。

（2）时间区间越短，则摆动指标越灵敏，其变化幅度就越大。时间区间越长，则摆动指标越平稳，其变化幅度就越小。

（3）摆动指标达到上下限时，效果更好。

（4）形态、支撑阻力、趋势线等分析方法在摆动指标图形上也是有效的。

（5）摆动指标都是具有相对性，与价格形态等技术分析相互参照，效果最好。

王老师叫赵平停住，随后讲道："摆动指标充分展示了西方人的数学才干，也是西方人科学精神的体现。我在第一次接触时，就非常佩服。你想，市场的价格变化有多么复杂，而人家却把它们限定在 0~100 之间。从一个全新的角度，使我们的的分析更加简洁、直观，省去了许多麻烦。"

李刚说："西方人就是爱具体化，凡事都爱用数学解释，以数为据。20 世纪 80 年代流行魔方，一个数学家只用了一天就写出玩好魔方的方法，有 130 多步。那时我还小，看了一个礼拜才看明白。"

王老师说："看明白容易理解难，用好更难！我们介绍两种摆动指标，不要嫌少，用好才是根本。先讲 RSI，这是我最常用、也是最有效的。"

二、相对强弱指标（RSI）及应用

1. 概念

相对强弱指标是通过买卖双方的力量对比来揭示价格运动变化的。RSI 是怎样计算的？我们往下看：

计算公式：RSI＝100－100/（1＋RS）

RS＝X 天内上涨收市价的平均值÷X 天内下跌收市价的平均值

RSI 是如何形成的？它是由不断后移的 RSI 数值连接成线而构成。

2. RSI 研读

当 RSI 值超过 70 时，显示的是价格处于超买状态。如图 13－10。在图中，RSI 图上方 C、D 两点均已超过 70 数值，是典型的超买状态。

当 RSI 值低于 30 时，显示的是价格处于超卖状态。如图 13－10。在图 13－10 中，RSI 图下方 A、B 两点均已低于 30 数值，是典型的超卖状态。

3. 漂移现象

在牛市和熊市中，RSI 往往会发生数值超出 30 或 70 的现象，这时我们应当引起警觉。

80 通常会成为牛市中的超买水平，见图 13－11 中 A、B 两点。

20 通常则会是熊市中的超卖水平，见图 13－11 中 C、D 两点。

图 13-10　RSI 研读实例图

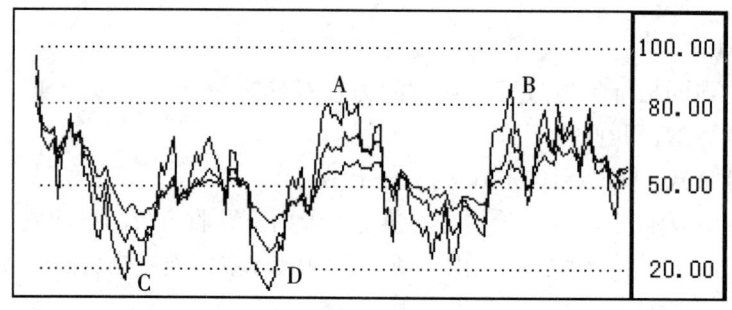

图 13-11　漂移实例图

4. 利用相互背离寻找买卖机会

（1）RSI 自身背离。

①**顶背离**。是指在上升趋势中，RSI 的新一轮峰值（在 70 以上）无力超过前一个峰值，随后又向下跌破了前一个谷即颈线，形成双顶。如图 13-12。

在图 13-12 中，价格在一轮上升后，在高点 12.20 左右发生 V 形反转之前，RSI 值高达 90 左右，并且形成双顶，随后 RSI 在第二峰 A 处转为下降，穿越颈线 B，随后下跌。

第十三讲 市场相对论——摆动指标(一)相对强弱指标 RSI

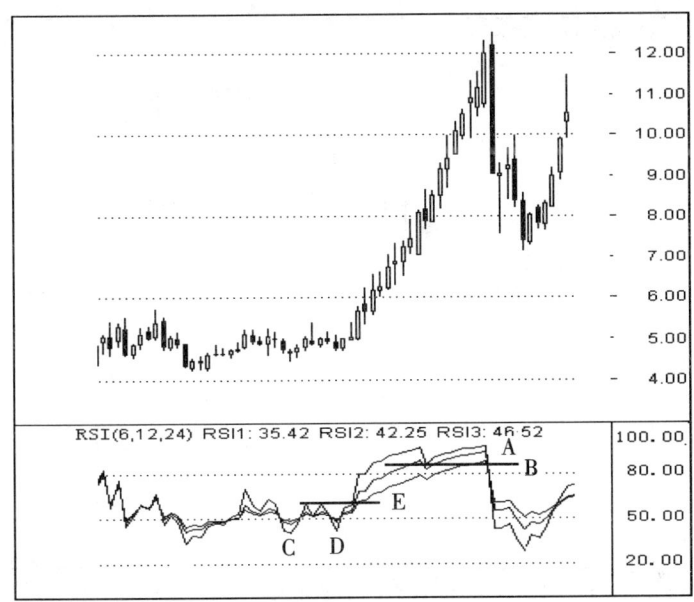

图 13—12 RSI 顶背离实例图

②**底背离**。是指在下降趋势中，RSI 的新一轮谷值（在 30 以下）无力跌过前一个谷值，随后又向上突破了前一个峰，形成双底。见图 13—12。

图中 RSI 在谷值 D 时已在 30 以下，并且无力跌过前一个谷值 C，随后又向上突破了前一个峰即颈线 E，形成双底。

(2) RSI 与价格图形的背离。

①在 RSI 高于 70 时，如果 RSI 图同价格图表呈现相互背离的情形，就构成了严重的警告信号。如图 13—13。

这幅图是数源科技在 2008 年的一个局部顶部，在 K 线图上形成顶部 B 高于顶部 A 时达到了 11.99 元，而在 RSI 图上对应的顶部 B 却没有创出新高，低于顶 A，形成了 RSI 与价格图形的背离，随后价格一路下跌。

②在 RSI 低于 30 时，如果 RSI 图同价格图表呈现相互背离的情形，就构成了严重的警告信号。如图 13—14。

在韶能股份这幅图中，我们可以看到 2007 年 6 月底到 7 月初的价格在这轮下跌中，B 点低于 A 点，但在 RSI 图中，对应的 RSI 值却发生了背离，即 B 点高于 A 点，之后形成了一个小底部，开始了一段上升行情。

(3) 利用 70 和 30 标志线发现信号。

①RSI 在超卖区形成某种形式的背离或双重底时，一旦 RSI 上穿 30 线，

图13—13 RSI同图形背离实例图

图13—14 RSI同图形背离实例图

则发出买入信号，如图 13—15。

在图 13—15 中，RSI 在超卖区 B 处与价格产生背离，这样，RSI 的 A、B 两点形成双底形态，并于 C 点向上穿越 30 线，发出了强烈的买入信号。这个图例中的 RSI，既与价格产生背离，又构成双底形态，指示作用是很大的。

图 13—15　穿 30 线实例图

②反之，RSI 在超买区向下穿回 70 线时，发出卖出信号。见图 13—15，RSI 在超买区形成一个小的头肩顶形态，右肩与价格又产生背离，并向下穿越 70 处，发出卖出信号。

（4）利用两条 RSI 线来发现信号。

我们也可以设定两条 RSI 线，用来捕捉买卖信息：一条快线，一条慢线。在超买区内，快线向下穿越慢线就发出卖出信号；同理，在超卖区内，快线向上穿越慢线就发出买入信号。快线、慢线设定的时间长度因习惯而定。此法与移动平均线有异曲同功之妙。我们还是来看韶能股份的图形，如图 13—16。

在图中我们设定了两条 RSI 线：RSI 的 6 日线，即快线；RSI 的 12 日线，即慢线。在 2007 年 7 月初的 RSI 底部与图形发生背离后，快线于 A 点向上穿过慢线，并形成支撑，发出了较强的买入信号。

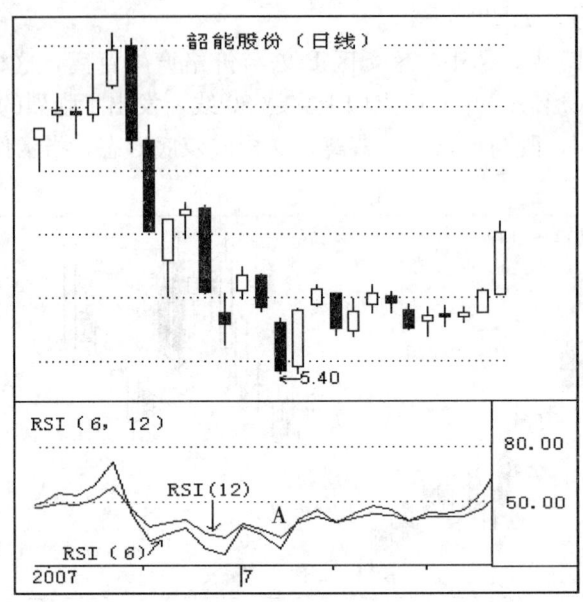

图 13—16　RSI 快线穿慢线实例图

讲到这里，王老师说道："在这里，我们要特别强调重视背离信号，特别是在超买、超卖区内。这些背离可以总结为：**超买卖区背离、顶底背离、自己背离、形态背离、支阻背离、交易量背离**等等。一本书，一节课不会涉及那么多的内容，大家还要在交易中多体会，多总结。"

王老师问小刘："你做股票时用 RSI 吗？"

小刘说："用不好，比如在超买区时，都快涨到 90 了，可是价格还是往上涨。心里就没准儿。"

王老师耐心地解答道："这个指标叫作相对强弱指标，请你们要特别注意这个问题，相对性是这类分析技术的最大特征。"

"相对性？您能仔细讲讲吗？"李刚说。

"什么是相对性？就是说价格运动走了 500 点，甚至更多，它仍然在 100 的范围之内。你买入的股价可能已上涨都接近涨停，而 RSI 还在 90 左右震荡。这是很正常的。这时需要自己的心态保持平和，只要有足够的耐心肯定会等到时机的。

"我们来看相对性的第二个方面：RSI 数值到了超买区不一定卖，到了超卖区不一定买。因为超买超卖区不是全部的买卖依据。买卖依据是有没有背离！在这个区域内 RSI 自身形成了反转形态与否。同时，还要看其他的买卖

第十三讲 市场相对论——摆动指标(一)相对强弱指标 RSI

依据，比如 K 线的反转信号、支撑阻力等，相互参照。

"这里提醒大家，**有背离也会有不背离**，即指标与价格的变化是一致的，这时也会发生反转。学到的知识是要灵活运用，在股票交易市场中，变化是绝对的。这堂课先到这里吧。"

本讲纲要

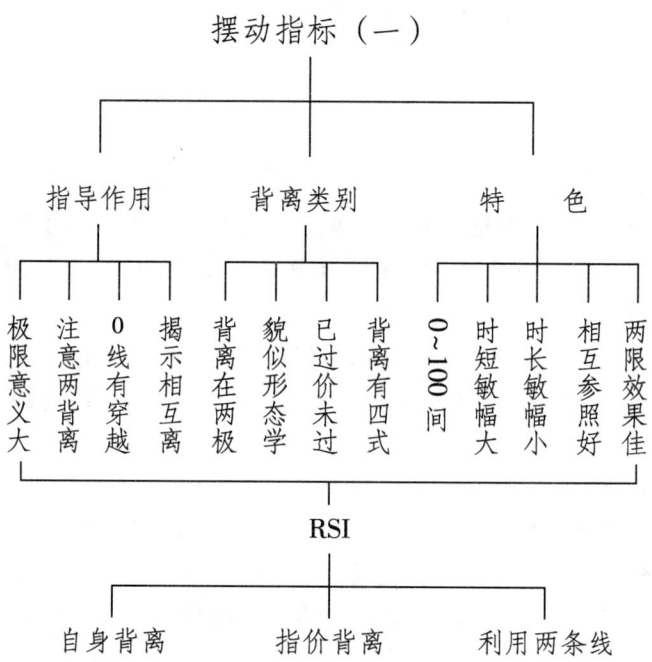

第十四讲　市场相对论——摆动指标（二）
　　　　　随机指标 KDJ

　　课后赵平在家中复习时，脑子里总想着在哪儿买卖股票，学了强弱指标 RSI，对入市的依据还不是很明白。电话中问小刘，虽然给了他一些答复但总是不太满意。王老师提醒他们在学习中要把自己的股票先忘掉，这对赵平来说谈何容易！

　　这次开课后，王老师向仨人征询问题。赵平立即问道："王老师，买卖股票的依据都有哪些呢？"从表情上可以看出，这个问题同时引起了另外俩人的共鸣。

　　"看来赵平想买股票了。"王老师笑着说，"以前讲的内容中，实际上已包括了许多买卖依据，只不过没有认真总结归纳。真要总结出适合自己交易习惯、性格、爱好的买卖依据，还有待学完所有基本课程，并且要经过大量的交易实践。"看到仨人有点儿失望的表情，王老师说，"这确实需要个过程，跨越几乎是不可能的。但是，这倒没关系，虽然你们还没到这个阶段，但我可把自己总结的买卖依据先告诉你们，仅供参考。"见了仨人脸上转忧为喜，王老师也跟着笑了，说："还是愿意吃现成的，对吧？"说着用手指了指墙上挂着的一幅书法，"你们看看，就是这个。"赵平仨人从第一次来王老师家就看到这幅字画，都没太留意，更没想到这会是王老师进行交易的依据。

　　赵平读道："顺从大趋势，对错必止蚀。上卖强阻力，下买狠支持。形态须完美，交易量配合。信号应明朗，跳空必警惕。指标见背离，超常区入市。平常心一颗，取胜岂怕迟。这几乎把我们学习的内容都包括了。不过，没有这段学习的过程，看着就像天书，不太懂。"

　　李刚说："王老师，您挂墙上等于把您的交易秘诀公开啦，不怕被外人偷走？"

王老师说:"来小偷也不会偷这个,一般人拿走有什么用?不认真学习连看明白都难,更别说理解内涵道理了,知道容易做到难。从前常说,做什么事都不要抱着投机心理。最大的投机心理就是企图不劳而获!抱有这种心理做事,往往会搬起石头砸自己的脚。

"我来讲个故事:有一个盲人与朋友辞行,他的朋友给他一只灯笼。'谢谢,'他说自己不需要,'不论明暗对我都是一样。'朋友说:'这我知道,但你有这个灯笼,别人就不会撞到你。'他想想有道理,于是提着灯笼走了。走了一段路后,真与一个人撞上了。这个盲人挺生气:'你没看见这只灯笼吗?'谁知那人却说:'老兄,你的灯笼早就灭了。'大家想想,这个故事说明什么道理?抱着别人的观点而想照亮别人是不可能的。别人都已经改变了思维和方法,自己还盲然不知。所以大家要不断地总结,争取早日总结出一套适合自己的交易规则和哲学理念。"

赵平问:"王老师,您能再给讲讲吗?"

王老师说:"我的这个规则还不完善,有待补充。其中有的知识大家还没学,这倒没关系,你们争取先把它背下来。我们学完这个阶段再给大家讲一下。好,下面我们来学习最后一个指标:随机指标(KDJ)。赵平你来试着读读。"

赵平定了定神,念了起来。

一、随机指标简介及应用

KDJ以今日收盘价作为买方力度与卖方力度的平衡点,收盘价以下至最低价的价格距离表明买力的大小,而最高价至最低价的价格距离表明买卖力度的总力度。这样,RSV的买力与总力之比,正是用以表明N日以来市场买力的大小比例,反映了市场的多空形势。

1. KDJ 的计算

今(N)日 SRV$=\dfrac{\text{今日收盘价}-N\text{日内最低价}}{N\text{日内最高价}-N\text{日内最低价}}\times 100$;

今(N)日 K 值 = 2/3 昨日 K 值 + 1/3 今(N)日 RSV;

今(N)日 D 值 = 2/3 昨日 D 值 + 1/3 今(N)日 K 值;

今(N)日 J 值 = 3 今(N)日 D 值 − 2 今(N)日 K 值。

在乔治·蓝恩的发明里,D值原来是N日K值的平滑平均值。现直接从算式上可见,D值只把K值做1/3的权重加以考虑,同样表明对近期趋势的重视。同时，D值的变化率也小于K值的变化率，因此，K线成为随机指标中较敏感的快速线，D线则为较沉稳的慢速线。

J值本意为D值与K值之乖离，系数3和2也表现了权值的处理，表明在KD指标中，D指标应被更重视一些，这与趋势分析中认为慢线较具趋势的方向性原理是一致的。

"好，先读到这吧，"王老师叫赵平停下，然后讲道，"KDJ的定义不难理解，大家知道就行了，我们重点学习它的应用法则。"

2. 应用法则

(1) 从KD的取值方面考虑：按一般的划分法，80以上为超买区，20以下为超卖区，其余为徘徊区。根据这种划分，KD值超过80就应考虑卖出，低于20就应考虑买入。如图14-1所示。

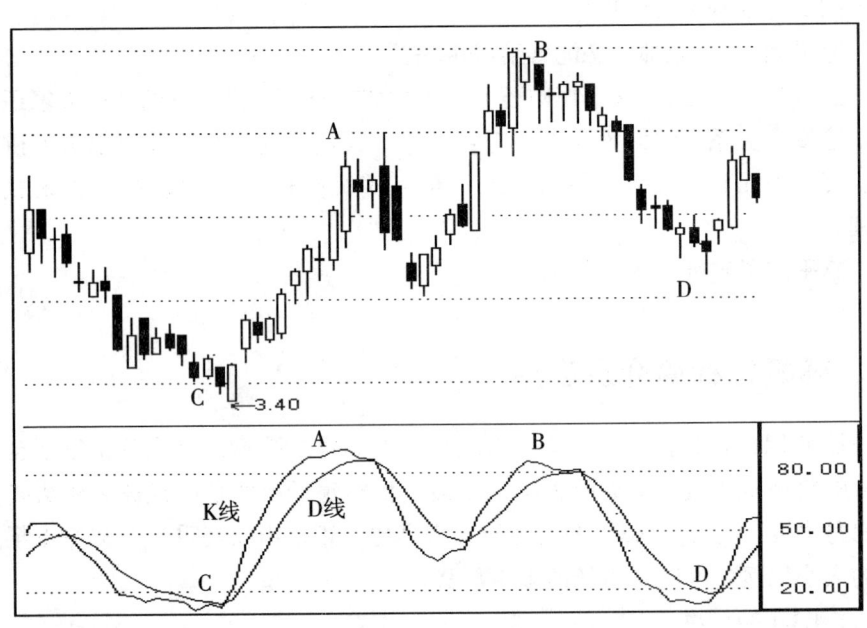

图14-1　KDJ超买超卖区实例图

在图14-1中，A、B两处在80以上，为超买区，C、D两处在20以下为超卖区。按照KD指标给出的信号，在价格图表中与KD指标相对应的A、B两处卖出，于C、D两处买入都会有一定的盈利。这种划分只是一个应用KD指标的初步过程。真正做出买卖的决定还必须从以下几方面考虑。

(2) 从KD的指标曲线的形态方面考虑：当KD指标在较高或较低的位

置形成了头肩形和多重顶（底）时，是采取行动的信号。

注意，这些形态一定要在较高位置或较低位置出现，位置越高或越低，结论越可靠，越正确。操作时可按形态学方面的原则进行。如图14－2所示。

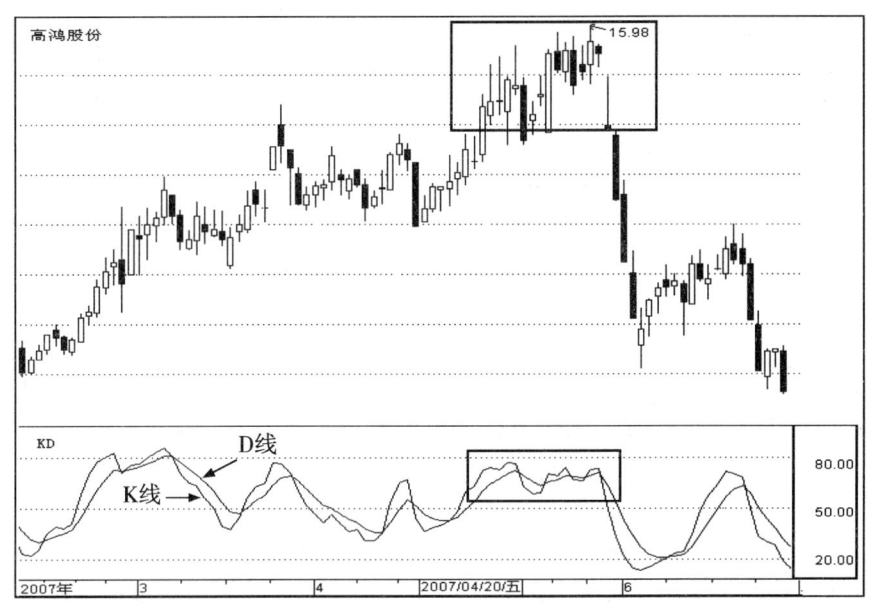

图14－2　KD形态实例图

在图14－2中，高鸿股份在2007年5月9～29日形成的不太规则的双顶（方框内），KD指标出现三重顶的形态（方框内）。果然在形态完成后，出现了一轮较强的下降行情。

对于KD的曲线我们出可以画切线，以明确KD的趋势。在KD的曲线图中仍然可以引进支撑线和阻力线的概念。如图14－3所示。

在图14－3中，AB是下降趋势线。BC，DE是上升趋势线。DE与FE构成一个上升楔形。

（3）从KD指标的交叉方面考虑（以K从下向上与D交叉为例）：K线上穿D线是金叉，为买入信号，但是出现了金叉是否应该买入，还要看别的条件：

金叉的位置应该比较低。金叉是在超卖区的位置，越低越好。上图14－3中B点、C点、D点都出现了金叉。

K与D相交的次数。有时在低位，K、D要来回交叉好几次。交叉的次

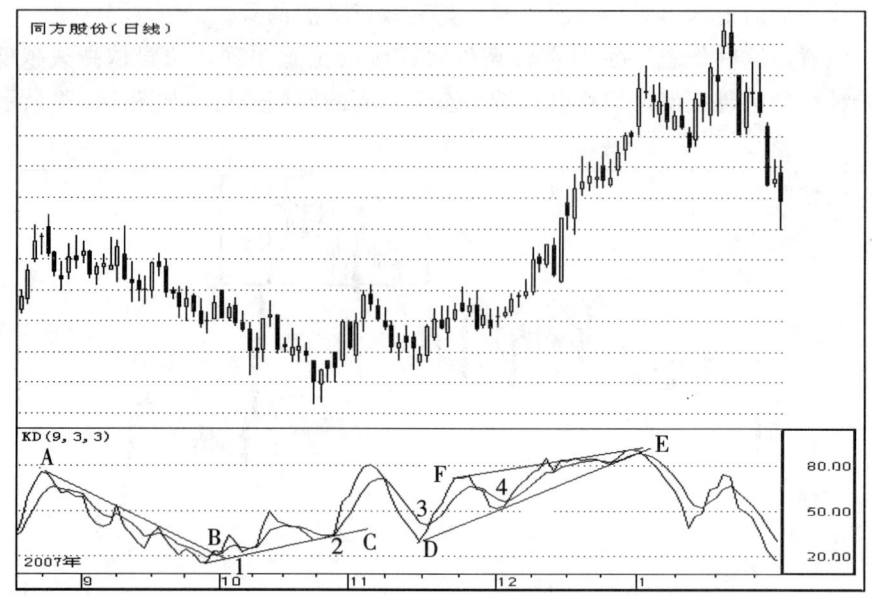

图 14-3 KD 切线实例图

数以 2 次为最少，越多越好。上图 14-3 中，连续出现了 4 次金叉信号，说明市场上升力度很强。果然，图表完成了一个头肩底形态后，价格迅速上升。

交叉点位于 KD 线相对低点的位置，这就是"右侧相交"原则：K 线是在 D 线已经抬头向上时才同 D 线相交，如图 14-4 左图所示。比右图中 D 线还在下降时与之相交要可靠得多。

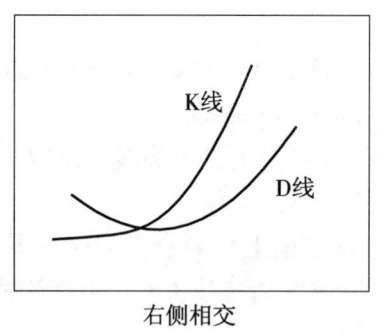
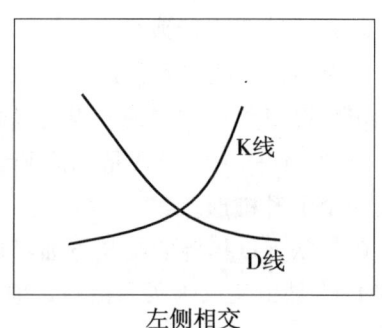

图 14-4 KD 线"右侧相交"示意图

（4）从 KD 指标的背离方面考虑：当 KD 值在高位，并形成两个依次向下的峰，而此时股价还在一个劲地上涨，这叫顶背离，是卖出信号，如图 14－5 所示。

在图 14－5 中，KD 线与图表价格 A、B 两处同步，已处在高位，同时形成两个依次向下的峰 A、B，而且 KD 线与图表价格于 B 点产生背离，股价又形成第三次上冲至 C 点，这时，KD 线与图表价格在 C 点产生了方向的背离，最终价格下降。

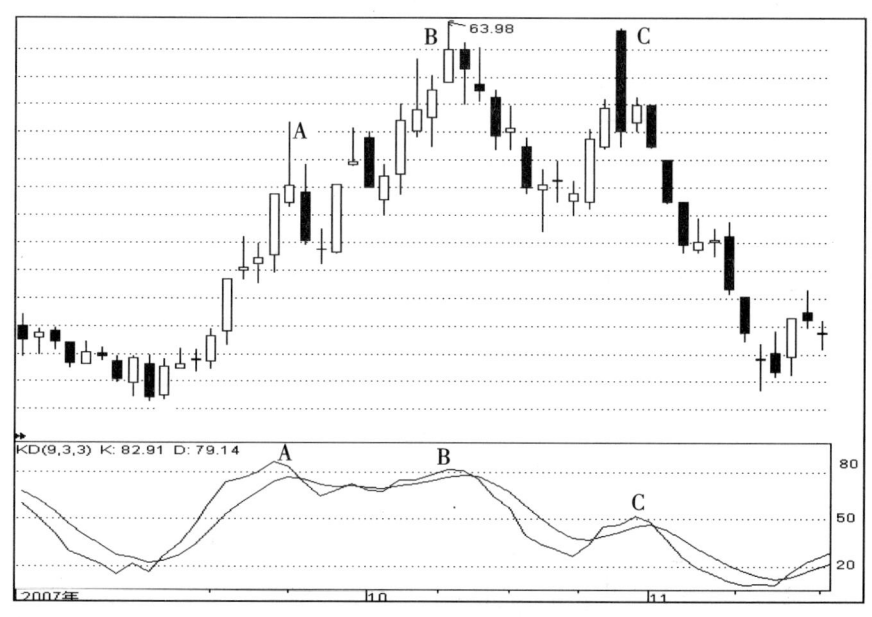

图 14－5　KDJ 顶部背离实例图

与之相反，KD 处在低位，并形成一底比一底高，而股价还继续下跌，这构成底背离，是买入信号，如图 14－6 所示。

在图 14－6 中，KD 线与图表价格在 A 处同步，已处在低位，而后形成两个依次向上的峰 A、B，股价于 B 处创出新低，而 KD 线却没有同步。这样 KD 线与图表价格于 B 点产生背离，发出买入信号。

J 是 KD 的平滑，J 取值超过 100 和低于 0，都属于价格的非正常区域，大于 100 为超买，小于 0 为超卖。通常，当 J 值大于 100 或小于 10 时被视为采取买卖行动的时机，如图 14－7 所示。

在图 14－7 中，图形的上方 KDJ 与价格对应的 A、B 处，A 处超出 100，B 处也很接近，为卖出点。下方 KDJ 与价格对应的 C、D、E 三处均为 0 以

图 14-6 底背离实例图

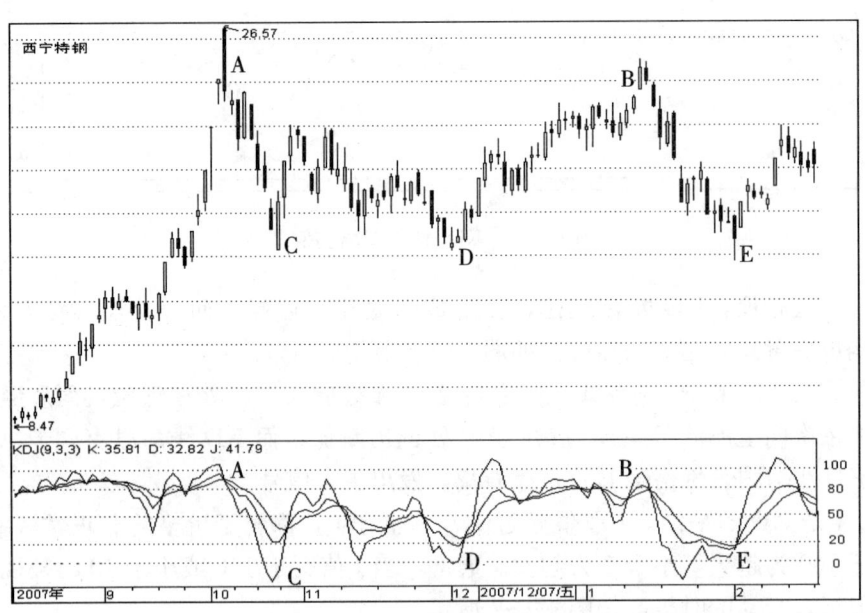

图 14-7 J 线超买超卖实例图

下或已非常接近，由此产生了买入点。从图中可以看出，虽然都是买点，但上升幅度是不同的。虽然都是卖出，但下跌程度又有不同。所以，单一的指标依然不足以构成绝对的入市信号，相互验证是很重要的。

"这块儿有问题就提。"王老师一口气讲了许多，怕仨人有不理解的地方。

小刘说："学了RSI，这个KDJ就容易多了，没什么难点。就是买卖点还是快线穿越慢线为宜，安全。"

赵平说："就是金叉多，怎么没有银叉？"

王老师说："银叉是卖出，往往出现在KDJ的超买区，反向理解就行了。这样讲起来比较省时间。开始时，大家刚学，所以讲得细致。现在你们已经有了学习的经验，雷同的地方可以忽略。这里，或者说，所有课程都是在不同程度上**以买入为主**进行的，因为股市规则是先买后卖，先买才能卖。更主要目的是，希望在学习的过程中，逐渐树立重视买入的思想和习惯。好，李刚，你把下面的内容读完。"

李刚读了起来。

KDJ实质上是一个随机性的波动指标，因此计算公式中的N值通常取值较小，以5～14为宜。将KDJ应用于周线图或月线图上，也可以作为中长期预测的工具。

二、指标的意义与作用

1. 极端价位状态的识别

大部分指数具备上限区、下限区，分别标志着超买和超卖。

2. 相互背离现象

指标曲线与价格图线相互背离，各自朝相反的方向伸展。上升中，价格保持上涨，但指标却无力上升到新高，从而难以维持原趋势。它表示新一轮价格上冲会失败，称为看跌背离，负向背离。下降过程中正相反，称为看涨背离，正向背离，表示市场将反弹。

指标线穿越了重要的峰值或谷值，价格却没有突破，也是一种背离现象。

3. 多条线运用效果更佳

王老师最后总结说："指标有很多种，其他的用法和意义也大致相同。简单地讲无外乎极限区超买超卖、相互背离、0线的穿越、快慢线交叉和形态应用等等。大家先学会这两样就够了，在交易中运用好才是根本。最后，我把所学的指标给大家做一个小结，以便大家复习。到此，技术分析的西方理论基本就讲完了，下节课我们要开始学习东方的 K 线图理论，这节课就到这儿吧。"

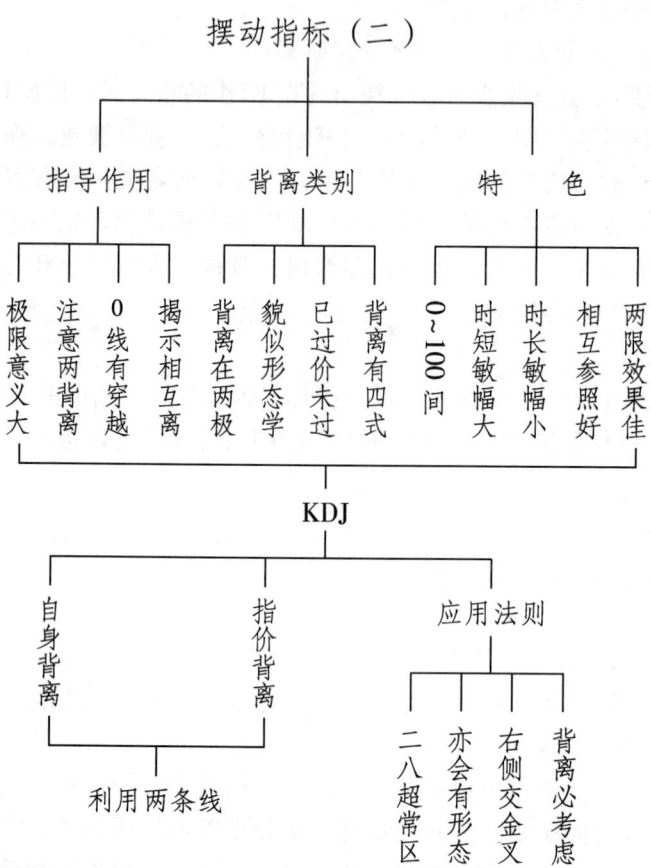

第十五讲　股市红灯停——顶部 K 线反转信号

周末，师生四人又聚集在一起，开始新课程的学习。刚上课，王老师就问赵平，能不能把交易依据背下来，赵平勉强背出。王老师说还不错。你能理解里面的内容吗？赵平说内容基本理解了，买卖依据，是我们交易的准则，但是运用好这些知识还需要实践。

王老师说："运用知识有个过程。你们发现了吗，K 线图在交易依据里提到没有？"见仁人摇头，王老师又说："我认为 K 线图不是反转形态，它应该是反转信号。这样看来，买卖依据是不是也包括 K 线图了？"

经过老师的指点，小刘顿时醒悟，说道："信号应明朗，跳空必警惕。"

"对，这里的信号指的就是 K 线图。今天我们就来学习这一东方理论——K 线图。K 线图又被称为蜡烛图、阴阳图，大多数股民愿意直接叫 K 线图。如果打开电脑看股票，大家几乎都看 K 线图。图里有，在 K 线分析技术中表现得更加充分，并为我们的交易决策提供重要依据。

"蜡烛图起源于日本，是一位叫本间宗久的人发明的。在 18 世纪他著有《酒田战法》一书。不过，他所研究交易的对象不是股票而是大米！他不但在大米市场上取得辉煌战绩，而且他的交易策略后来逐渐演变成日本投资界所应用的蜡烛图技术。如此看来，技术分析应用于其他领域也是非常正常的，这需要有横向思维的能力。

"K 图与其他图表相比占有很大优势：首先，清晰简洁，一目了然；第二，易学，没有深奥的理论；第三，名称生动活泼，富于形象，使人易于联想；第四，它的思维表达接近东方人的思考习惯，虽然日本称为西方；第五，没有技术分析基础的人可以直接学习，并不吃力，有一定基础的人学好后更如虎添翼。

"我更愿意将 K 线图看作是信号，因为它反转时的线图较少，力度稍弱，构成比较简单。不像西方理论中反转时需要许多线图，反转的过程也比较长。我们可将K线图看作是交叉路口的红绿灯——红灯停，绿灯行，这是最起码的交通规则。我们在看K线图时也同样要树立遵守交易规则的意识，红灯停，绿灯行。请大家注意：有了绿灯不一定行，因为有人爱闯红灯，对我们依然会构成危险，因此还需要再验证一下路口的情况。"

王老师话题一转，说道："好啦，下面我们开始完整地学习K线图理论，因其是全新视角，另成体系，我们依然从基础概念入手。如无异议，下面如果出现了K线图或蜡烛图的不同说法，我们把二者当作同一概念看待就可以。"

K线图主要由实体和影线构成，以日线图为例：

（1）实体：K线图的实体是相应交易日的开盘价与收盘价之间的价格范围。如果实体是黑色的，表明当日收盘价低于开盘价。具有黑色实体的K线又被称为阴线。如果实体是白色的，表示当日收盘价高于开盘价，具有白色实体的K线又被称为阳线。

（2）影线：在实体的上下方，会各有一条线段，称为影线。实体上方的影线称为上影线，实体下方的影线称为下影线。相应地，上影线的顶端代表当日的最高价，下影线的底端代表了当日的最低价。见图15-1。

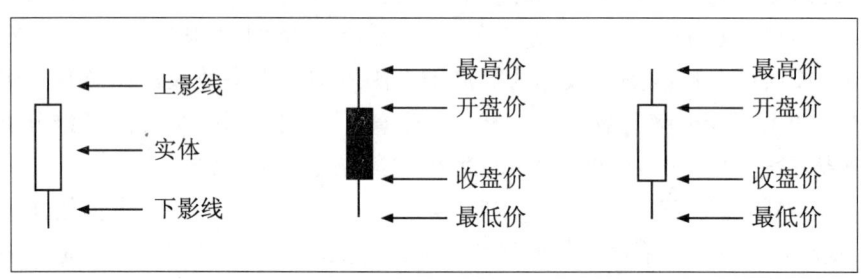

图15-1　K线图构成示意图

王老师讲道："蜡烛图也可以分为反转形态和持续形态。按照部位的不同亦可分为顶部反转和底部反转。

"我们知道，趋势的反转一般是伴随着市场心理而逐渐改变的，这需要有一个缓慢的、阶段性变化过程。准确而言，在K线出现反转信号时，市场不一定反转。把K线反转信号理解为趋势可能有所变化，才是正确的思维。"

（3）在蜡烛图技术中，"反转信号"这个术语仅意味着两点：趋势将发生变化，但是未必一定会反转；反转力度没有以前所学的西方反转形态的力度强。

王老师说："今天我们先来学习顶部的反转信号。"

一、顶部长阴线

在市场重要的阻力位附近出现的实体较长的阴线预示着价格的下跌。

1. 信号构成

顶部长阴线是一根长长的黑色顶部长阴 K 线，其开盘价位于（或接近于）当日最高点，之后价格下跌至少 3% 的幅度，收盘价接近当日的最低点，一般不会跌过前面 K 线实体的 50%。顶部长阴线出现在一轮上升趋势之后的较高价位的区间内，则构成了顶部反转信号，见图 15－2。

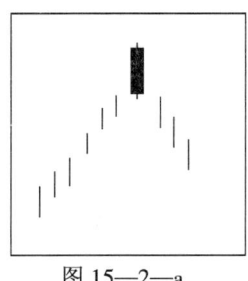
图 15—2—a

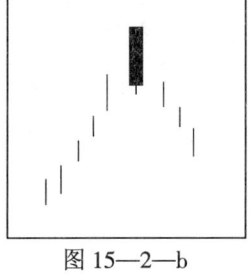
图 15—2—b

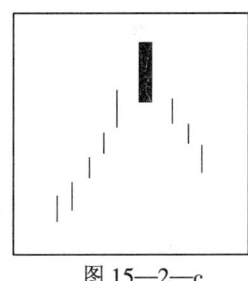
图 15—2—c

顶部长阴线示意图

在图 15－2 中，共有三个顶部长阴线图形。先看左边图形 a，开盘高而收盘却很低，我们看到它实体较长，上下影线都很短，这是一种看跌信号。再看图形 b，它在当天的最高点开盘，空方的力量很强，马上把价格打压下来，形成一根实体较长的阴线，最后收盘也很低。它没有上影线，只有很短的下影线。它的看跌力度要明显强于图 a。最后看右边的图形 c，这是一根长长的光头光脚的大阴线。最高点开盘，实体很长，在高开盘后，价格直线下跌，直至跌到当日的最低点收盘，说明卖方力度很强，它在这三根长阴线里看跌力度是最强的。如果哪支股票在上升了一段时间后出现了这种光头光脚的长阴线，并伴随着较大的交易量，那么一定要警惕一个顶部的到来，从交易策略上说，要及时离场或减仓。

2. 技术意义

（1）顶部长阴线的长度愈长（跌幅在 3% 以上），则该形态的看跌力度越大。

（2）如果顶部长阴线是在市场趋势发展较长时间后出现的，那么，其后市看跌力度也更大。

（3）如果下一根 K 线收盘于顶部长阴线的开盘价之上，则原上升趋势可能会重新开启。

王老师讲解道："顶部长阴线有时没有影线，有时只是有一点影线。在西方理论中，此时往往是单日反转信号。在实际交易中我们把二者结合分析，效果更佳，下面看两个实例。

"先看图 15－3，这是深赤湾 A 股 2007 年 8～10 月份的日线图。

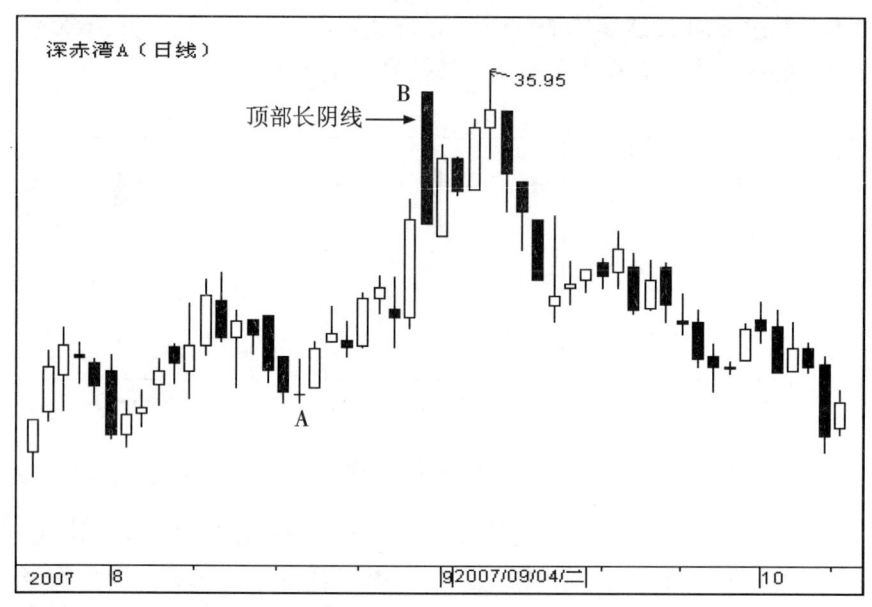

图 15－3 顶部长阴线实例图

"在本图中，先是一轮强劲上升趋势，股价由 A 到达 B 之后，股价突然向上跳空高开，但股价很快就被空方打压下来，跌幅达到 9.3％，并以最低价收盘，形成了一个光头光脚的顶部长阴线。此 K 线构成了强烈的反转信号，虽然股价之后又连续几天上升，但收盘价仍然没有超过这个顶部长阴线的高度。最终价格形成下跌趋势。小刘，你说这时股价下跌方式是什么？"

小刘回答道："以下降管道的方式逐渐下跌。"

王老师肯定地说："对。在顶部长阴线形成有效反转后，价格下降过程中形成了一个管道线。"

赵平问："王老师，您说多空双方的较量是不是可以这样理解：在市场顶部往往是空方会占上峰；在市场底部时，多方又会占上峰。"

王老师回答道："如果空方不占上峰市场顶部就不能形成，所以也就不能称其为顶部。同理，如果多方不占上峰市场就不能形成底部，也就不能称其为底部。反转信号是多空双方较量的结果。可以理解吗？"见赵平点头，王老师接着说道，"没有疑问，下面学习反转信号上吊线。"

二、上吊线

1. 形态特点

上吊线的下影线较长，实体较小，在全天的价格区间里，实体处在接近顶端的位置。它经常发生在上升趋势的末端，称为**上吊线**。见图15－4。

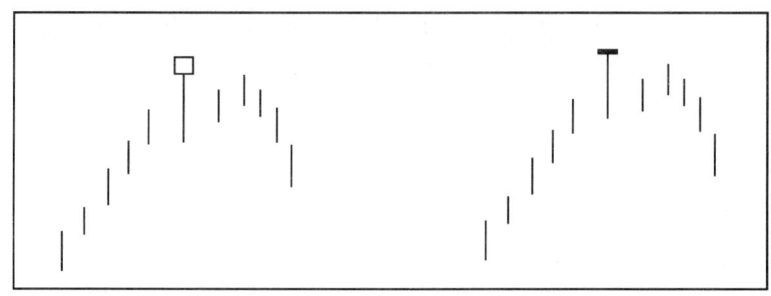

图15－4　上吊线示意图

在图15－4中，左图是一个实体非常小、下影线较长的小阳线，发生在一轮上升趋势之后，居价格顶端，为上吊线。右图是一个实体非常小、下影线较长的小阴线，虽为阴线，亦发生在一轮上升趋势之后，居价格顶端，也是上吊线。

"这个名字听着挺恐怖。"李刚说。

"没错，当你正在走路时，突然看到路边树上吊着个死人，一定会吓一跳。这个恐怖心理你可能会几天都挥之不去。在交易中，上升趋势好像是一棵树，如果一旦看到趋势上面悬挂着一根上吊线，你会怎么想，李刚？"王老师问。

"上吊线，趋势不对了，我必须留神，趋势可能反转。"

赵平说："看到路边树上吊着个死人我哪儿还有工夫想，扭头就跑！"

王老师笑道："看到上吊就紧张了，如果是假的怎么办？遇事不能慌，先判断真假。那么判断的标准是什么？赵平，你来念念。"赵平认真念了起来。

2. 信号判别

（1）形成之前必须有一个上升的趋势。

（2）实体处于整个价格区间的上端。实体较小，而实体本身的颜色是无所谓的。

（3）下影线的长度至少达到实体高度的两倍。

（4）在这类蜡烛线中，应当没有上影线，即使有上影线，其长度也是极短的。

（5）这类图形中，其下影线越长，上影线越短，实体越小，看跌的意义越大。

3. 关于上吊线

当上吊线出现时，我们一定要耐心等待其他看跌信号的证实，这一点特别重要。一旦被证实上吊线成立，决不能犹豫，切记：卖出凭勇气。

待赵平读完形态判别后，王老师又让李刚读下面内容。

4. 上吊线的成立原则

（1）上吊线的实体与第二天的开盘价之间向下的缺口越大，那么它就越有可能构成市场的顶部。

（2）在上吊线之后，如果市场形成了一根黑色实体的K线，且它的收盘价低于上吊线的收盘价，那么可以看作上吊线成立。

王老师讲解道："这两个原则都是以上吊线的第二天的价格图形来确认它的成立与否。（1）是说第二天的K线与上吊线的实体之间是否存有跳空；（2）是说第二天的K线价格是否为一根较大的阴线将上吊线包含。下面我们来看一个实例，如图15—5。

"这是上证指数日线图，日期约为2007年10月左右，即6100多点期间。从日线上看，这是一个双顶反转形态。我们先看左顶：在一轮强大的上升趋势之后，在指数中出现了一个上吊线，这时指数并没有下降，反而继续上升，难道这个反转信号是假的吗？在指数上升两天后，终于开始急速下跌。

"我们再来看右顶：再度上升的指数连升4天，但是，第四天的是一根阴线，下影线很长，是实体的两倍之多，虽有上影线但却很小。并与前日存有跳空。这些特征证实这是一根上吊线。它是否成立？次日是一根阴线，收盘低于上吊线的收盘价，并和它构成吞没形态。之后指数再度向下跳空，一路下跌。右顶的上吊线虽然不大，但它发生在6124点这个历史高位的阻力之

第十五讲 股市红灯停——顶部K线反转信号

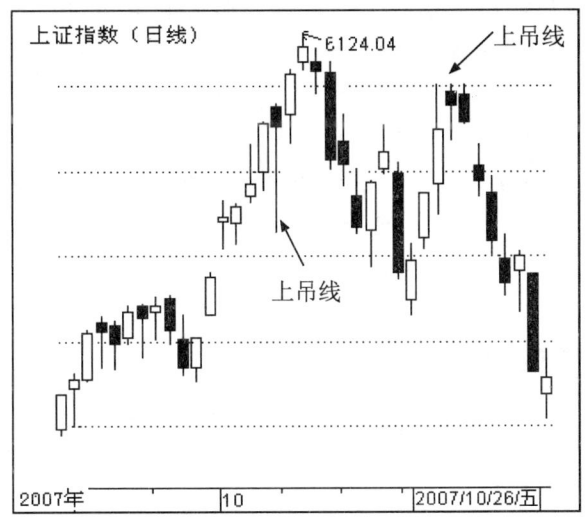

图15—5 上吊线实例图

下,其反转强度非常之大,超出众多股民的想象,亦超出众多专家的预料。听到这里大家有什么想法?不妨讲讲让大家分享分享。"

小刘深有感触地说:"当时我只是感觉不对,特别是价格到右顶的时候,可心里惦记着10000点,怕挣不着。结果还是没挣到,幸亏李刚劝我赶紧卖了。"

赵平笑道:"我可比小刘轻松,什么都不懂,无知者无畏。只是李刚一说卖,心里真不愿意,今天看来实在是太英明了。不过还是得谢谢王老师您的暗中帮忙,谁让咱们后来才认识的。"

王老师说道:"今天静下心来看,市场没有骗人,左顶已经告诉你危险在即,向投资者亮起了红灯,可股民不是不懂就是不信。当指数二次上升时,确实带有不确定性:一是这样的二次上升有时不会出现。二是上升的高度不确定。但市场依然没有骗你,在形成上吊线后迅猛下跌。这时,没有英雄断指的气魄一定会被套住。从实战的角度看,右顶没有超过左顶,并形成反转信号,而后又是向下跳空,这时无论如何也应迅速离场观察。综合来看,双顶已经构成较强大的反转形态,两个顶部又都有反转信号,这就足以证明大盘必跌。双顶这个反转形态出现在6100点这个较大的关口上,就显得格外重要。

"只是这股市中怪事挺多,大盘在底部时,多好的入市位,可这时偏偏出现'智叟',劝说风险之大,情况如何不妙。等到了顶部反转时'愚公'又多了起来,抱着股票舍不得卖掉,一直抱到澳大利亚首都——堪培拉(看赔啦),这时'智叟'也不知跑到哪里去了。"

三个人都笑了起来。

王老师紧接着讲道:"这样结合实际图例讲解,大家能够理解吗?在K线图的学习中,我会运用大量的实际图例进行对新学知识的讲解,同时也会对已学知识进行复习,更主要的是突出运用。一边学了新的知识,一边又复习运用老的知识。下面我们学习吞没形态。"

三、看跌吞没信号

看跌吞没信号在K线图中是一个重要的反转信号。说它重要,是因为它一旦出现,市场往往变化极大。沪指在6000多点反转,周K线图就是这个信号!我们先来认识一下它的形态:

1. 信号特点

看跌吞没信号一般由二根颜色相反的K线实体构成。在上升趋势中,当前一个白色实体被后一个黑色实体吞没后,即后一根阴线的开盘价远高于前面阳线的收盘价,并且收盘价远远低于前面阳线的开盘价,由此构成看跌吞没信号,属于顶部反转信号。有的书里叫穿头破脚,意思是一样的。见图15—6。

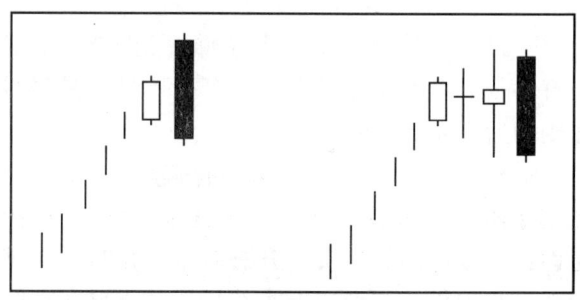

图15—6　看跌吞没信号示意图

在图15—6中,先看左图,价格在一轮上升之后,K线图先是出现一根阳线,预示价格可能会继续上升。但是,第二天的开盘价虽然高高在上,但经过多空双方激烈的争夺,最终价格收于最低点附近,并把前面的阳线完全吞没,就形成了看跌吞没信号。

我们再看右图,价格在上升之后,顶部出现了不止一根阳线的情况,还有其它 K 线，但价格都止步不前，最后这几根 K 线都被的一根长阴线吞没，这说明卖方力度很强，看跌吞没信号形成。

王老师让小刘再把下面的内容读一读。小刘马上读了起来。

2. 信号判别

（1）在吞没信号出现之前，市场必须处在一个清晰可辨的上升趋势中。

（2）吞没信号必须由 2 根 K 线组成。其中第二根 K 线的实体必须覆盖第一根蜡烛线的实体。

（3）第二根 K 线的实体必须与第一根 K 线的实体的颜色相反。

3. 信号的验证

（1）在此信号中，第一根 K 线的实体非常小，而第二根 K 的实体非常大，则看跌吞没的意义更强。

（2）吞没信号出现在超长期的或非常急剧的市场运动之后。

（3）在此信号中，第二个实体伴有超额的交易量。

（4）第二天的实体向前吞没的实体不止一个。

王老师打开投影仪："好，下面我们看一个实例。这是民生银行 2007 年 8～11 月的日线图，见图 15—7。

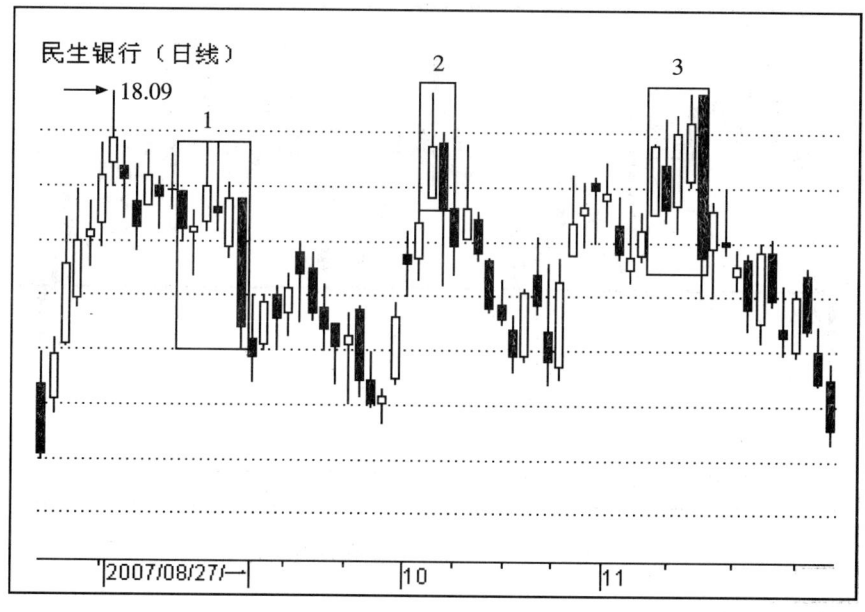

图 15—7　看跌吞没信号实例图

"在图15-7中，在一轮上升趋势完成后，股价上升到18.09元之后，股价在16.5～17.30元之间调整了数日，然后在方框1中右侧形成了一组看跌吞没信号。我们可以看出，这组看跌吞没中的阴线的跌幅较大，将近7%，并且向前吞没了至少5根K线。价格经过一小轮下跌后，又迅速上升到前面高点18元附近，但价格在这个阻力区间没有停留多长时间，就马上又形成了一组看跌吞没信号，如方框2中所示。这个吞没信号是很有效的，它将价格又打压回到下面的支撑位。当价格第三次推进到前面的高点处时，还是没能突破前阻力，在此徘徊了几天后被一根长长的阴线吞没，形成了一组强劲完美的吞没信号。图中方框3处的长阴线向前吞没了10天的K线，说明看跌意义十分明显。我们看到后市股价一路下跌，多方彻底败下阵来。这场多空双方经过几次较量，最终以空方的胜利而结束。"

这时赵平举起手来说："王老师，您能再用我们以前学过的西方理论解释一下吗？"

王老师说："没有问题。我们来看民生银行，如图15-8。

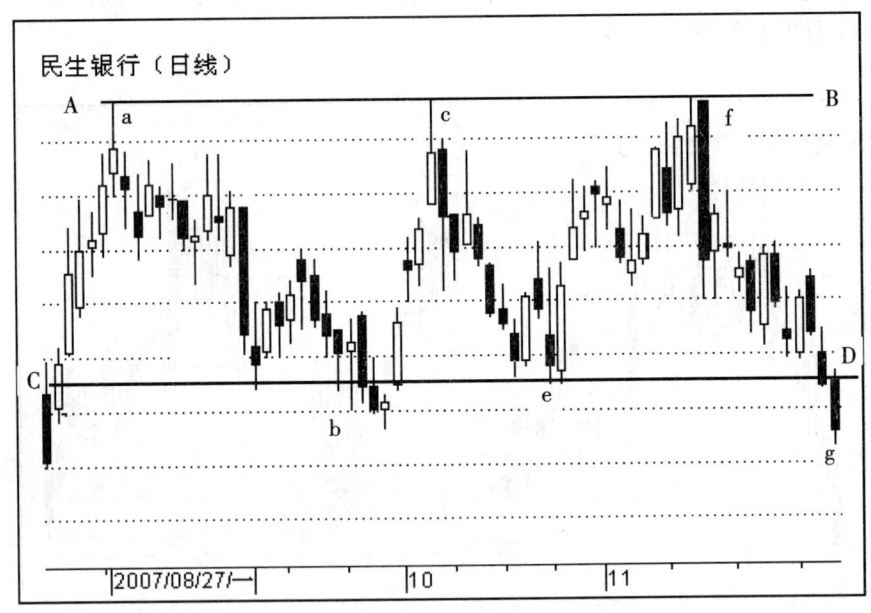

图15-8 形态理论分析实例图

"在这幅图表中，上升趋势结束后，依次出现了以a、c、f三点为最高点的三个头部，并于AB一线构成强劲阻力，价格最终没能向上击穿它。这是一个典型三重顶形态，无庸置疑。我们知道，三重顶是反转信号，但前提是它必须确立。图中CD一线是这个形态的颈线，在形态形成后，价格由 g 点向下有效击穿了它，说明三重顶确立，具有较强的反转意义。后市已被实践证明，这里不再多讲。

"我们再看这幅图表：在阻力AB一线与支撑CD一线之间又构成了一个横盘整理趋势，属矩形形态，因为价格形成了近乎同等高点的头 a、c、f，又分别向下形成了两个同样低点 b、e 支撑位。如果价格向上突破，则这个形态是一个持续，趋势可能会继续上升。但是多方没有守住自己的支撑防线，空方最终取得胜利。

"其实，这些分析只是同一幅图表用不同的技术来进行分析，方法不同，但结果一样。图15－8与图15－7是相同的一幅图表，这个例子说明：对相同的一幅图表有时可以从不同形态、不同角度去进行分析，但往往是殊途同归。这主要看分析者的习惯爱好。"

讲到这里，赵平问道："那么多种的分析方法应该信哪一个？"

"你用谁就信谁！切不可脚踏两条船。"王老师笑着答道。"下面我们来学习乌云盖顶信号。"

四、乌云盖顶信号

1. 信号判别

第一天是一根坚挺的白色实体，第二天的开盘价超过了第一天的最高价，但收盘接近当日的最低价，且明显地向下扎入到第一天白色实体内部的50%以上，见图15－9。

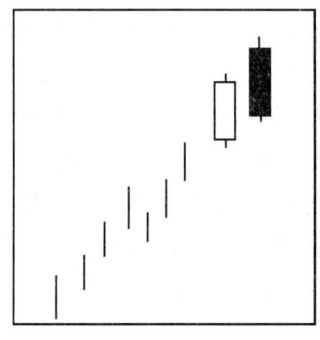

图15－9　乌云盖顶示意图

2. 信号的验证

（1）黑色实体的收盘价向下穿入前一个白色实体的程度越深，则该形态构成顶部反转的可能性就越大。

（2）此形态发生在一个超长期的上升趋势中，它的第一天是一根坚挺的白色实体，其开盘价就是最低价（光脚的），而且其收盘价是最高价（光头的）；它的第二天是一根长长的黑色实体，其开盘价位于最高价（光头的），而且收盘价位于最低价（光脚的）。

（3）如果第二个实体（黑色实体）的开盘价高于某个重要的阻挡水平，但市场未能成功地守住，那么可能证明多方已无力控制市场。

（4）如果在第二天开盘时，市场交易量非常大，则更可能构成市场顶部。

停顿一下，王老师问仨人对乌云盖顶有何感受。李刚说真像暴雨前黑压压的乌云。赵平说看着这个图形有点胸闷。王老师说："这就是K线图富于视觉形象的优点——直观。所以我把K线图叫作看图识字，你一看到它，就会联想到很多东西。"

小刘说："在股市中，看到类似的图形老不愿卖，就是感觉别扭，没少吃亏。那时不懂啊，以后再也不会吃这样的亏了。"

王老师说："光凭感觉也不行，还应理解图正在告诉你什么，它正在给你指明什么。我们再来看一个股票实例，见图15—10。

"这是歌华有线2001年2~8月期间的周K线走势图。股价由低向高升至方框1处，先是收出一根长长的阳线，预示价格可能会再度上升。但是，第二根K线高开高走后不久，股价便向下深深嵌入前面阳线实体的一半，收盘接近本周的最低点，形成一根阴线，这样便构成了乌云盖顶信号。我们可以看出，这根阴线有一根较长的上影线，说明空方力度较强，方框1中的最高点44.63元已成为价格上升时的一大阻挡。

"在经过10余周的调整之后，股价被买方再次推向高位。买方若想成功必须冲破前面的阻力。但是我们看到，就在价格冲到43元附近时，买方力气似乎用尽，又出现了一个顶部长阴线信号，见方框2中。而且这根阴线完全是高开低走，连一点儿上影线都没有，只是它插入前面阳线不到50%，可以说是一组不太标准的乌云盖顶。虽然如此，价格依然一路下跌，并有效击穿了买方构筑的防线，即支撑线AB一线。这次的下跌每根K线都是以长阴线收盘，说明卖方力度非常强劲，买方连招架之功都没有，股价被迅速打压回到原上升趋势起点附近。

"这个乌云盖顶形态应该没有问题，往下看看跌反击线。"

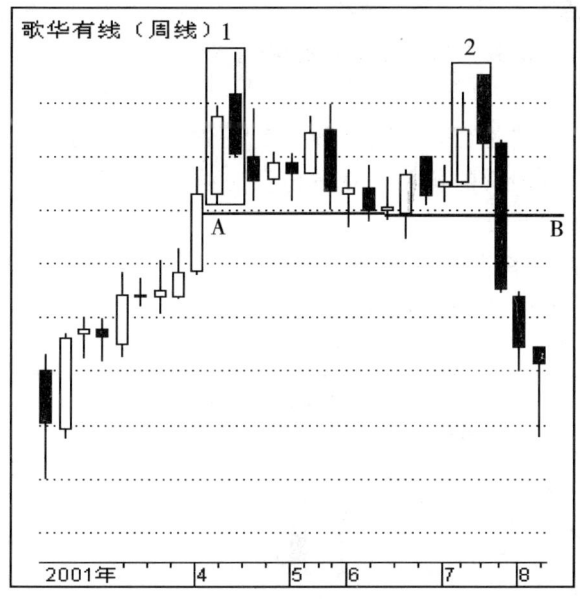

图 15—10　乌云盖顶实例图

五、看跌反击线

看跌反击线也是由两根颜色相反的 K 线组成，即第一天是一根坚挺的白色实体，第二天的开盘价超过了第一天的最高价，但是高开低走，最终收盘于前日的收盘价处。从实体上看，第二根 K 线一般不扎入前面 K 线的实体，它的反转力度比看跌吞没、乌云盖顶要弱一些，见图 15—11。

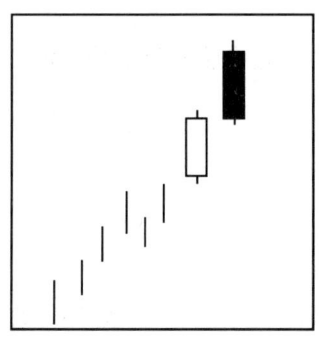

图 15—11　看跌反击线示意图

1. 信号特点

两根颜色相反的蜡烛线具有相同的收盘价。

2. 信号判别

第二天的开盘价是否强劲地上升到较高的价格（在看跌反击线中），或者是否剧烈地下降到较低的价格（在看涨反击线中）。第二根K线与顶部长阴线类似，亦属单日反转。

下面的图例是华侨城A在2011年9～10月的日线图，其中方框所示正是一个看跌反击线的实例，见图15-12。

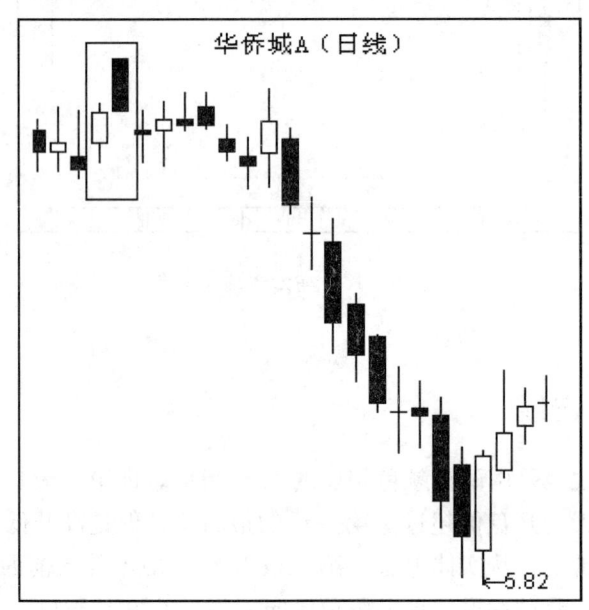

图15-12 看跌反击线实例图

图15-12的方框中是一组明显的反击线，随后又出现了几根十字线，然后价格开始下跌。

"好，往下看星线、黄昏星。"王老师说：

六、星线

星线是比较特殊的信号，一般表明多空双方的力量较为均衡，它的开盘价与收盘价一致或相差很少，所以实体一般较小，且它的实体与它前面的较长的蜡烛线的实体之间形成了价格跳空。星线本身的颜色并不重要。

当星线，尤其是十字星线出现时，就是一个警告信号，表明当前的趋势或许要到头了。在图 15－13 中，这是众多星线的汇集，它们各有自己的名称，而其作用依出现的位置有着强弱不同，在下面我来逐一讲解。

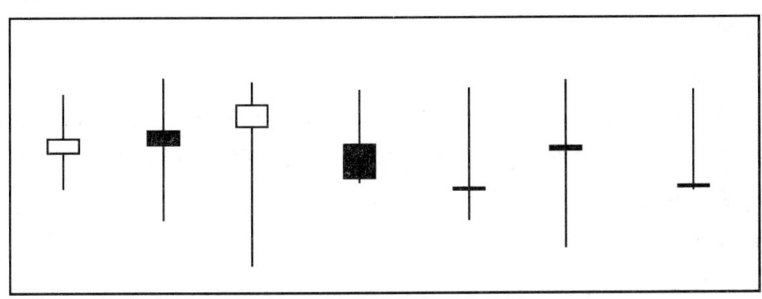

图 15－13　星线示意图

七、黄昏星

1. 信号特点

黄昏星一般由 3 根 K 线组成，第一根 K 线是一根较长的阳线，后一根是一根星线。第三根 K 线是一根较长的阴线，它剧烈地向下扎入第一天的阳线实体的内部，见图 15－14。

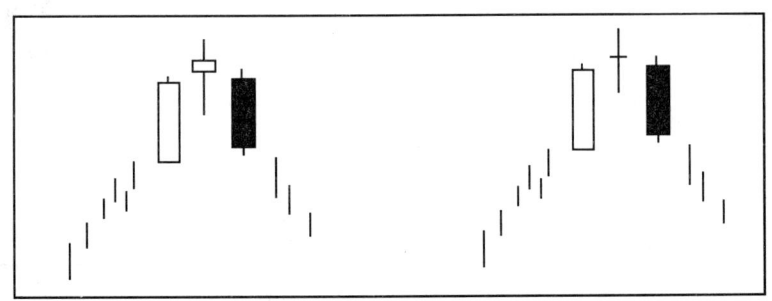

图 15－14　黄昏星示意图

讲到这里，王老师说："这个形态也很形象，听到它的名字你就会感到行情要糟，天快要黑了，又得苦熬了。夕阳无限好，只是近黄昏，该卖了吧。"

小刘深有感触地说："股市就是在熬与不熬这两者之间。"

王老师说道："其实启明星和黄昏星是同一颗星，只不过人们看到它出现的时间不同，一早一晚，恰逢昼夜交替。我们这里的启明星和黄昏星叫法不同，但形态相似，只不过是部位不同。启明星和黄昏星代表的都是反转，反转的对象又是不同，一个上升，一个下降，我们把启明星放在后面讲。好，下面看判别标准。"

2. 形态判别

如果黄昏星具有以下的特征，则有助于增加它构成反转信号的机会：

（1）如果在第一根K线的实体与星线实体间存在价格跳空；并且在星线的实体与第三根K线实体间也存在价格跳空。

（2）如果第三根K线的收市价深深向下嵌入第一根K线的实体之内。

（3）如果第一根K线交易量较轻，而第三根K线的交易量较重。

王老师说："我们来分析一下下图中黄昏星的实例。见图15—15。

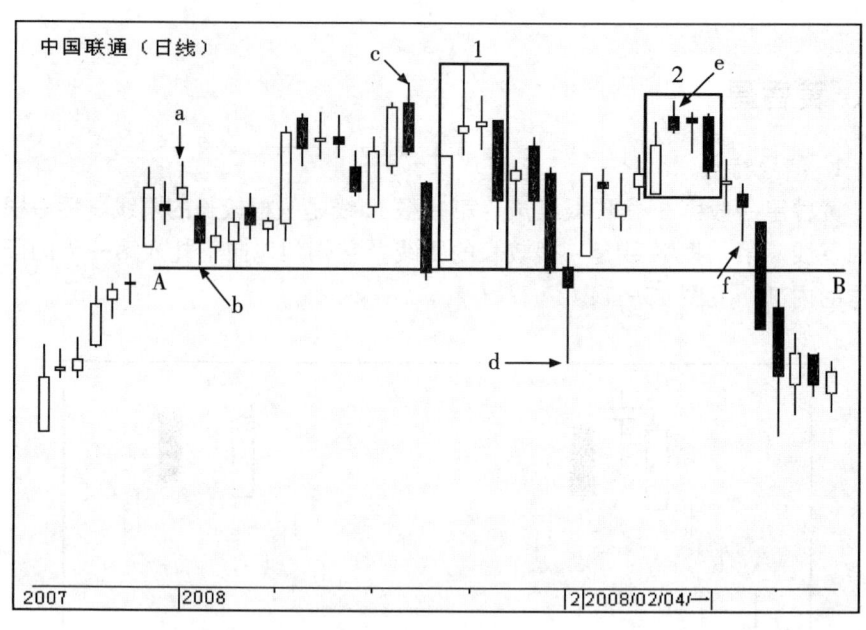

图15—15　黄昏星实例图

"这是中国联通2007年底至2008年5月的股票日线走势图。在这幅图中，先是一轮上升趋势将股价推到一定高度，于方框1处达到价格高点，方框1中有4根K线图，在第一根长阳线之后，连续出现了两根实体很小的星线,并且它们与第一根阳线有明显的价格跳空。第四根阴线则平开低走,收盘很低,基本收于第一根阳线实体的50%左右,从而形成了一组完整的黄昏星形态。顺带谈一下,黄昏星的星在实际图中往往不只有一个。

"虽然形成了一个黄昏星,但市场的变化是多样的,股价并没有过度下跌,而是稍降之后再一次上升至方框2处。在方框2中,我们看到K线又形成了一组黄昏星。这里的星有两个,并且与前面的阳线实体存有跳空。这一次上升,由于受到前面方框1处的强劲阻挡,形成了这一反转信号,其看跌意义是较强的。果然,股价后来一路下跌。大家注意:K线之间实体跳空也是很有作用的。赵平,你再用以前学的西方理论分析一下这幅图表。"

赵平试着分析道:"在一轮上升趋势完成后,价格上升到a点,而后回调至b点,这是左肩。之后价格由b点至c点,经过反复由c点至d点,这是头。而后价格由d点又至e点后,由e点迅速下跌至f点,这是右肩。至此这段时期内,股价运动成为一个头肩顶形态。之后,价格向下穿越颈线AB,最终确立。之后股价必然一路下跌。"

王老师笑道:"过于简单了。特别是最后的结论下得有些武断。在这幅图表中并没有表示后市走多少,而就说必然下跌不妥。应该用头肩顶的测量规则来说一下,比较稳妥。我不是说后市不跌,而是说还没看到它下跌。图里有的原则是必须看到再说,否则市场与主观不一致,容易犯'把自己意识强加于市场'的错误。我们再往下看。"

八、十字黄昏星和岛形顶部

1. 十字黄昏星

与黄昏星略有不同,它的星线是一根十字线。上升趋势中出现了一根十字线,并且它和前一天的阳线实体之间形成了向上的价格跳空,随后是一根较长的阴线,这三根K线就形成了十字黄昏星形态。它的反转意向更强烈些。见图15—14中右图。

十字线是开盘价与收盘价是同一价位,且有稍长的上下影线。

2. 岛形顶部形态

如果这个形态中十字线和前面的阳线、后面的阴线都构成了跳空,就像我们反转信号中所学过的岛形反转,这就构成了一个主要顶部的反转信号,这种形态称为岛形顶部形态。当然,这种信号比起前两种黄昏星就少见多了。见图15—16。

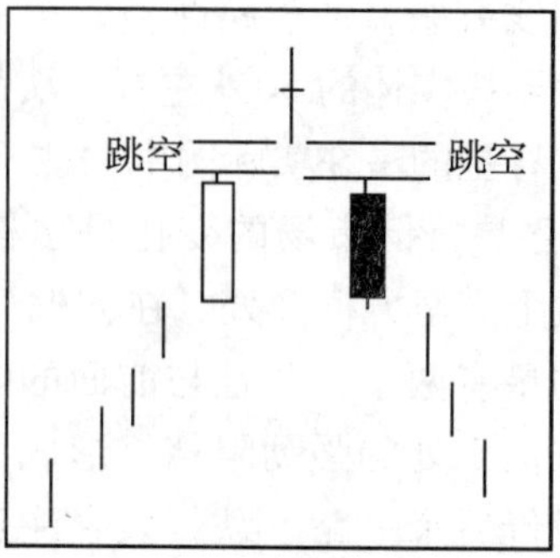

图 15—16　岛形顶部形态示意图

王老师示意赵平停下，说："这里不难懂，先休息一下，下面知识比较散，争取一口气讲完。"

休息中仨人闲谈，都认为 K 线图简单一点儿，理解并不难，名称也挺好记的，关键还在于会用。王老师问大家用过去的知识来分析有没有难处，赵平说难度不小，现在也就只会描述价格变化的过程。小刘认为还可以，毕竟以前明白一些。

王老师说："等到把知识点讲完，主要就是帮助大家理解图形和实际分析。条件如果具备，也可能实际操作一下，怎么也得让你们把学费挣出来。"一听这话仨人都有跃跃欲试的冲动。

王老师看时间差不多了，便又开始上课。

九、流星线与墓碑线

1. 流星线

它预示着市场顶部的出现，具有较小的实体，且实体处于其价格区间的下端，上影线较长，有些人把流星线叫作上探无力。见图 15—17 中左图，流星线实体的颜色并不重要。它的技术意义不如黄昏星强。

2. 墓碑十字线

当日的开盘价和收盘价都位于当日的最低点，仅有上影线，从而形成墓碑线。其出现的位置越高、上影线越长反转意义也就越大。见图 15—17 中右图。

这类形态最突出的长处在于揭示出市场顶部的异常变化。上升趋势一直运动正常，突然出现了一根流星线，有如满天星空，一颗明亮的流星划过，

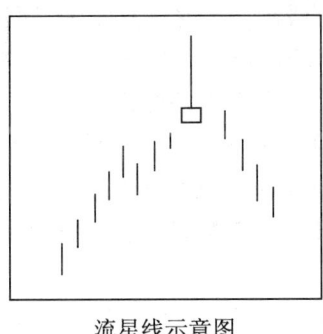 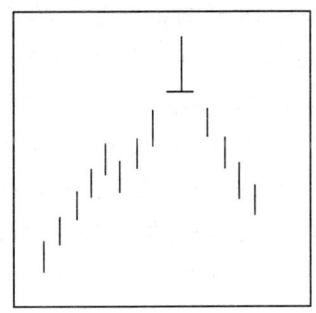

流星线示意图　　　　　　　墓碑十字线示意图

图 15—17

不祥之兆当即笼罩心中。可见上升趋势定有变化，自己要随时提高警惕。据载诸葛亮就是看到流星移动预感到自己死亡将至。

同样道理，你若去墓地看到了墓碑，虽然这里安有自己的亲人，但心中也不免难过。墓碑线一旦出现在尾市，则预示趋势不妙。虽然不一定要马上行动，但切不可掉以轻心。

下面我们来看一个实例，见图 15—18。

图 15—18　流星线、墓碑十字线实例图

图15—18是渤海租赁在2008年初的日线图，当时这只股票叫汇通集团。它从2008年1月到3月31日形成了一个双顶形态，在方框1中，先是出现了一根流星线，预示着上升趋势可能有变化，我们必须注意。第二根K线是上吊线，它需要验证；第三根是星线，并且实体和上吊线实体有个跳空，第四根是一根长阴线，第三、第四根K线验证了上吊线的可靠性，并构成了一组黄昏星形态。第五根又是一根星线，由此，顶部的反转信号清晰地表现出来，价格由此开始了一轮下跌。

在方框2中，先是一根墓碑线，预示着价格运动有变，第二根是上吊线，第三根是一根流星线，这三根都是顶部的反转信号。在这之后，是一组乌云盖顶，然后又是一根上吊线，之后是一根长阴线，把前面的上吊线吞没掉，至此，第二个顶的反转信号清晰地表现出来，上升趋势改变，股价开始迅速下跌。

K线信号的分析不像西方理论那么复杂，因为它形成的时间周期较短，一般一根或两三根就已构成反转信号。它揭示市场变化的意义也不是特别大，当然，这是与形态理论相对而言。但是当它出现在关键点位时，意义不可小看，特别是周线图中的出现更不允许我们懈怠。

讲到这里，王老师说："大家想想，虽然股市只有上下之别，为什么我们感觉市场变化是无穷的？还是自己内心作祟。既然市场变化无穷，那么我们就应以不变来应对。你有万千变化，我有一定之规。赵平，一定之规是什么？"

赵平想了想说："等市场走清楚再说。"

王老师说："对，就是耐心。与其说我们在学习技术分析，还不如说是在学习思维方法。也就是思考股市的方法。在K线中有一个比较特殊的线图——十字线，我们把它拿出来集中讲一下。"

十、顶部十字线

1. 简介

完美的十字线，开盘价和收盘价都是一个价位，如果开盘价和收盘价相差很少（只差两三分钱），我们依然把它看作是一根十字线。见图15—19中的第一组线。

如果当时市场正处在一个重要的转折点，或一个重要的阻力位附近，或者处在牛市的晚期阶段，或者当时已经有其他技术信号信息，十字线的意义

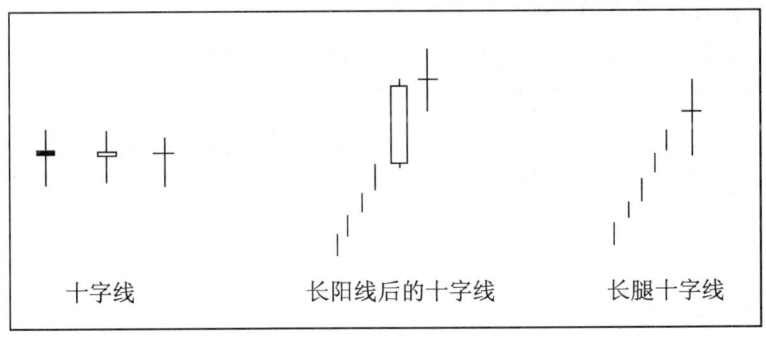

图 15—19　顶部十字线示意图

就非常重要。十字线可能构成重要的警告信号，所以我们宁可错认，也不能漏过：发现一个虚假的警告信号，总比漏过一个真正的危险信号要强得多。

十字线是一种非常重要的反转信号。如果十字线后面的 K 线出现了一些其他反转信号，比如长阴线、乌云盖顶、多根十字线等等，它们就了验证了十字线的反转作用，就进一步加大了趋势反转的可能性。注意，只有在一个市场不经常出现十字线的情况下，十字线才有重要意义。在 K 线图分析中，通常不采用时间短于 30 分钟的日内图，因为在这种图表中，很多 K 线都变成了十字线。

2. 十字线的意义

（1）十字线代表着多空双方势均力敌，从而造成市场犹豫不决的心理状态。只有在市场上不常出现十字线的时候才有重要意义。

（2）在上升趋势中，十字线往往预示趋势的反转。在下降趋势中，十字线往往会丧失预示反转的作用。

（3）通常不宜用日内图。

（4）十字线往往构成一个支撑或阻力。

3. 几种常见的十字线

（1）长阳线之后的十字线：当十字线发生在长期的上升趋势之后，在一根长阳线之后突然出现了一根十字线，常常构成了一个顶部将临的信号。见图 15—19 中间图。

（2）长腿十字线：这类十字线具有长长的上影线和下影线，见图 15—18 右图。如果当日的和收盘价正好处在全天价格范围的中点，那么这种十字线就极有意义。位于市场顶部的长腿十字线是一种特别重要的十字线，我们一定不能忽视。如果同时出现几根长腿十字线时，便构成了反转信号，有人将其称为风浪线或风高浪大线。

（3）墓碑十字线，我们前面刚讲完（见图15—17）。

4. 构成阻挡水平和支撑水平的十字线

十字线有时候在顶部会转化为一个阻挡区，特别是出现在重要的市场顶部的时候。同理，十字线有时候在底部会转化的为一个支撑区。下面我们来看一个实例，见图15—20。

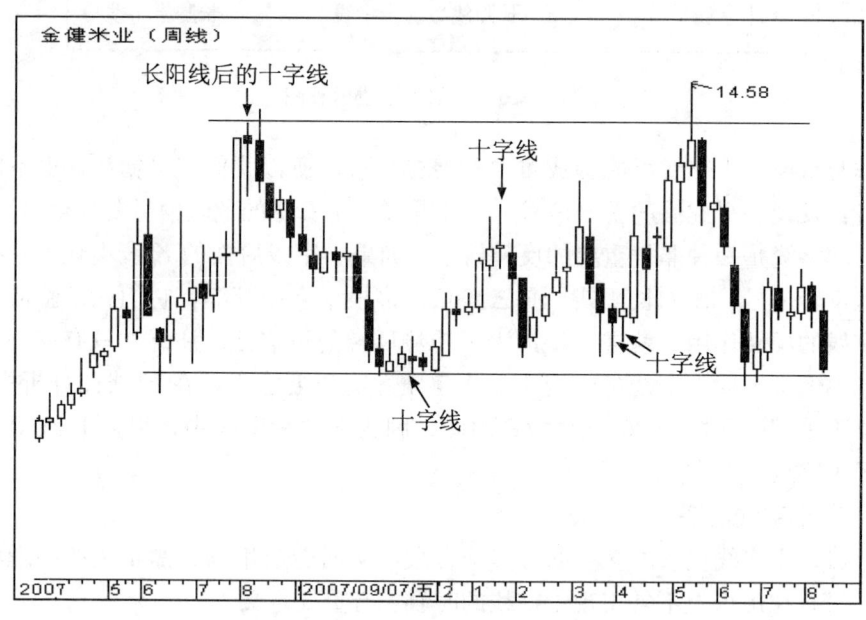

图15—20　阻挡、支撑区十字线实例图

这是金健米业2007年4月至2008年7月的周K线走势图。我们看到，在图15—19中十字线都已标注，这些十字线的出现都促使股价在不同程度上进行了反转，说明这些十字线支撑或阻力的技术意义还是比较强的。当然，若把它与其他技术分析结合在一起运用，更会加强它的技术意义。

我们再来看一下由三根十字线在顶部形成的三星形态。

十一、三星顶部

三星顶部由3根十字线组成，中间的十字线是1根十字星K线。此种形态出现较少但一旦出现，它的反转意义非常重大。见图15—21。

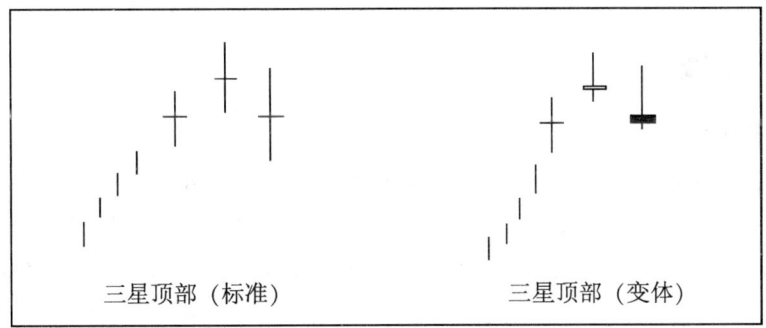

图 15—21 三星顶部示意图

在图 15—21 中，左图为标准的三星顶部，右图则是变体。我们需要明确的是在实际图中标准的图形是很少的，图表似乎有意为难分析者，就看心是不是细，头脑是否灵活，会不会变通。下面再看一个实例，见图 15—22。

图 15—22 三星顶部实例图

这是弘业股份 2007 年 11 月至 2008 年 2 月的日线图。在这幅图中，有两处出现了三星顶部，虽然不是很标准，但是并没影响它们在顶部起到的反转作用。这说明三星顶部的反转作用是很强的。

十二、孕线

1. 形态特征

第二根 K 线的实体相对于第一根 K 线的实体非常小，并且这个小实体居于大实体的内部。在孕线形态中，尾市长阳线可称为母线，第二天的小实体即为子线。孕线又可称为母子线。第二根实体越小，则整个形态越有力量。见图 15—23。

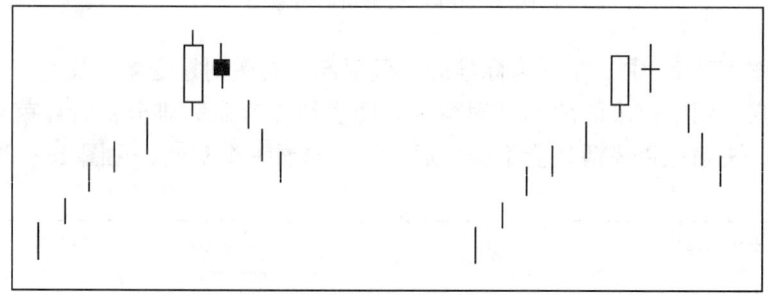

图 15—23　孕线示意图

在图 15—23 中，左图为上升趋势的尾市出现了一根长阳线即为母线，但第二天子线的所有价格没能超出母线的实体，且实体很小，这就预示市场有变。右图也是一样，只不过子线是一根十字线，反转意义更强。

2. 十字孕线

信号特点：在孕线形态中，第二天是一根十字线。一般的孕线不属于主要反转信号，但十字孕线属于主要反转信号。见图 15—23 中右图。大家注意，孕线的颜色并不重要，重要的是实体不能大。十字线本身就说明多空力度旗鼓相当，预示原趋势可能停止。下面我们分析一个实际图例，见图 15—24。

这是太极集团 2002 年 5 月至 2003 年 2 月的周线图。在本图中，在方框 1 中价格上升至 38 元后开始停止不前，并且形成了孕线，由于母线实体很长，子线实体更显短小，之后市场开始下跌。紧随其后出现一次反弹，价格接近 32 元时，又构成一组孕线，母线实体更长，而子线是一根十字线，预示后市看跌。

请大家注意：方框 2 处孕线形成之前没有上升趋势，只是一段反弹，所以它的下跌意义较弱，价格仅跌至前面低点即止。

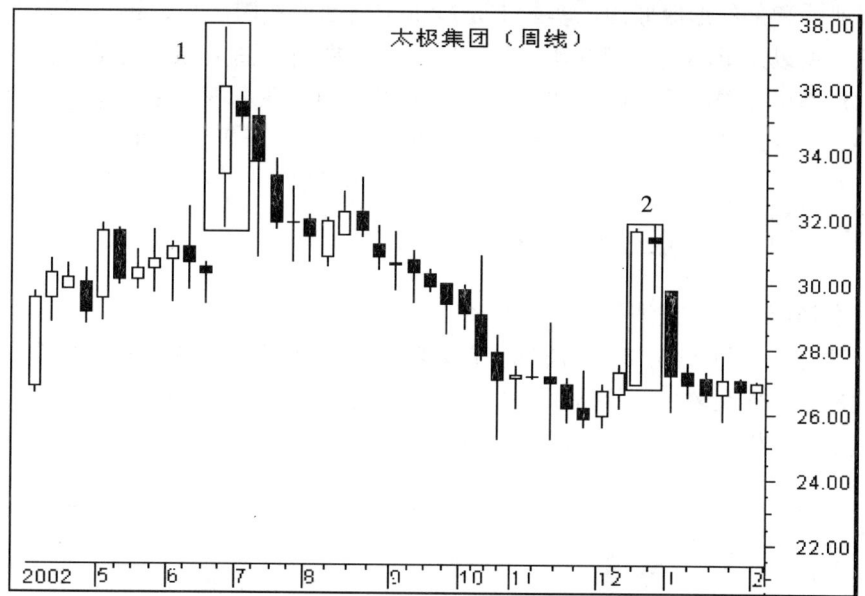

图 15—24　十字孕线实例图

王老师见大家听得轻松，便说："我们往下接着学平头顶部。"

十三、平头顶部

信号特征：顾名思义，平头顶部形态由具有几乎相同的最高点的两根 K 线组成。见图 15—25，其中左图是长阳线与上吊线、中间图是长阳线与流星线组成、右图是长阳线与乌云盖顶组成。

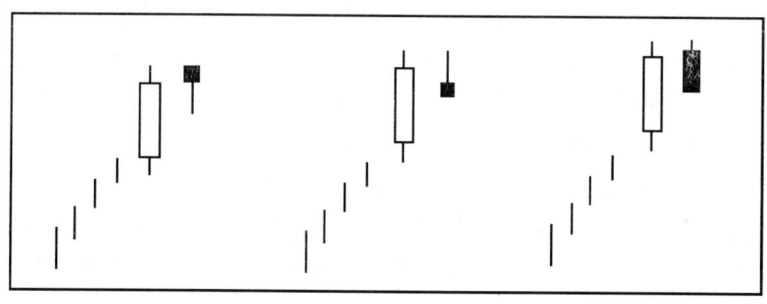

图 15—25　平头顶部示意图

平头顶部的形成原因，实际上是股价于前面形成阻力后，第二天没有冲过去，所以这里不要忘记标明支撑、阻力线。在周线图上和月线图上，平头顶部形态可能构成重要的反转信号，见图15—24，在方框2中，除去是孕线以外，由于母子线的高点非常相近，所以又构成了一个平头顶部的信号。

十四、两连阴或三连阴线

在经历了一段上涨行情后，在价格顶部，出现了连续两根阴线或3根阴线，这也是一种顶部的反转信号。它表明市场上冲无力，空方逐渐得手。如果此形态出现在较高的价格水平上，或出现在经历了充分发展的上涨行情中，就预示着价格即将下跌，见图15—26。

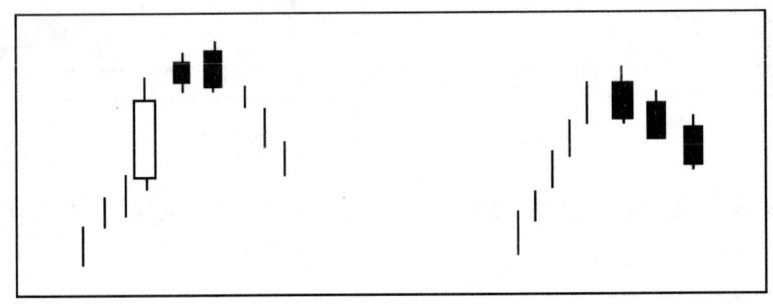

图15—26 连阴线示意图

三连阴线单从一根上看力度不强，但是将其连在一起力度立即增强。如果日线图中出现了三连阴线，应立即看一下周线图，肯定会有启示，因为周线可能会把三连阴线连成一体。其他时间的三连阴线可依此类推。

K线信号往往出现在西方形态理论的形态之中，如头肩顶、双顶的顶部。这会给大家什么启示？这里给大家留下一道思考题。下面再看一个实例，见图15—27。王老师半开玩笑问道："我们看的实例是不是多了？"仨人都说不多，这样边学边用的方法很好。

王老师讲道："这是岷江水电在2007年12月到2008年1月的日线图。股价在上升到方框1时形成了两根流星线，随后股价有一个小幅盘整。然后股价又微升到方框2的位置，这时出现了两根阴线，但股价并没有很快下跌，只是调整了一下。之后是一根长阳线，但依然被空方阻挡，紧接其后方框3中形成了一个三连阴，股价由此一路狂跌。可见在关键时候、关键点位K线

第十五讲 股市红灯停——顶部K线反转信号

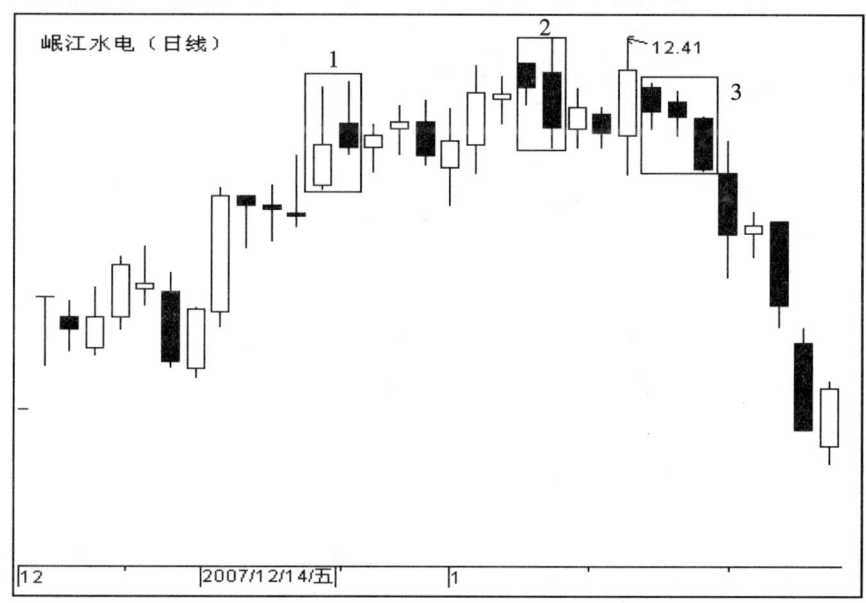

图 15—27　连阴线实例图

反转信号也会显现出明确的技术意义。"

讲到这里,王老师问:"大家对上述的知识有问题吗?"见仨人都说没有,王老师接着说道:"到此,今天的课基本讲完了,主要讲了 K 线图的各种顶部反转信号。虽然是初学,但你们会感到不难理解。我们讲的都是重要并且常见的反转信号,有的信号与以前学的西方理论中的雷同,我就忽略没讲。至于形态形成的过程我也没重点讲,因为技术分析的核心就是重视结果,不重视原因。我们是以结果推导结果,以果为因。下次课我们讲底部反转信号。"

赵平问:"老师,您虽然把知识讲完了,但是我们离应用还差得很远。怎么做才能迅速提高呢?"

王老师笑道:"不用急。讲完不等于学完。我只是刚把知识点讲完,目的就是大家能尽快听懂技术分析的语言。原来我一说乌云盖顶,你肯定不知我在说什么,现在就不同了。等到你们把知识记熟,再讲怎么用就容易许多。大家知道,学习的最大忌讳是夹生饭。希望你们能尽快记牢所学的知识点,为下个阶段的'学用'打下基础,学用阶段也是提高阶段。好,今天的课先到这里。"

本讲纲要

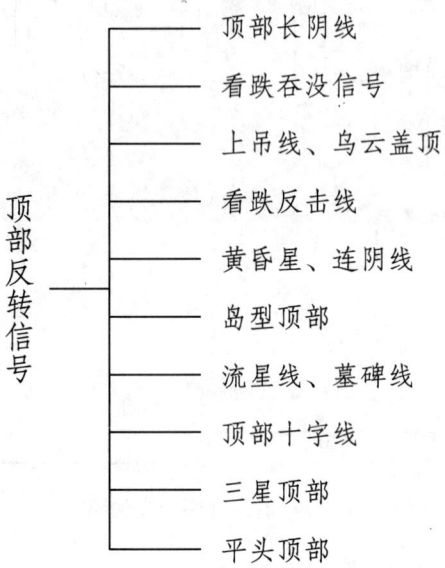

顶部反转信号
- 顶部长阴线
- 看跌吞没信号
- 上吊线、乌云盖顶
- 看跌反击线
- 黄昏星、连阴线
- 岛型顶部
- 流星线、墓碑线
- 顶部十字线
- 三星顶部
- 平头顶部

第十六讲　股市绿灯行——底部 K 线反转信号

这个周末，K 线图的第二次课开始了。王老师问三个学生："在学习新知识之前我先问问大家，上节课出了一道思考题，谁还记得？"

李刚回答道："您让思考的是 K 线信号往往出现在西方理论的形态之中，如头肩顶、双顶等等，这会有什么启示。"

王老师让李刚再讲一下。

李刚说道："我认为西方理论，特别是形态的形成需要较长时间，所以，依据西方理论买股票的话必须要有耐心，也就是要等形态完全形成之后再买入。"

小刘说道："这东西方的理论用时是一长一短，要能把二者有效地结合起来运用，一定事半功倍。我最近正在思考这个问题。"

王老师笑着说道："那我就抛砖引玉，给三位开开窍。在西方的技术分析中，反转形态形成的过程比较长，等到看清后价格已经走了很多，这时如果追势的话可能危险会加大，因为价格随时可能回调。如果在市场顶部，卖出慢的话经常会扩大损失，在市场底部则会失去最佳的买入时机。如双底形态，它的形成是以突破颈线为标准的。但这时入市可能只能抓住整个行情的 50%～60%。而我们在学习了 K 线图以后，可以利用各种底部反转信号的警示，在右底止跌并且 K 线图出现了反转信号时及时入市，这样便可以扩大盈利空间。这完全符合先前学的'**第一时间入市**'的交易原则。

"同理，双顶形态，它的形成也是以突破颈线为标准的。如果在这个时候选择离市，你的损失会扩大不少，无论你是止损还是止盈。但是，如果你在右顶价格停滞、并且 K 线图出现了各种顶部反转信号后及时离市，这样便可以扩大盈利空间或减少亏损。这也符合先前学的'**第一时间入市**'的交易原则。"

赵平说："您教的这条交易原则不是'第一时间入市'吗？"

王老师笑着反问道："应该'第一时间入市'，难道就不应该'第一时间离市'吗？离市与入市同样重要！这条原则强调的重心是第一时间，而不是入市或离市。记得金银盾的故事吧。思考股市一定要从多空双向去思维。因为我是从期货入手从事这行的，已经养成双向思维的习惯。其实'第一时间入市'已经告诉大家：同样要'第一时间离市'，这已不止是双向思维，还包括了举一反三，横向思维。大家回家再把这个问题多想想，在以后的训练课中经常会涉及到这类问题。听好，是这类问题。好，下面我们学习 K 线图的底部反转信号。

"有了上节课做基础，这节课学起来应该轻松一些。我们知道，底部反转形态往往是顶部反转形态的反向。可以推论，K 线的底部反转信号很多也是顶部反转信号的反向应用。所以，有些相似的内容在这部分中省略了，课后大家可参考顶部反转信号相关部分。我们先来看底部长阳线。"

一、底部长阳线

1. 信号构成

底部长阳线是一根坚挺的白色 K 线，其开盘价位于（或接近于）当日的最低点，收盘价收于（或接近于）当天的最高价，并且很多情况下会穿入前面 K 线的实体，一般不到 50%。如果市场处于低价区域，底部长阳线则预示着一轮上冲行情的到来，构成底部反转信号，见图 16-1。

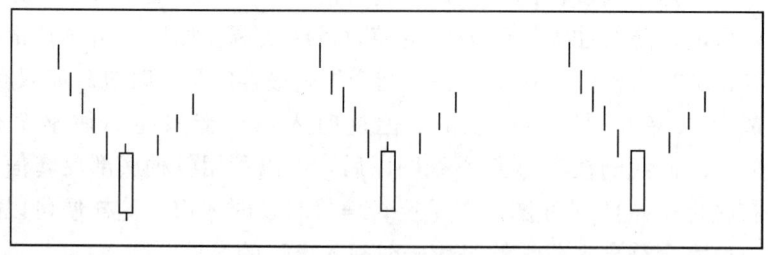

图 16-1　底部长阳线示意图

在图 16-1 中，共有三种底部长阳线的图形。先看左边图形，低开盘，收盘很高，并插入前面 K 线的部分实体，我们看到它上下都有影线，但都比较短。再看中间图形，同样低开盘，实体很长。它没有下影线，只有一根上影线。最后看右边图形，这是一根长长的光头光脚大阳线：低开盘，实体很长，在低开盘后，直线上升，收盘于当天的最高价，说明买方力度很强。虽然这三根都是底部长阳线，并表示看涨，但看涨力度完全不同。对于近似的 K 线反转信号，要认真体会它们之间力量的不同，去品味 K 线信号的提示，这里再强调一下，不要忽略"图里有"的真谛。

2. 技术意义

（1）底部长阳线的长度愈长，则该形态的看涨力度越大。

（2）如果底部长阳线是在市场趋势已经较长时间下降之后出现的，其后市看涨力度也更强。

（3）如果下一根 K 线收盘于底部长阳线的开盘价之下，则原下降趋势可能还将继续。

王老师讲解道："底部长阳线有时没有影线，有时只是有一点影线，在西方理论中往往是单日反转形态。在实际交易中我们把二者结合利用，会取得更佳效果，下面看个实例，见图 16-2。

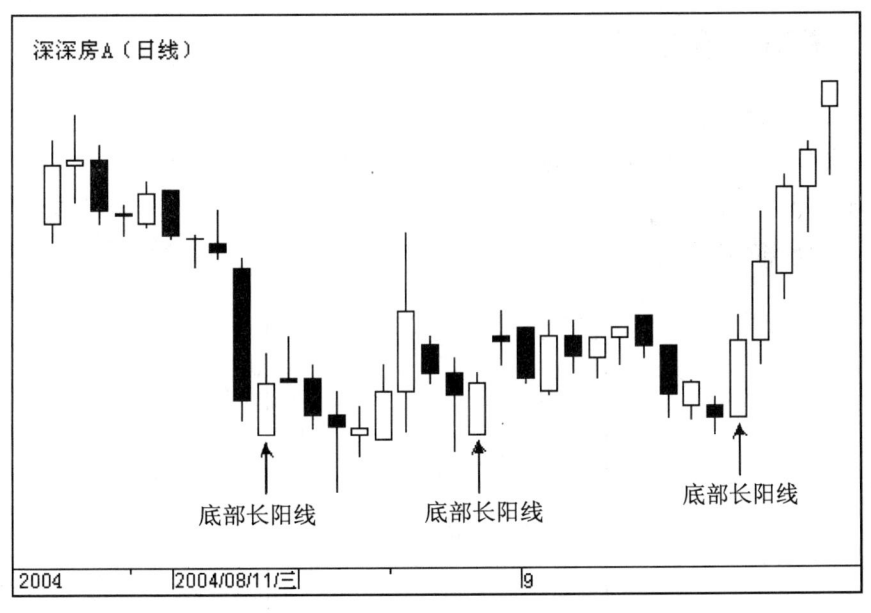

图 16-2　底部长阳线实例图

"在图 16-2 中，出现了三根底部长阳线，我们先看左面第一根。它出现在较强的一轮下降过程之后，可见这根底部长阳线是不可小看的。随后，股价出现了横盘整理。之后又出现了第二根底部长阳线，它同时验证了前一根锤子线的反转作用，之后股价有个小幅上涨。经过数日的做底以后，股价在开始攀升之前又出现了一根底部长阳线。股市中有'反弹不是底，是底不反弹'之说。这只股票后市如何，我们冷眼观望。"

听了王老师的话赵平顿觉新鲜，马上问道："麻烦您给我们讲讲'反弹不是底，是底不反弹'这句话行吗？"

王老师回答道："股价在迅速下降时往往会遇到支撑，但穿越支撑需要有一定的力度。我们知道支撑是买方的防线，当股价触碰支撑时必将引起多方的反击，此时价格往往反弹。但是，这只是多方反击而已，而多方要想完全占领优势，必须积蓄一定的时间和力量，即吸筹，这也就是形态形成的过程。我们知道，底部反转形态形成的时间比较长，价格的震幅不太大。为了不引起市场注意，价格也不会迅速反弹。但这只是原因，不是我们关注的对象。大家能理解吗？"见仨人无疑问，王老师说："下面我们继续讲看涨吞没和刺透信号。"

二、看涨吞没信号

1. 信号特点

此信号由 2 根颜色相反的 K 线构成。在下降趋势中，当前一个黑色实体被后面一个白色实体吞没后，便构成看涨吞没形态，有的书里叫穿头破脚，意思一样。见图 16－3。

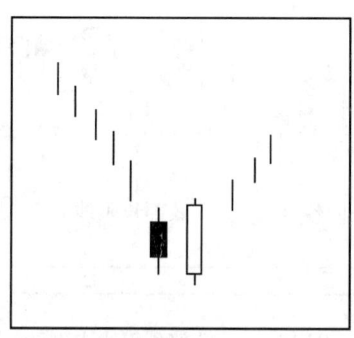

图 16－3　看涨吞没示意图

在图 16－3 中，价格在一轮下降之后，K 线形成一根阴线，预示价格可能会继续下降。但是，第二天的开盘价特别低，比前日阴线收盘低了很多。经过多空双方激烈争夺，最终价格收高，比前日阴线开盘高了很多，形成一根长阳线，这样第二天的阳线将前面阴线完全吞没，就形成了看涨吞没信号。

2. 信号判别

（1）在吞没信号之前，市场必须处在清晰可辨的下降趋势中。

（2）必须由两条K线组成：第一根是阴线，第二根是阳线，并且第二根K线的实体必须覆盖第一根的实体。

3. 信号验证

（1）第一天的实体非常小，而第二天的实体非常大。

（2）第二个实体伴有超额的交易量。

（3）第二天的实体向前吞没的实体不止一个。

下面看一下实例：见图16－4。这是万向钱潮2007年8月至2008年6月的周线图。股价由16.93元的高点跌到10元多，然后形成了第一组看涨吞没信号，我们清晰地看到第二根阳线完全将前面阴线吞没，预示后市看涨。但价格向上冲了一下又回调至低点附近，并形成第二组吞没信号。这两组吞没信号形成了一个双底，促使股价走出一段上升行情。

图16－4　看涨吞没实例图

从整体上看，也正是这个双底第二次把股价推向高点，为形成双顶造成了条件。而这双底的底部，又是整个双顶形态的颈线。股价最终在有效击穿颈线后下跌。形态的形成，信号的确立，往往是你中有我，我中有你。无论怎样对股价运动进行分析，趋势永远是第一位的。

王老师强调说："从技术分析的重要性来看，我认为趋势第一、形态第二、信号第三。那好，我们接着往下学刺透信号。"

三、刺透信号（斩回线）

（1）信号特点：刺透信号是乌云盖顶信号的反向，由两根 K 线组成。第一根是黑色实体的 K 线，第二根则是长长的白色实体的 K 线。在白色线这一天，开盘价曾急剧下跌至前黑色 K 线的最低价之下，但不久价格又被多方推升回来，且收市价超过前一天黑色实体的 50%，见图 16-5。

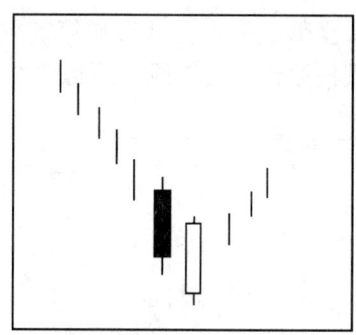

图 16-5 刺透示意图

（2）信号判别：同乌云盖顶（方向相反）。

（3）此形态中，白色线实体必须向上推进到黑色实体 50% 以上。

下面看一个图例：如图 16-6。

这是南宁糖业 2006 年 6 月至 8 月的日线图。方框 1 处是一组反击线。图中方框 2 处所表示的，第一根是黑色实体阴线，它具有看跌意味，第二天价格向下跳空开盘，但并没有下跌多少，反而上升，到收盘时价格向上冲上前面阴线中点以上。这样，这两根 K 线构成了刺透信号。在方框 3 中，第一根是黑色 K 线，第二天价格向下跳空开盘，但低开高走，收盘时价格收于前面 K 线的 50% 以上，同样构成了刺透信号。

第十六讲 股市绿灯行——底部K线反转信号

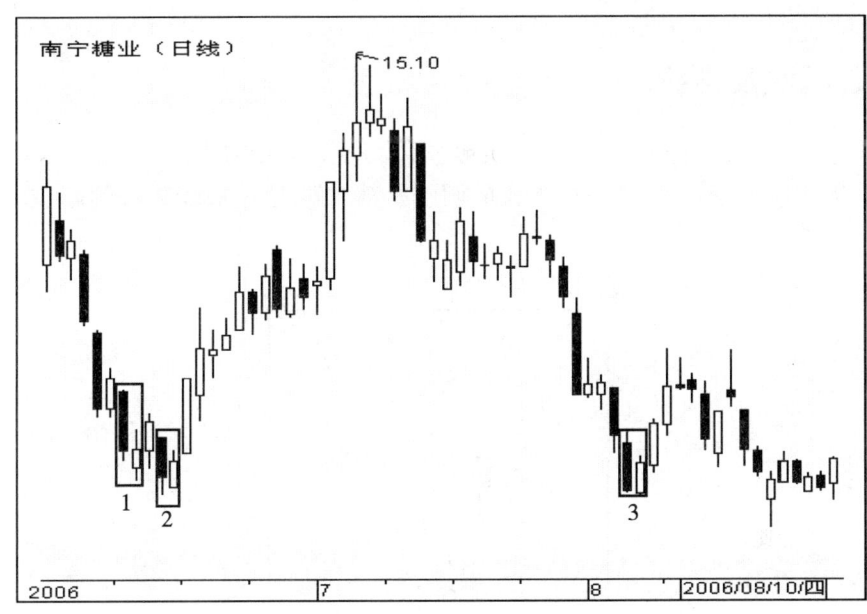

图16-6 刺透信号实例图

这两组刺透信号都起到了较强的反转作用。但两者技术意义有些不同。方框2中的刺透信号出现后价格有一段强劲的上升，说明此信号力度较强。而方框3中的刺透信号形成了几天的反弹，这是由于前面方框1和2中的低点形成的支撑起到作用，毕竟此时价格运动是在下降趋势中，反弹力度不是很强。讲到这里，王老师问："大家能够理解吗？"

李刚问道："老师，我们看的是一只股票的全图，一个反转信号的力度已经表示出来，走得价格多的力度就强，走得少的力度就弱。如果在实际交易中反转形态刚刚形成，我们怎么能知道它的反转力度是强还是弱呢？"

王老师高兴地说道："这个问题提的好！说明大家的思维又有了深度。从股票的实际交易角度看，光凭K线图是解决不了这样的问题的，虽然K线图本身已经有了强弱显示，它是从自身的阴阳长短、前后关系来反映市场变化的，但这还是远远不够。学习K线图前，我们学了相互验证的原则。市场的强弱一是通过交易量可以验证，还可以用支撑、阻力的强弱去判断，用相对强弱指标RSI验证，再加上K线图的显示，应该说基本上够用了，再多意义就不大了。当然，指标你可以采用其他的，至于详细内容我们会在实战课中一一讲到。"

四、看涨反击线

信号构成：看涨反击线是由两根颜色相反、具有相同收盘价的 K 线组成，其中第一根 K 线是一根长长的阴线，第二根是一根较强势的阳线。见图 16—7。

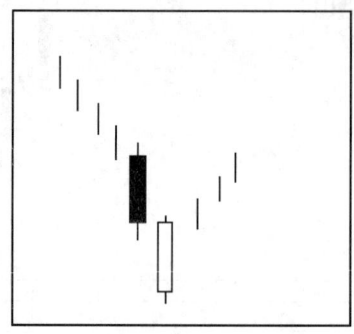

图 16—7　看涨反击线示意图

在一轮下跌趋势之后，K 线图中出现了一根长长的阴线，第二根 K 线开盘时向下急剧跳空，好像有点儿恐慌性下跌的劲头。但是，价格却没有再度下跌，而是在收盘之时，收成了一根较强势的阳线，并且收在了前一天阴线的收盘价处。这个信号的力度要弱于刺透信号。

在上图 16—6 中，方框 1 中就是一组反击线，第二根的实体虽然比前面阴线小，但依然起到了反转的作用。

五、锤子线

"我们在前面学习了上吊线，它是顶部反转信号。但是，它会不会出现在市场底部？会的。"

看了三个学生一下，王老师又提个问题："出现在市场底部时，大家说，应该叫作什么线？"

拳头线、椰头线，赵平说一个，小刘说一个，李刚则没抢答上。王老师微微一笑："都不太形象。你们想，上面都开始上吊了，下面该怎么样？"

见仨人不语，王老师说到："活埋线，叫活埋线跟上吊线正好对应，又富于形象。同样道理,赵平你正走路,突然看到地上有一颗人头,身体全埋在地下,你有何感想?"

赵平说:"不用想,我不转身就跑!"说得几个人哈哈大笑。

王老师说道:"不过,我们别用这吓人名称,还是沿用市场中流行叫法'锤子线'。有的投资者习惯叫作'下探无力'。实际中,它是上吊线在市场底部的出现,见图16—8。"

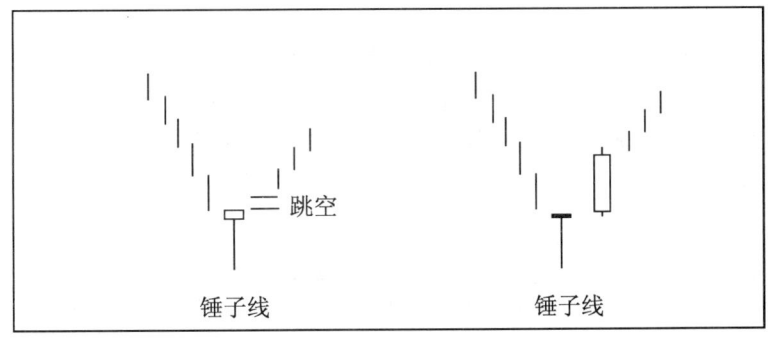

图16—8 锤子线示意图

锤子线的成立原则:

(1) 锤子线的实体与第二天的开盘价之间向上的缺口越大,那么它就越有可能构成市场的底部。

(2) 在锤子线之后,如果市场形成了一根白色实体,且它的收盘价高于锤子线的收盘价,那么可以看作锤子线成立。

如果它出现在市场底部会不会起到反转作用?下面再看一个K线图例,见图16—9。

"这是东湖高新2007年10~12月的走势图。在一段下跌之后,于10月底出现了两根锤子线:第一根下影线很长,有实体的5~6倍之多,这是一个典型的锤子线。第二根的下影线是实体的3倍之多,也是典型的锤子线。可是这两根锤子线并有促成股价立即上升。但是,它们构成了强劲的支撑,致使股价连续两次下跌都被这个支撑坚实挺住,最后股市终于开始攀升。虽然这两根锤子线没有造成股价马上上升,但它的支撑作用却是显而易见的,说明它为市场的上升打下了基础。更主要的是,它们在第一时间揭示了下降趋势行将结束。我们不能要求K线十全十美,它们的出现只是反转信号。那么这两个锤子线在反转形态形成之中起到什么作用?赵平你来讲一下。"

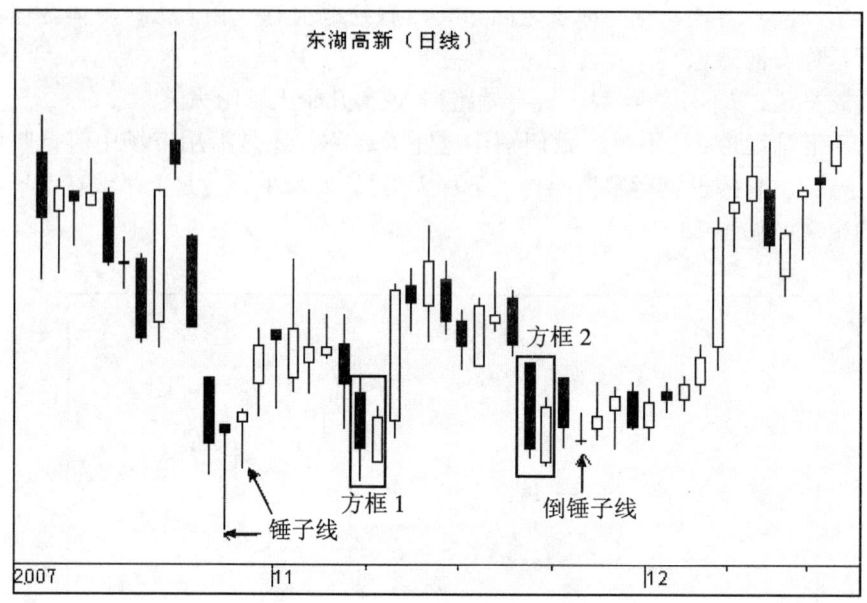

图16-9 锤子线实例图

赵平讲道:"股价下跌后,K线图出现了两个锤子线,它们构成强劲支撑,至使股价两次下探此支撑(方框1和方框2处)都没有成功。这样股价最终形成一个三重底反转形态。股价突破颈线后,反扑无效,最终上升。一句话,两个锤子线支撑着股价形成了重要的三重底反转形态。"

王老师点评道:"最后的一句话归纳的比较准确。实际中,它们确实起到这个作用。但是,没有朋友帮忙也不行。出门在外靠朋友,反转形态的形成也得靠朋友,这里的朋友就是下面要讲的倒锤子线。"

六、倒锤子线

1. 信号构成

倒锤子线与流星线的形状大致相同,但它出现在市场底部。墓碑线在市场底部也叫倒锤子线。前面讲过:去墓地看到了墓碑,虽然这里安有自己的亲人,但心中也不是滋味。墓碑线一旦出现在尾市,预示趋势不妙。虽然不一定马上行动,但切不可掉以轻心。

2. 信号特点

倒锤子线具有较小的实体和较长的上影线,并且实体居于整个价格范围的下端，出现在一段下降趋势之后。它是下降趋势即将结束的信号，属于底部反转信号，表示上冲受挫，见图16—10。

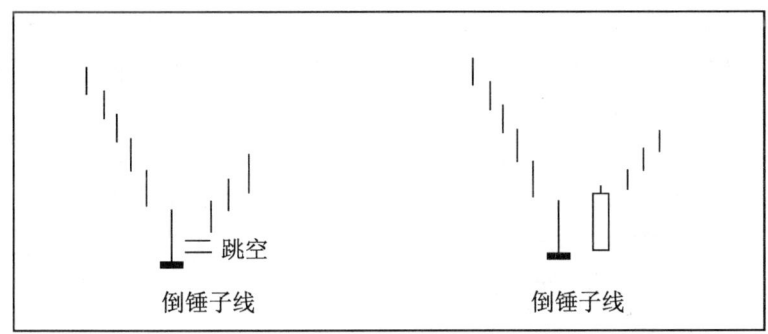

图16—10　倒锤子线示意图

3. 信号判别

当倒锤子线出现后，必须等待下一时间单位的看涨信号的验证：

（1）倒锤子线次日K线的开市价向上跳空，超过了它的实体。向上跳空的距离越大，验证信号就越强烈。如图16—10左。

（2）倒锤子线次日是一根白色K线，且它的价格均处在较高水平。如图16—10右。

下面我们看一下作为锤子线的朋友，倒锤子线是如何帮了朋友一把的。再看图16—9，在锤子线形成支撑后，价格又两次向下探底，方框1中是一组刺透形态，第一次将股价推向高点。方框2中又是一组刺透形态，但被一根大阴线打压回来。就在此时，倒锤子线出现了，股价被牢牢锁定在倒锤子线之上，直到上升趋势开始。

赵平说："我就是靠李刚这个朋友帮了一把。"

小刘也感慨道："真是没朋友不行。"

王老师笑着说道："连咱们的相识也是缘于李刚。下面该到休息的时间了，今天天气很好，建议大家下楼走走，有什么问题大家交流一下。"

20分钟后，师生四人回到工作室中，王老师说道："下面的内容该讲启明星了，它和我们前面讲过的黄昏星类似，谁能来替我讲一讲？"

李刚说我来。

七、启明星

启明星往往出现在市场下跌的尾声，它与黄昏星相对应，形状雷同，意义相反。这个名字很形象，听到它的名字你就会感到行情可能要见好了，启明星出现了，天快亮了，终于熬过来了。

1. 信号特点

此信号由 3 根 K 线组成，先是一根长长的黑色实体，随后是一根小星线，并且与前面黑色实体之间形成一个向下的跳空。第三天是一根白色实体，它明显地向上推进到第一天的黑色实体之内，并与前面星线往往形成一个向上的跳空。见图 16-11。

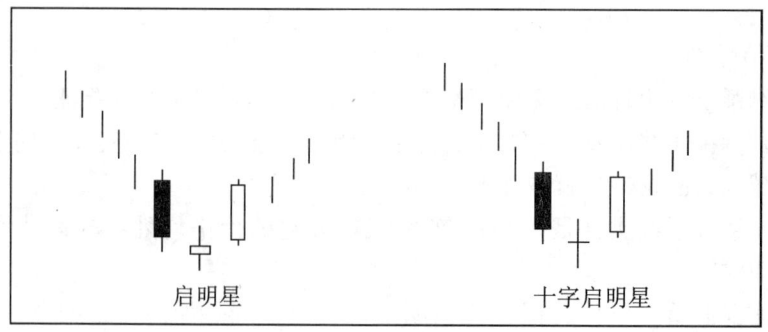

图 16-11　启明星示意图

2. 信号判别

启明星具有以下的特征，则有助于构成反转信号：

（1）在第一根 K 线图的实体与星线实体间存在价格跳空；并且在星线的实体与第三根 K 线图实体间也存在价格跳空。

（2）第三根 K 线图的收市价深深向上嵌入第一根 K 线图的实体之内，超过 50%。

（3）第一根 K 线图的交易量较小，而第三根的交易量较大。

"好，李刚先讲到这里。"王老师说，"我们看图 16-11，左图是一个标准启明星，它出现在下跌之后，两根 K 线实体较长，颜色相反，并与星线都存在着实体间的跳空，说明这个启明星确实成立。右图与左图基本一样，不同的是启明星的星线是一颗十字星，所以又称为**十字启明星**。它的看涨意义更大。下面再看一个实例，见图 16－12。

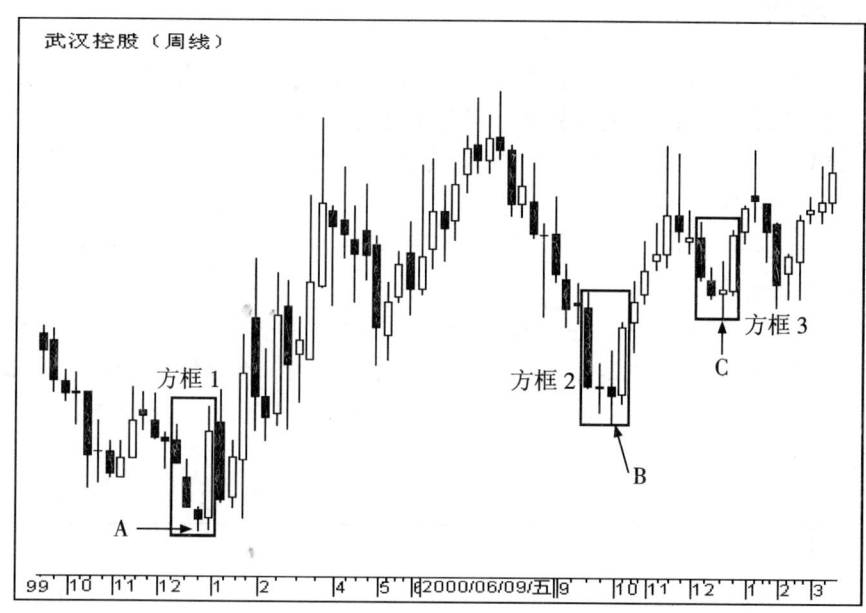

图 16－12　启明星实例图

"这是 1999 年 9 月至 2001 年 3 月的武汉控股的周线图。在这幅图中，下降趋势跌至 A 处后停止，并于方框 1 中形成了一组反转信号——启明星。其中的星线是黑色，与前面阴线存有实体的跳空。其后是一个长长的白色阳线，向前足足吞没了 4 根阴线，形成一个异常耀眼的启明星（又是一组吞没信号）。如此来看，后市上升的力度一定很强。果然股价稳健上升了一段。这组启明星清晰地揭示出股价方向，具有很强的技术意义。

"图中方框 2 和方框 3 中也分别形成了启明星，而且它们都是十字启明星。它们的反转力度如何呢？如图所示，第二组启明星之后的上升依然强劲。其后，在股价下跌至 C 点时，由于股价支撑位不断升高，第三组启明星的上升力度已没有前面的强劲。后市如何，有待观望。

"好，小刘来读一下下面的内容：底部的孕线。"

小刘认真地念了起来。

八、孕线（底部）

在顶部反转信号中，已经讲到过孕线形态，它在底部出现时的表现、技术意义与顶部反转信号大致相同，只是出现位置相反。

信号构成： 底部孕线的第一根 K 线是阴线，第二根 K 线的实体相对于第一根的 K 线实体非常小，并且这个小实体居于大实体的内部。在孕线形态中，第一根阴线可称为母线，第二天的小 K 线称为子线。第二根实体越小，则整个形态越有力量。

见图 16-13，其中，左图是一个标准孕线，而右图则是一个十字孕线。大家再请注意，孕线的颜色不重要，但实体不能大。十字线本身就说明多空力度旗鼓相当，所以十字孕线预示原趋势已停止，反转的意义更强，属于主要反转信号。

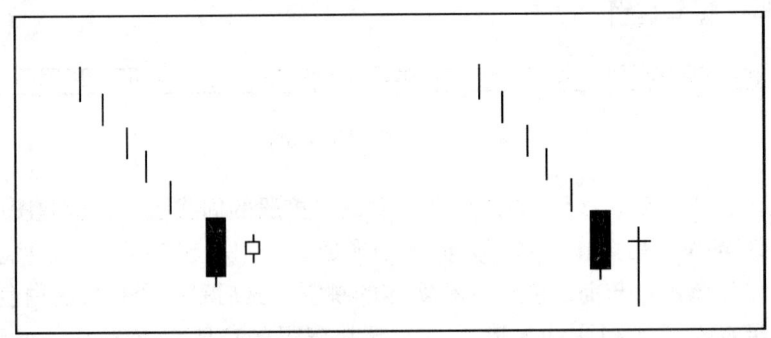

图 16-13　底部孕线示意图

王老师叫小刘停下，说看个实例，见图 16-14，问赵平能不能讲一下。

赵平说没问题："这是股票昆百大 2007 年 10～12 月的日线图。在股价跌至 10 月中旬前后，在方框 1 和方框 2 中出现了两组孕线信号，这说明下跌行情有变。果然，价格在买方推动下产生了一段上升行情。股价在涨至 22 元左右时又开始下跌，至 11 月底时，在方框 3 处又出现了一组孕线。在这组孕线的影响下，市场又是一轮上冲，但没能冲到前期高点就停止了。我认为这三次的上升只是总的下降趋势中的反弹，虽然三组孕线都指示了反转，但力度都不太大。

王老师表扬道："赵平很有进步，把信号放在趋势中理解，程度会更深，反转意义更加精准。最后我们讲一下平头底部形态。"

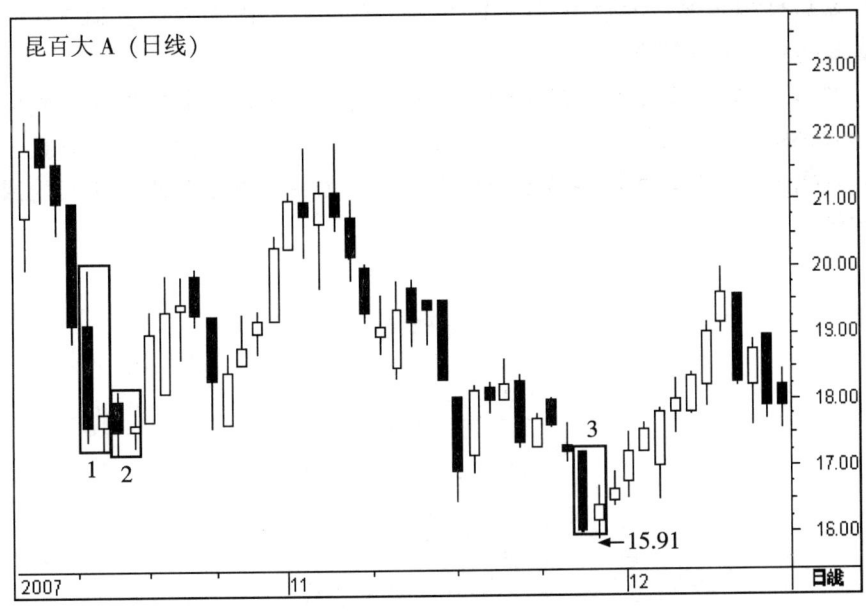

图 16—14 底部孕线实例图

九、平头底部

信号构成：平头底部信号由具有几乎相同的最低点的两根 K 线组成。平头底部形态的形成原因，实际上是股价于前面形成支撑后，第二天没有跌过去，这里不要忘记标明支撑线。在周线、月线图上，平头信号可能构成重要的反转信号。见图 16—15。

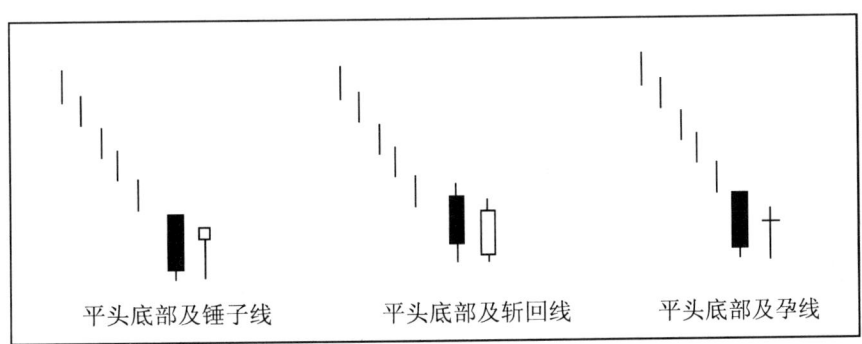

图 16—15 平头底部示意图

本信号的实例可参照图 16—14 中的孕线图形，图中方框 2 和 3 中的孕线，又构成了平头底部。

"好，到此 K 线图的底部反转信号就全部讲完了，大家会发现这些反转信号大都和顶部的反转信号类似，比较好理解，大家回家后一定要多找找实例，巩固一下所学，可以结合西方的形态理论做一些详细分析。今天的课就到这里。"

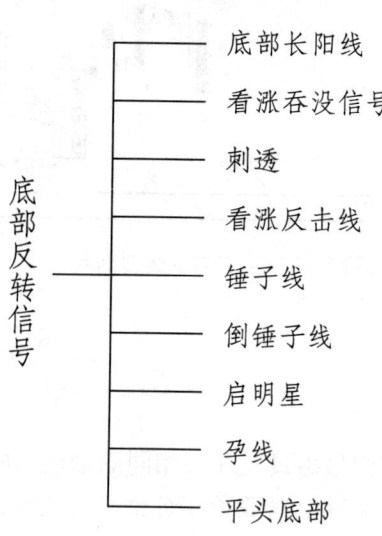

本讲纲要

底部反转信号
- 底部长阳线
- 看涨吞没信号
- 刺透
- 看涨反击线
- 锤子线
- 倒锤子线
- 启明星
- 孕线
- 平头底部

第十七讲　股市黄灯等——K线持续信号

K线反转信号讲完后，赵平收获颇丰。算起来到现在学习已经快半年了，跟着王老师学了那么多理论，现在看股票也会略用一二。但大盘一直不太好，也一直没敢多做。用王老师的话说，没有把握的时候就多看看，看明白了再说，千万不能着急，留得资本在，不怕没机会。

这次的课程已将近春节了。王老师讲道："我们在前几节课中，将K线的底部反转、顶部反转信号讲完了。大家知道：股市运动有三个方向。根据这三个方向，我们可以将交易行为分为三个阶段：买入阶段、卖出阶段和调整阶段。如果我们把顶部反转形态看作是交易行为的卖出阶段，即红灯。那么底部反转形态则应该是交易行为的买入阶段，即绿灯。我们已知道了红灯怎么停，绿灯怎么行，可是遇到黄灯怎么办？**炒股票，三阶段：红灯停，绿灯行，见到黄灯要等等**。这第三个阶段就如同我讲课，累了就休息一下。股价的运动不可能总是呈直线，在实际交易中，不论是交易者还是市场能够休息一下是不容易的，这休息也需要学习。同时，还要明白这时我们应做什么？

"我们这一节课重心就讲一讲股市中的休息——调整阶段，也就是黄灯。我们把这一阶段出现的K线信号称为持续信号。首先看一看K线中与跳空有关的持续形态。"

一、与跳空有关的持续信号

"我们先回忆一下跳空，赵平来说说。"

赵平说："跳空是指第二天的的最低价与第一天的最高价之间有一段价格空隙，没有接上。一般有四种方式。突破性跳空和中继性跳空一经形成便有较强的持续意义，同时又会形成支撑或阻力。"

王老师说道:"讲得不错。那么,在跳空出现后,K线图又会有什么样的信号表示出来?我们先看上跳阴阳线。"

1. 上跳阴阳线

在上升趋势中,突然出现一根向上跳空的白色K线,此后紧跟着一根黑色K线。这根黑色K线开盘价位于前一根白色K线的实体之内,收盘价收于前一根白色K线的实体之下,这种信号称之为**上跳阴阳线**。见图17-1左图。

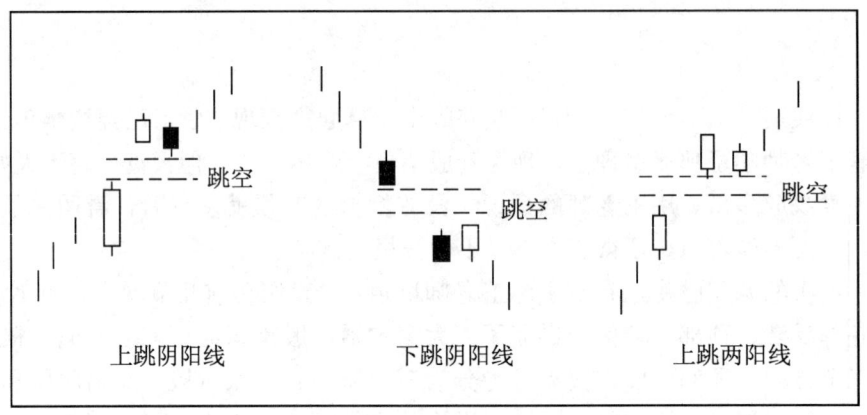

图 17-1 跳空阴阳线示意图

此时,黑色K线的收盘价,就构成了一个买入点。实际上在西方理论中,这个信号就是跳空出现之后对价格的反扑。K线信号与西方技术相比,是黑白清晰,反抽力度就更加明显。

2. 下跳阴阳线

下跳阴阳线与上跳阴阳线形态相像,但方向相反。在下降趋势中,突然出现一根向下跳空的黑色K线,此后是一根白色K线。白色K线开盘价位于黑色K线实体之内,收盘价收于黑色K线实体之上,这个信号称为**下跳阴阳线**。白色K线的收盘价,构成了一个卖出点。见图17-1中间图。

3. 上跳两阳线

上跳两阳线信号:在上升趋势中,先是出现一根向上跳空的白色K线,随后又是一根白色K线,并且后一根与前一根大小相当,两者开盘价也基本在同样的水平上。见图17-1右图。

"这些和缺口有关信号构成持续信号,为什么,小刘?"王老师问。

小刘想想回答道:"因为缺口是较强支撑或阻力,并列第二根K线实际上是反抽缺口不过，从而形成这样信号。"

王老师点头："说得对。下面看两个图例。如图 17－2 所示。

"在图 17－2－a 中，是宏图高科 2007 年 7 月至 8 月的日线图。我们看到 7 月中旬价格在上升到前面高点时，突然向上跳空高开高走，即方框中出现了一根长阳线。第二天价格高开低走，是根阴线，但力度不大。由此股价上升开始。经过上述分析，我们清楚看到方框中的上跳阴阳线是有一定力度的，这个持续信号在这里很有背水一战的意味，而河水正是买方身后的缺口，它构成了强有力的支撑。

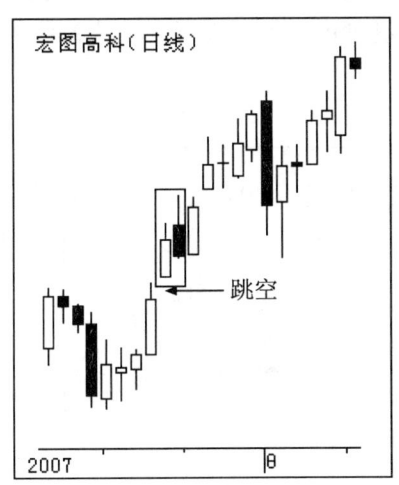 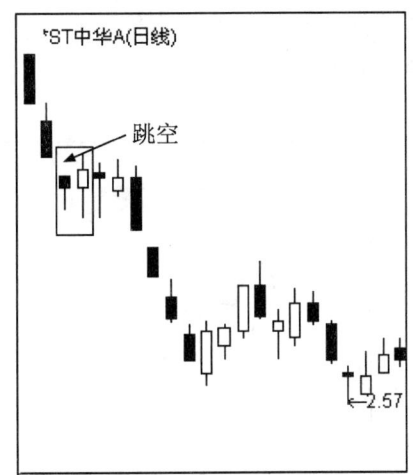

图 17－2　跳空阴阳线实例图

"我认为，在上升趋势中，第二根阴线对前面阳线的穿入力度越少则上升趋势越强。我们看图 17－2－b，这是一个下降趋势，先出现了一个缺口，这是一个强阻力，然后在方框中出现一组下跳阴阳线，是持续形态。它是对前面跳空的反抽。大家能否理解？分析图表，一要全面，二要仔细，前后都应当照顾到，不然则会悔之晚矣。"

二、上升三法

上升三法，顾名思义，它应该出现在上升趋势过程中，是较为明显的中继信号。

1. 信号特点

在上升趋势中，先是出现了一根较长的阳线，其后连续是几根依次下降的实体较小的 K 线，最后又是一根坚挺的阳线，并收盘于第一天长阳 K 线收盘价之上，这样的形态就是上升三法。

2. 信号判别

（1）首先出现一根长长的白色实体 K 线。

（2）在这根白色线后，紧跟着一群依次下降的小实体 K 线，这群小实体 K 线基本上都局限在前面长长的白色 K 线的价格范围之内。

（3）最后一天应当是一根坚挺的白色 K 线，同时，这根 K 线的开盘价应当高于前一天 K 线的收盘价，并且它的收盘价也应当高于第一根阳 K 线的收盘价。见图 17-3 左图。

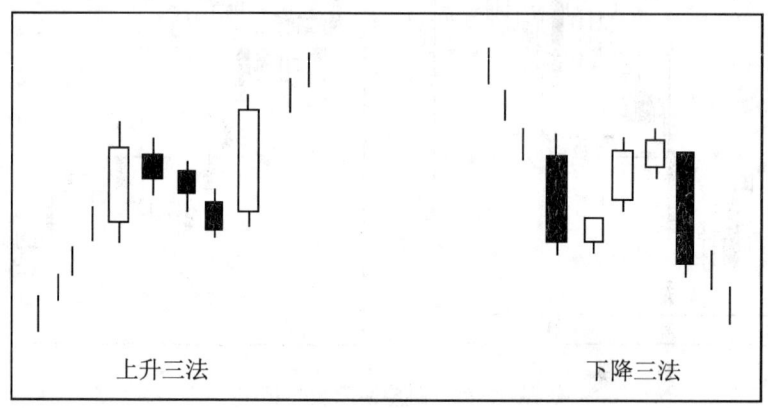

图 17-3　上下三法示意图

下面我们看一个实例图，见图 17-4，这是乐凯胶片 2007 年 7～9 月的日线图。这是一个上升趋势，在价格向上跳空之后的方框 1 中，是一组上升三法信号。不过，在这个信号中小实体只有两个，它们受到前面高点的阻挡，连续两天下跌，但幅度很小。随后的阳线就将价格拉升到第一根阳线之上，可见多方力量较强。股价在上升后又开始横向调整，在方框 2 处形成了一组上升三法形态。这里的小实体有四个，第五根是一根较长阳线，随后股价再一次上升。这两组上升三法较好地完成了趋势付与它们的持续任务。

与上升三法相反的是下降三法，它出现在下降趋势中，属下降中的持续信号。

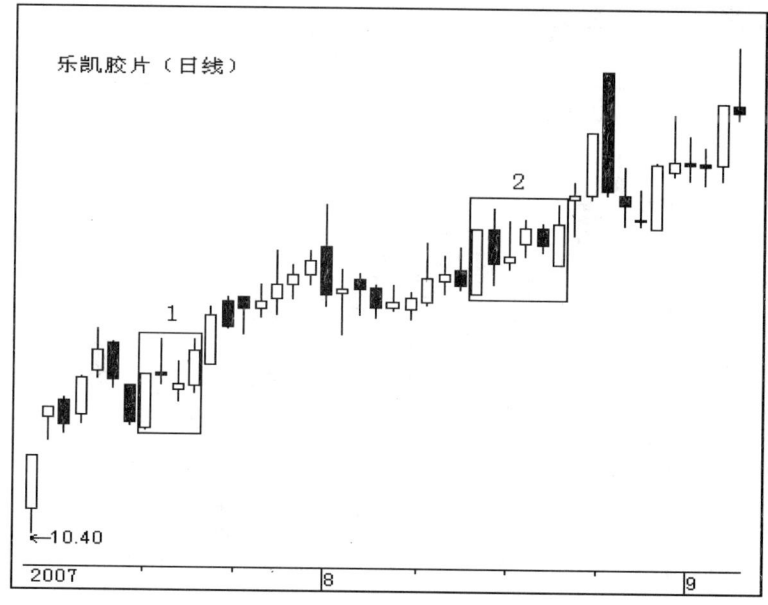

图 17-4 上升三法实例图

三、下降三法

1. 信号特点

在下降趋势中，出现了一根较长的阴 K 线，其后连续是几根依次上升的较小实体的 K 线，最后又是一根较长的阴 K 线，并收盘于第一天阴 K 线收盘价之下，这样的形态就是下降三法。见图 17-3 中右图所示。

2. 信号判别

（1）首先出现一根长长的黑色 K 线。

（2）在这根黑色 K 线后，紧跟着大约三根依次上升的小 K 线，并且这群小实体 K 线基本上都局限在第一根黑色 K 线的价格范围之内。

（3）最后一天 K 线的开盘价应低于前一天 K 线的收盘价，并且收盘价应低于第一根黑色 K 线的收盘价。

下面我们来看个图例：这是金健米业 2007 年 9～10 月的日线图。如图 17-5 所示。第一个方框中是一组下降三法信号，它出现在一段小的调整之后，具有突破支撑与反扑的技术意义，有一定力度，其后连续出现了两个跳空。第二个方框中，还是一组下降三法信号，是反抽缺口没有成功，随后股价又跌下来，后市有待观望。

图17-5 下降三法实例图

3. 参考因素

如果上升或下降三法的头、尾两根白色（黑色）K线的交易量超过了中间那群小K线的交易量，那么该形态的分量加重。

讲到这里，王老师说："这两种信号较常见，特别是在分时图中，如果想入市的话，最后一根K线往往是个入市点，但要注意，中间小K线有时不只3根。这个形态容易理解，下面是前进三兵形态，也很简单，李刚你来给大家读一读。"

李刚认真地读了起来。

四、三兵信号

1. 前进三兵

（1）信号特点：这一信号往往出现在上升趋势之中，因出现3根依次上升的阳线而得名，亦为持续信号，又称为上升三兵。

(2) 信号构成：

第一，本信号由3根连续出现的白色K线组成，其中每根白色K线的开盘价都处于前一天白色K线实体之内，它们的收盘价依次上升。

其次，每一根白色K线的收盘价都位于当日的最高点或接近最高点。这是一种很稳健的市场攀升方式。见图17—6左图。

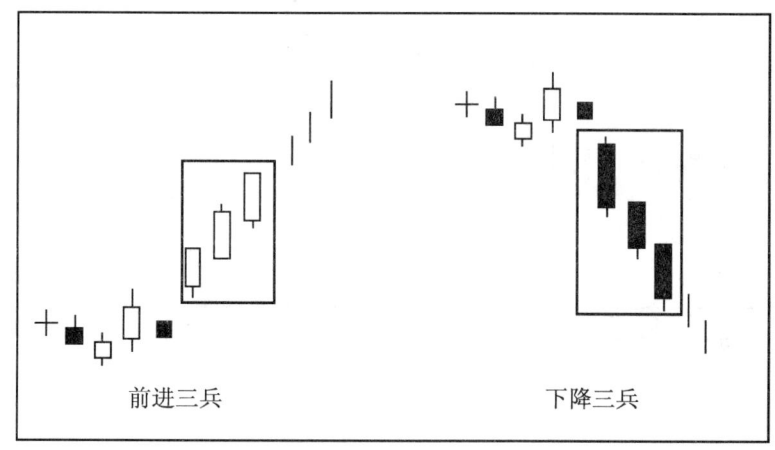

图17—6　前进三兵示意图

2. 下降三兵

图17—6中右图是下降三兵。一般由连续出现的3根黑色K线组成，其中黑色K线的开盘价都处于前一天黑色K线实体之内，它们的收盘价依次下降。每一根黑色K线的收盘价都位于当日的最低点或接近最低点。此形态表现为一个逐渐的下降过程。

王老师示意李刚停下，说："我来解释下面的实例：

"下图是乐凯胶片2007年1～2月份的日线图。见图17—7。

"在图17—7中，凡是股价回调后，几乎都有前进三兵将股价推向新的高位。图中方框1～4中都是前进三兵信号，它们不只是起到了持续信号的作用，在整个上升趋势中，亦起到有力的推动作用。

"下降三兵的作用与意义与前进三兵相同，不再举实例。

"我们在观察股票图形时会发现，有时股价的上升不总是像前进三兵一样那么坚挺，而是有时会出现几根小阳线，好像上升的力度不足。我们来看一下这种情况。"

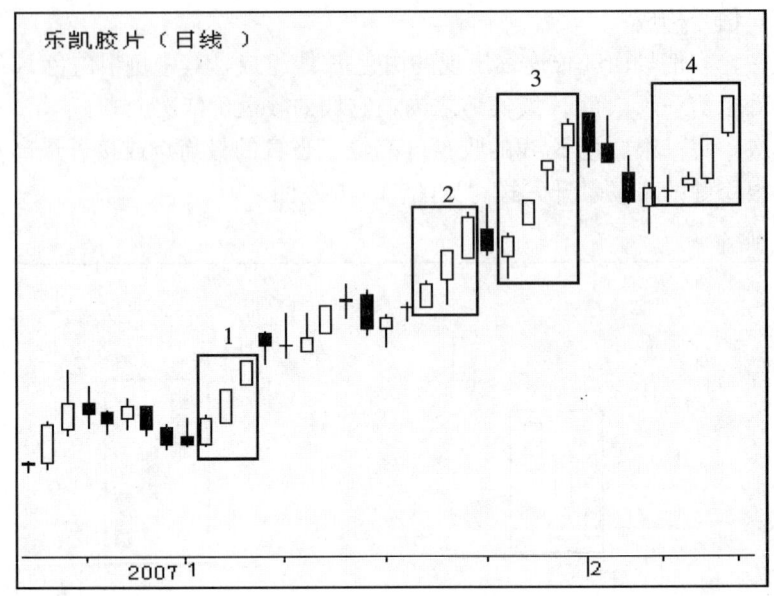

图 17-7　上升三兵实例图

五、前方受阻、停顿信号

1. 前方受阻信号

它是由是前进三兵或下降三兵的变化而来的。一般遇到这种信号，价格往往产生回调。如果第二根和第三根 K 线，或仅仅是第三根 K 线，表现出上涨势头减弱的迹象，就构成了前方受阻信号，见图 17-8 左图。

2. 停顿信号

如果在后两根 K 线中，前一根为长长的白色实体，并且向上创出新高，后一根只是一个小的白色 K 线，就构成了停顿信号。见图 17-8 右图。

有了这类信号一定要谨慎入市，关键是看价格下一步的变化，中国有句老话，叫事不过三。连续 3 根 K 线，很可能回调，一般回调到 3 根 K 线总价格幅度的 50% 才可考虑入市。

"我们下面分析一个实例，这是金发科技的日线图，见图 17-9。

"在这幅图中一共有四组持续信号。方框 1 中是一组典型的前方受阻形态，方框 2 和方框 3 中是停顿信号。在它们出现后，价格都伴随着小幅度回调，回调的高点或低点又构成了支撑，致使上升趋势逐渐形成。到方框 4 时，

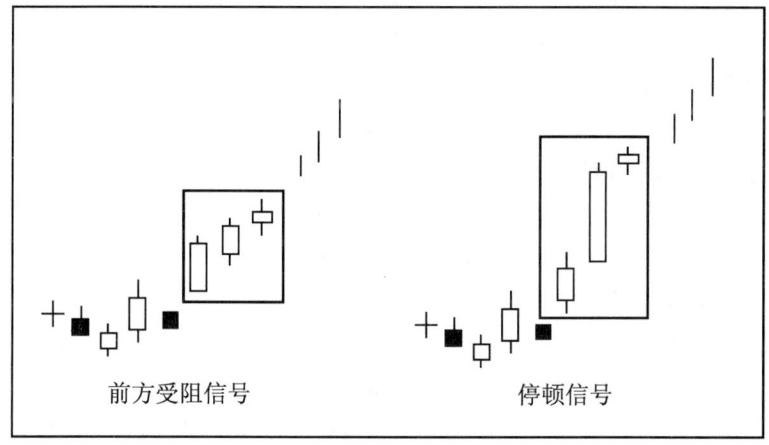

图17-8 前方受阻信号、停顿信号

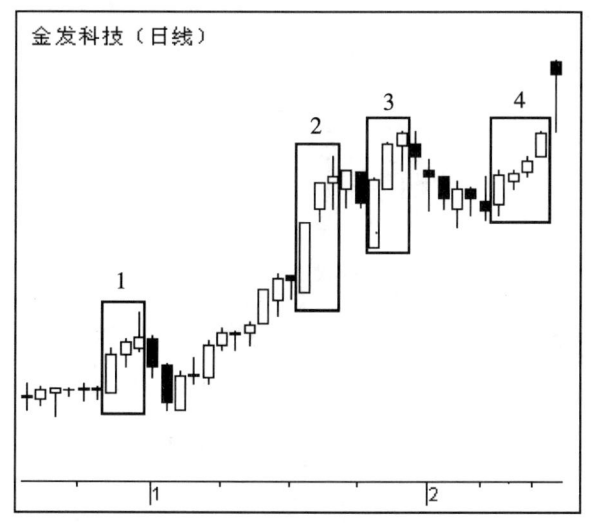

图17-9 前方受阻、停顿信号实例图

K线走出了一组前进三兵信号，趋势加快了上升的步伐。有时前方受阻和停顿信号不太好区分，主要的区别在于第二根K线的长短，如果较长，则一般属于停顿信号。大家能理解吗？"

"刚才我说到一个入市的问题，谁来分析一下？"见仨人没有表态，王老师笑着说："看来还是没有理解刚说的知识。我来解释一下。凡事不过三，是说连续出现3根阳线后价格可能会回调。而这个回调一般应为三阳的50%。

这个50%的位置可能是一个入市点。我们看图17-9中的四个方框之后的回调，第一个回调达到了100%，如按照回调法则入市会有风险。但是应用相互验证的原则，这里是一个强支撑位，所以还是可以考虑入市的。看方框2后面连续3根K线下探，但没有超过方框2中价格区间的60%，这回理解了吗？"仨人点头表示理解。

王老师看大家有些倦意，便说："K线基础知识到这里基本讲完了，我们先休息一下。休息时大家对K线还有什么需要重点讲一下的，想一想，请提出来，问题不隔夜。"

王老师在休息一会儿后，招呼三个学生上课。问大家的想法，小刘说实例看得少，请王老师再举些例子。在征询李刚、赵平后，王老师讲道："实例当然越多越好，只要有时间。下面我们看两个实例，通过这两个图例我们顺便把K线图做一个总结。

"我们先看歌华有线的日线图，见图17-10。这是歌华有线在2010年9~12月的日K线图。

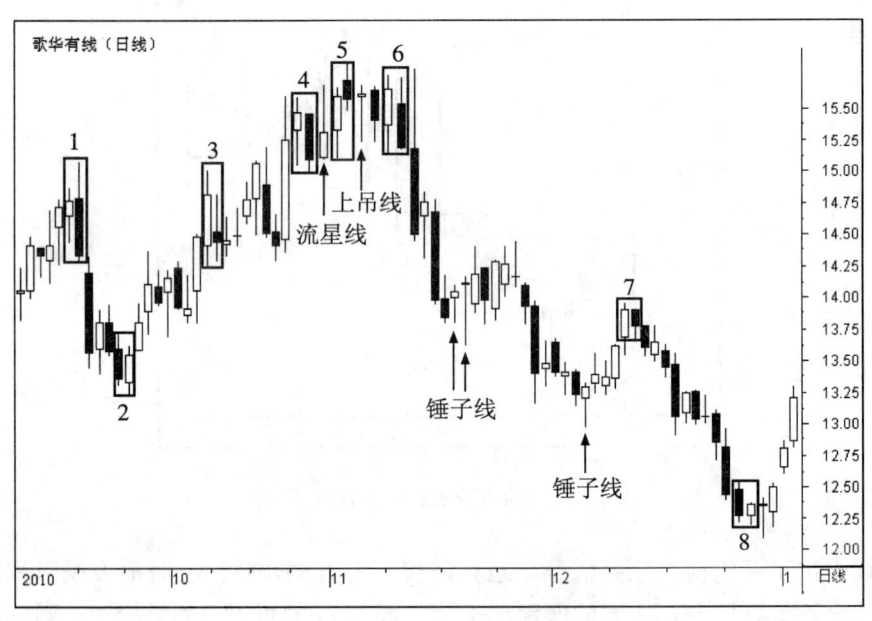

图17-10 K线信号综合运用实例图

"我们把有K线信号的位置，用方框标好，并且编上序号，单根的K线我用箭头标出。我们先来看方框1中的信号——一组典型的看跌吞没信号。

经过一小段下跌之后，股票在方框 2 中形成了一组刺透信号，之后价格便一路上涨。至方框 3 时，形成了一组孕线信号，这时股价并没有下跌，而是开始了一小段横盘整理。我们说过，K 线中的反转信号不只意味着趋势的反转，很多时候也意味着原趋势的暂停。

"当股价继续上升到 15.5 元左右时，在方框 4 中出现了一组看跌吞没信号，之后是一根流星线，流星线后面是一组反击线（方框 5 中）。在市场顶部还有一根上吊线，我们知道上吊线的成立是需要验证的，它后面是一根较长的阴线，验证了这根上吊线的成立。上吊线之后的方框 6 中是一组看跌吞没信号，它的力度非常之强，因为第二根阴线直接在前一根阳线的 50％处开盘并低收在前一根阳线的最低点附近。对这种力度很强的反转信号我们一定要高度重视。

"经过这一连串的反转信号，股票的头部也基本形成，价格开始下跌。当价格下跌至 13.8 元附近时，图中出现了两根锤子线，这时价格开始了几天微幅的回调。当价格跌至 13 元左右时又出现了一根锤子线，锤子线实体的价位又是前面方框 2 中低点形成的支撑位，这根锤子线预示的反转意义就更强一些。

"随着价格的向上反弹，在方框 7 中形成了一组顶部孕线，跌至 12.20 元时又形成了一组底部孕线。"

讲完这幅图后，王老师总结道："在这 4 个月的日线图中，出现了 12 个 K 线信号，我还没标得特别全面，这说明：第一，K 线信号的出现是频繁的，可以说整幅图都是由各种 K 线信号组成。第二，对 K 线图的分析必须非常细致，从细微里发现多空双方力量的强弱。

"下面还有一幅国药一致的周 K 线图，见图 17—11。时间是从 2006 年末至 2008 年 6 月，谁来试着分析一下？"

小刘说我来试试："在方框 1 中是一组持续信号——前进三兵，预示着价格会继续上涨。当价格涨到 16.5 元左右（方框 2 中）时出现了一组较强的顶部吞没信号，使价格开始进入回调阶段。当股价跌至 10 元左右时止住，并在方框 3 中形成一组孕线信号。这组孕线形成了较强的支撑，使股价继续涨到 19 元左右。在这时图中出现了一组反转信号——乌云盖顶（方框 4 中），它只是止住了股价的上升，之后又形成一根流星线，几周后又形成了一组孕线（方框 5 中）。这几组反转信号终于构成了一个双顶形态，股价开始下跌。

"在股价跌至 14 元时，形成了一组看涨吞没信号（方框 6 中），股价开始止跌回升。方框 7 中是一组红色三兵，表示趋势会继续。终于，当价格在

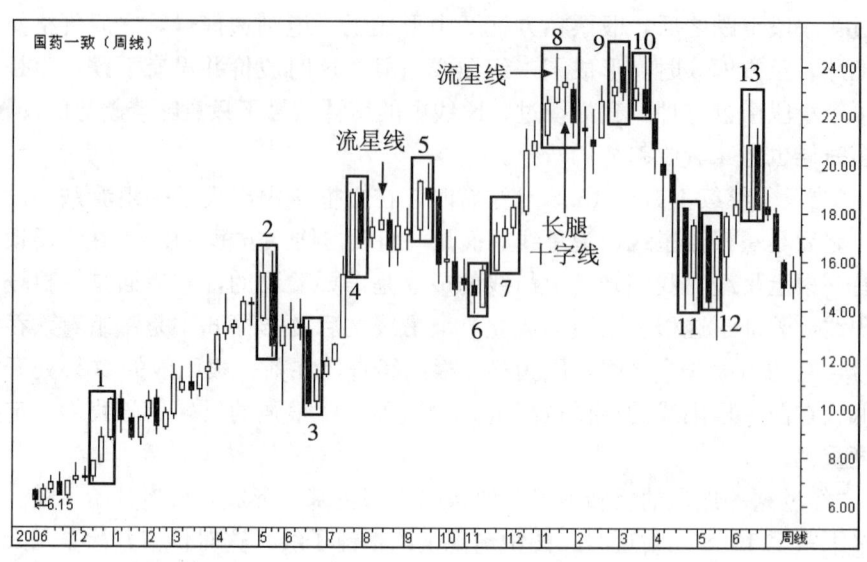

图 17—11　K 线信号综合运用实例图

2008 年 1 月初涨至 24 元钱时，周 K 线上出现了一根流星线，下一周是一根长腿十字线，十字线之后是一根较长的阴线，它们都预示着一个顶部可能会到来。在方框 8 中，四根 K 线又组成了一组黄昏星，在方框 9 中是一组乌云盖顶信号，方框 10 中是看跌吞没信号。这几组反转信号构成了一个清晰的双顶形态，预示着趋势的反转。

"经过近 4 个月的顶部盘整，股价终于开始大跌，从 24 元跌到了 14 元，股票在 2008 年 4 月开始止跌，并形成了一组较强的刺透信号（方框 11 中），之后又形成了一组孕线（方框 12 中）信号。我们仔细观察，方框 11 和 12 中的三根 K 线还形成了平头底部，这时我们应该在此价位（14 元）标出一条支撑线以备分析。

"股价在新的一轮上涨中，涨至 22 元左右时就止住了，并形成了一组看跌吞没信号，力度较强，致使股价一路下跌。"

王老师点头称赞："小刘讲得不错，K 线图的知识点基本掌握了，分析得很到位，看来回家下了不少功夫。这里请大家个注意：如果信号不清楚，完全应该把下一根 K 线加进来一起分析，直到明白为止。"

赵平说："加进一根还不清楚怎么办？"

王老师说道："一根不行加两根，直到看清楚。再不清楚就等，一直等到清楚为止。这里有个原则：**不明朗不入市。**"

第十七讲 股市黄灯等——K线持续信号

小刘说:"买入凭耐心,就是让咱们等,等到市场明朗再说。"

赵平说:"还必须知道什么是明朗,不然的话错过机会,黄花菜都凉了。"

李刚开玩笑道:"你又惦记着卖出生日了吧?"逗得大家又是一阵大笑。

王老师总结道:"我们的学习从某种角度说,学的就是知道什么是明朗市。我们知道:

①属于反转信号的K线,反转力度要比反转形态弱一些。

②K线遇到强支撑、强阻力时应当重视它的作用。

③K线为反转形态的形成起到一定作用。

④K线与反转形态结合运用效果更佳。

"今天K线基本讲完,至此,技的范畴已经讲完。讲完不等于学好,我们必须还要大量地实践。

"最后,我来讲一下交易规则。我们以前讲过:技术分析为交易者提供了一套完整客观的交易纪律和规则。我们一起来看一看,技术分析给我们的交易提供了什么样的交易规则:也就是这幅字。"说着,王老师指了指墙上挂着的字画,然后微笑着说:"赵平请你把它念念。"

赵平大声念了起来。

顺从大趋势,对错必止蚀。

上卖强阻力,下买强支撑。

形态须完美,交易量配合。

信号应明朗,跳空必警惕。

指标见背离,超常区入市。

平常心一颗,取胜岂怕迟。

"好。这幅字实际上是一首自编的诗,内容为以前我们学习的知识。它既是对我们所学知识的一个高度总结,又是一个在实际交易中的重要规则。"在赵平念完后,王老师沉稳地说:"下面,我来简单讲解一下。顺从大的趋势在实际交易中永远是第一位的,这必须是雷打不动的原则。但是我们对趋势的判断不会是100%的正确,往往会出现错误。跟错趋势怎么办?我们不能让损失无休止地扩大。要想把损失控制在最小,必须采取果断的措施——止损!不仅如此,我们跟对趋势怎么办?这时同样必须采取果断措施——止盈,让盈利落袋为安。不要在股市交易多年,总是挣过钱,但没挣到钱。**止损、止盈这两个交易行为合称:止蚀。**这样,舍小求大才是我们应该采取的交易策略。只有在交易中正确地运用了止蚀这个规则,才能保证盈利充分增长,把损失降到最低。

"买入时要先考虑是否有支撑，卖出时要先考虑是否有阻力，并且对这二者的强度必须进行考量。遇到支撑阻力后应该马上联想到反转形态。反转形态一定要完美有效，不要急于入市，同时看一看交易量配合得好坏，量价关系如何。信号明朗了没有？一定多看一步。信号在这里主要指 K 线。出现跳空时，要分析一下它是哪种跳空，思考一下我们又该怎样去做？指标的背离信号是个关键所在，而超常区域则是最佳时机。一旦指标进入超常区域，我们应当运用所学相关知识去判断并做出结论，该买还是该卖。此时，我们要敢于把握时机。

"凡事抱着一颗平常心，你就能够客观冷静地看待图表的变化，从而发现图表向你诉说的内涵、意义。股市交易最忌讳贪婪，你若在盈利时不去贪婪，留出一些利益空间给市场，对自己也是有很大益处的——你就愿意卖出了。比如，2007 年 10 月股指一上 5800 点你就卖出，留下那 300 多点给市场，你一定卖到最佳位置。

"请大家记住一句名言：**应当随时考虑别人的利益，条件是不这样做自己的利益就会受到损害。**

"好啦，我们用对这个交易规则的粗略解释来做为这个学习阶段的一个小结，希望大家用心体会，推陈出新。课后大家把这个阶段学习内容，从头仔细复习一下，一定认真，我会出综合试题，有一定难度！我给你们半个月的时间复习，半个月后我会发电子邮件把试题给你们。你们自己在家自测一下，一时不会也没关系，目的是看大家还有哪些没有掌握。这一阶段解决了学什么的问题，在下一阶段，我们要解决怎么用的问题。如交易策略、资金管理等，更主要的是学习运用技术分析的知识，看图实战，为实际交易打下坚实的基础。

"好，今天课就到这儿，预祝大家学习进步，交易顺利！"

第十七讲 股市黄灯等——K线持续信号

本讲纲要

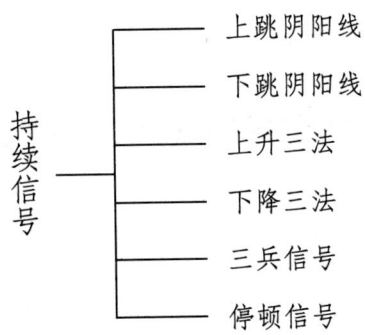

第十八讲　学习的检验——测验和思考

两周后，赵平、李刚、小刘仨人分别收到了王老师发来的电子邮件：

阶段测验题

1. 简述道氏理论认为市场有几种趋势。
2. 简述道氏理论中基本趋势的三个阶段。
3. 什么是趋势？它是怎样形成的？有几种形式？
4. 简述决定支撑和阻力重要性的三个方面。
5. 简述支撑和阻力的角色互换。
6. 趋势线是什么，说明它的画法。
7. 趋势线在使用时有哪些方法？
8. 趋势线的重要性由哪些因素决定？
9. 什么是管道线？它在交易中有何意义？
10. 什么是交易量？它如何领先价格？
11. 什么叫量价背离？有几种方式？
12. 什么是量价关系？说明应用原则的八个阶段。
13. 什么是反转共性，它有几大特征，你能写下它的简单概括形式吗？
14. 头肩顶的形成过程是什么？如何确认它的有效性？
15. 列出我们所学过的反转形态，并说明一下交易量的配合情况。
16. 什么是持续形态？主要有哪些类型，简单说明一下交易量的配合情况。
17. 简述跳空的几种方式和意义。
18. 简述移动平均线的使用方法。
19. 简述摆动指标 RSI 的使用方法。

20. KDJ 的应用法则有哪些？

21. 简述 K 线图中看跌吞没、乌云盖顶、刺透形态的特点和它们之间反转力度的差别。

22. 简述顶部十字线的意义和几种常见类型。

23. K 线图中主要持续信号都有哪些？举一例加以说明。

24. 简述上吊线的特征和成立原则。

25. 试将 K 线与反转形态结合在一起来分析市场行情。

以上测验题每题 4 分，70 分为及格。

综合思考题

1. 股票交易的第一大原则是什么？我们一共讲了几个交易原则？

2. 如何理解"一把直尺定天下"的说法？

3. 如何理解风险的两重性。

4. 回报和风险一定成正比吗？高风险一定带来高回报吗？请简述。

5. 如何理解：永远在上升过程中寻找卖点，永远在下降过程中寻找买点。

6. 哪些技术分析解决了我们怎么买的问题。

7. 怎样理解：不要企图卖在最高点，也不要企图买在最低点这个交易原则。

8. 你如何理解"买入凭耐心，卖出凭勇气"这个观点？

9. 股市交易中的逆向思维是什么？

10. 假设时间退回到 2005 年股市的底部，你准备如何运用道氏理论进行股票交易。

11. 运用技术分析举例说明挑选股票的几个步骤。

12. 假设你已经选择好一只股票，请根据所学的知识制订一个完整的交易计划。提示：要有个股的历史图形分析、明确的入市出市依据、止损点的设定等。

13. 思考一下熊市中的交易策略。

14. 假设你有 100 万资金，现在正处于一个牛市的中期，你准备如何使用这些资金操作。

注意：阶段测验题是为了检查大家的学习效果，做完之后可以自行检查和判断，及时地补上自己知识点的疏漏。综合思考题都是关于操作理念和原则的思考，有些我们讲过，但有些没有明确的答案，它是我们下一阶段的内容，大家只要尽力而为就行。

王老师在最后写道：

没有学好书中知识，说明所下功夫不深，还需加倍努力。不会运用所学知识，会在交易中重蹈失败的覆辙。完全依赖已学知识，等于落后于他人，而我们需要领先市场一步。

祝大家一切顺利，生活、工作愉快！